Johannes Denner

Das Leben des württembergischen Pfarrers Johannes Denner

Johannes Denner

Das Leben des württembergischen Pfarrers Johannes Denner

ISBN/EAN: 9783743312630

Hergestellt in Europa, USA, Kanada, Australien, Japan

Cover: Foto ©ninafisch / pixelio.de

Manufactured and distributed by brebook publishing software
(www.brebook.com)

Johannes Denner

Das Leben des württembergischen Pfarrers Johannes Denner

Das Leben

des württembergischen Pfarrers

Johannes Denner,

ehemaligen Schülers des Falk'schen Instituts zu Weimar,

von ihm selbst beschrieben.

Herausgegeben

von

Dr. Heinrich Merz.

Hamburg, 1860.

Agentur des Rauhen Hauses.

Vorwort des Herausgebers.

Mit wehmüthiger Freude übergebe ich hiemit die Lebensbeschreibung meines lieben, viel zu früh dahingeschiedenen Freundes dem christlichen Publikum. Ich bin gewiß, wie sie mich selbst vom erstmaligen Lesen bis zur letzten Durchsicht erquickt und erbaut hat, so wird sie auch den übrigen alten Freunden des Entschlafenen in Nord und Süd und West ein theuerwerthes Vermächtniß sein und dazu auch noch im Tode ihm neue Freunde gewinnen.

„Auf vieles Dringen und Drängen" seiner geliebten Gattin hat er noch in gesunden Tagen ihre Bitte um Aufzeichnung seines so ungewöhnlichen Lebensganges erfüllt. „Meinen lieben Kindern," schreibt er, „will ich hiemit ein Denkmal der Liebe hinterlassen, aus welchem sie ersehen, wie der Herr ihren Vater so treulich und wunderbar geleitet und aus einem Dorfknaben zu einem Pfarrer gemacht hat; auf daß sie dadurch angetrieben werden, ihren Gott und Heiland schon in der Jugend zu lieben, sich ihm zu übergeben und immer von ihm leiten zu lassen."

Es konnte nicht fehlen, daß Freunde, denen das Geschriebene mitgetheilt wurde, ihr Interesse und ihre Theilnahme dafür bezeugten und wünschten, es möchte die Beschreibung eines Lebens, das so voll besonderster Führungen des Herrn sich darstellt, auch weiteren befreundeten Kreisen zugänglich werden. Daß auch der Selige recht gerne damit seinen vielen Freunden ein Andenken und ein Gedächtnißmal der an ihm so reichlich offenbar gewordenen Treue Gottes gewährt hätte, das sprach er selbst einigemal gegen seine Gattin aus. Nur glaubte er zu diesem Behuf das Ganze nochmals umarbeiten zu sollen. Dazu aber ließ ihn, da er ohnehin „so schwer zum Schreiben kam," sein Beruf und nachher in der Zeit unfreiwilliger Muße sein Leiden nicht kommen.

Schade, daß es ihm nicht vergönnt war, wie er und nur er es vermochte, die nöthigen Aenderungen zu treffen, Einzelnes mehr auszuführen und so das Ganze mit noch mehr Farbe und Gestalt zu durchwirken. Uebrigens hätte bei einem förmlichen Umguß die Unmittelbarkeit des freien Ergusses, der kostbare Duft unbefangener Natürlichkeit leicht ein Opfer der Kunst und Absicht werden können. Freuen wir uns denn allweg dessen, was nun in ungebrochener Ursprünglichkeit uns hinterlassen ist. In seiner schmucklosen Darstellung ist wahrlich „die Einfalt zur Kunst geworden" und spricht eben so sehr zum Herzen als sie die Phantasie zur lebendigen Mitarbeit anregt.

Weil indessen der ursprüngliche Gedanke nicht auf den Druck ging, so mußte eine andere Hand sich herbeilassen, das Werk dafür zuzubereiten. Es waren Erläuterungen und Zusätze zu machen, Weitläufigkeiten zu kürzen und insbesondere solches Persönliches, das nicht vor das Publikum gehört, zu tilgen. Zu allem diesem wäre freilich ein älterer Freund des Seligen mit dem Schatze eigener Erinnerungen eher der Mann gewesen. Dennoch wollte ich mich der Bitte nicht entziehen, womit die Wittwe das Vermächtniß ihres Gatten meiner Hand anvertrauet hat. War ich mit den Einzelnheiten seines Lebens weniger bekannt, so habe ich immerhin die funfzehn Jahre her seiner Liebe mich erfreuet, seitdem ich ihn zuerst in A... als Amtsbruder begrüßte. Innerhalb eines kleinern Freundeskreises aus der Nachbarschaft von Lauterburg habe ich ihn bei unsern Zusammenkünften so lieb gewonnen, als Jeder ihn lieb haben mußte, welcher dem frischen, freien, frommen Mann mit dem gerad' gescheitelten blonden Haar ins helle, blaue Auge blicken, ins heiter offene, kräftig ausgeprägte Antlitz schauen, seine lebhafte, durch und durch ehrliche, herzliche, wohltönend über die vollen sangesfreudigen Lippen strömende Rede hören, seinen frohen Humor theilen und seinen glaubensfesten, bußfertigen und demüthigen Sinn verstehen konnte. Auch als wir in andere Diöcesen gewandert waren, blieb die freundliche Verbindung, zumal seit er seinen Kindern zu lieb das für sie wichtige Haller Bürgerrecht erworben hatte und ich ihn einigemal zu Besuch hier haben, auch ihm hin und wieder kleine Freundesdienste leisten durfte. Seinen letzten Brief hieher schrieb er und erhielt ich „als ein Genosse am Reich und an der Trübsal" ein halb Jahr vor seinem Tode.

So sei es ein letzter Liebesdienst, den ich ihm, so zu sagen, persönlich leiste, indem ich sein Manuscript mit vorsichtig sichtender Hand durchgehe und abschneide oder zusetze, was der Druck mir zu erheischen scheint. Aufs gewissenhafteste wollte ich lieber zu wenig als zu viel, und nur das thun, was ich schlechthin vor der Sache geboten und vom seligen Freunde mir erlaubt weiß. Die getroffenen Aenderungen betreffen nirgends etwas Wesentliches, weder am Inhalt noch an der Form.

Wie das Gedruckte nun in die Welt geht, darf es als treuer Seelenausdruck unseres lieben Denner, als klares Spiegelbild eines Menschenlebens voll eigenthümlicher Gottesführungen durch Hunger und Kummer, Feuer und Wasser, Leiden und Freuden, als Bild eines Christenlebens voll kindlichen Glaubens und reicher, ungefärbter Liebe, als Bild eines evangelischen Pfarrlebens voll Sorge und Segen zu Lehre und Trost ausgehen zu Freunden und Fremden, zu welchen beiden der Vollendete noch von Gottes Gnaden redet, obwohl er todt ist, nach dem Spruche: „Was ist der Mensch, daß Du Seiner gedenkest und das Menschenkind, daß Du Dich Seiner annimmst!"

Der demüthige Mann würde es nach seiner lebhaften Weise eifrig abwehren, wenn man seine Lebensbeschreibung, wie ein verehrter Freund that, „ein Seitenstück zu Jung Stilling's Leben" nennen wollte. Gewiß hat auch letzteres die größere Bedeutung für das Reich Gottes und die größere schriftstellerische Durchbildung voraus. Aber dennoch wird der Leser unwillkührlich die Parallele ziehen und von des lieben Denners merkwürdigem Ergehen und treuherzigem Erzählen sich angezogen und bis ans Ende in Spannung erhalten finden, wie es nur irgend von Stilling geschehen kann. Darf das behauptet werden, so sei es im Sinne des Vollendeten nur zum Preise Gottes, des Gebers aller guten und vollkommenen Gaben, und seiner Wunderwege gesagt, deren ganze Reichthums- und Erkenntnißtiefe uns erst im Lichte der Ewigkeit aufgehen wird. Dort soll uns Antwort werden auch auf die Fragen um das frühe Hinscheiden des in so reichem Segen hier Gestandenen.

Für die Zeit unserer Wallfahrt zum gemeinsamen Glaubensziele genügt es, zu wissen und zu erfahren das Wort, womit der theure Denner diese seine Lebensbeschreibung zunächst seinen Kindern gewidmet und überschrieben hat:

„Des Herrn Rath ist wunderbar, aber er führet es herrlich hinaus. Wohl dem, der auf ihn trauet!"

Schwäbisch Hall, den 27. Januar 1860.

Heinrich Merz.

I.

Meine Jugendjahre.

Ich, Johannes Denner, bin im Jahr 1806 den 29. November in dem Neu-Weimarischen Dorfe Brunnhardshausen, nahe an der Bayrischen Grenze, sieben Stunden von Eisenach und etliche Stunden von Möhra, wo früher Luthers Eltern wohnten, zwischen dem Röhngebirge und Thüringer Wald, geboren, als der mittlere unter drei Brüdern. Meine Eltern waren unvermögliche Leute, erzogen uns nach ihrer Art, so weit sie es verstanden, christlich, hielten uns zum Guten an, und Einfachheit und Entbehrungen mancherlei Art gaben sich von selber. Mein Vater, Johann Georg Denner, war Leineweber und zu Zeiten auch Taglöhner, meine Mutter, Anna Barbara, eine geborene Lindemann, war im Worte Gottes sehr bewandert, obwohl sie nicht einmal ihren Namen schreiben konnte. Diese gute und zärtliche Mutter sagte mir manches Lied, manchen Psalm, manchen schönen Bibelspruch vor, und ich lernte ihr zur Freude alles eben so schnell auswendig, als sie in ihrer Jugend. Sie konnte aus ihrem Schatz Altes und Neues hervorholen und es fehlte ihr bei Gelegenheiten an keinem passenden Spruch von Salomo oder Sirach. Ihr verdanke ich, was meine Erziehung betrifft, am meisten, schon deßwegen, weil mein lieber Vater, dem das Sitzen nicht behagte und das Weben von Leinwand und Wollenzeug nicht zusagte, oft in anderweitigen Geschäften, wozu bisweilen auch eine kleine Handelschaft gehörte, abwesend war. Er war ein freundlicher, treuherziger und heiterer Mann, mit großen blauen Augen, und ein großer Liebhaber von Musik. Wir hatten viel Freiheit bei ihm; wenn ihm aber einmal die Geduld ausging, so wußte er sich Gehorsam zu verschaffen, und wir nahmen uns ordentlich zusammen. Er war eben so schlecht geschult als meine Mutter, die aber dafür ein so herrliches Gedächtniß hatte, daß sie noch den ganzen kleinen Katechismus Luthers mit Fragen und Antworten im einundsiebenzigsten Lebensjahr auswendig hersagen und sich in vielen schlaflosen Nächten daran erbauen konnte, was meinem Vater nicht so gegeben war.

Von meiner früheren Kindheit weiß ich weiter nicht viel zu erwähnen, als daß ich einmal in einem mit Wasser gefüllten Krautständer, in welchen ich kopfüber gefallen war, beinahe ertrunken wäre, da ich mit den Füßen nach oben im Wasser lag und kein Bewußtsein mehr hatte. Ein andermal wäre ich beinahe vor Schrecken gestorben, da man mir etwas von einem Otternkönig weiß gemacht hatte, der mit einer Schelle begabt sei, auf deren Laut alle Ottern von allen Ecken und Enden herbeigeeilt kämen. Nun ging ich mit einer kleinen Kameradschaft einmal in einen nahen Wald, um Vogelnester zu suchen. Da erblickten wir auf einmal an einem Abhang unter einer kleinen Buche eine Otter oder Blindschleiche. Wir konnten es uns nicht versagen, aus einiger Entfernung mit vereinten Kräften nach dem Thier zu werfen. Vermuthlich getroffen, rollte es sich zusammen und die Anhöhe herab. Jetzt sprang ein jeder davon. Ich war der letzte. Als ich nun den Vorangeeilten nachzukommen suchte, hörte ich immer etwas klingeln; ich glaubte den Otternkönig mit einem großen Otternheer hinter mir zu haben, und es wollte mir, bis ich an's Dorf kam, fast Hören und Sehen vergehen. Da wurde ich endlich gewahr, daß einiges Spielzeug in meiner Westentasche mich in so große Noth gebracht hatte.

Im sechsten Lebensjahr besuchte ich die Dorfschule, wo Herr Schulmeister Günther, dem ich in mancher Beziehung zu Dank verpflichtet bin, unbeschränkter und gewaltiger Herrscher war. Seine Lehrzeit hatte er als Bedienter eines adeligen Herrn in Eisenach durchgemacht. Er hatte besonders in der Musik schöne Kenntnisse und sonst viel Gutes, war aber so hitzig, daß nicht gut bei ihm zu lernen war.

Hauptsache war das Auswendiglernen, aber ohne alle Methode und Erklärung. Wenn es nun nicht, so zu sagen, von selber ging, so setzte der Herr Schulmeister seinen Stock, den er Bakel nannte, auf's eifrigste in Bewegung, und er hätte nicht immer, wie Jener sagen können: „Hilfts nichts, so schadets nichts;" denn obgenannter Bakel richtete oft groß Unheil an. Als auserlesene pädagogische und didaktische Hülfsmittel kamen noch hinzu Scheiter- und Erbsenknieen, Armaufheben und Wachestehen mit einem Knittel vor der Schul- oder Kirchthüre; oder das Aufheben eines Flederwisches von einem Gänseflügel. Ich für meine Person kam sehr gut weg, da mir das Lernen leicht wurde, und ich dadurch die Ehre hatte, um die mich wohl Mancher beneidete, der Liebling meines Schulmeisters und der Oberste und Aufseher der ganzen Schule zu sein. Als solcher hatte ich auch das besondere Vorrecht, jene gefürchteten Stöckchen, Bakel genannt, von Zeit zu Zeit trachtenweise mit einigen Andern suchen zu dürfen, ein Geschäft, das wir pünktlich, zu völliger Zufriedenheit des Schulmeisters und zum allgemeinen Wohl der Schule in Sturm und Regen bereitwillig und nicht ohne einiges Selbstgefühl zu verrichten pflegten.

Immer hatte der Herr Schulmeister gesagt, Denner müsse Etwas werden, und man solle darnach trachten, daß er ein Schulmeister oder gar Cantor werde. Als ich nun 11 Jahre alt war und auch an der

Musik viel Freude hatte, drang er in meine Eltern, mir vorderhand eine Violine anzuschaffen. Mein Vater, wie ich eben sagte, ein großer Liebhaber der Musik war sogleich bereit dazu, aber meine Mutter heftig dagegen. Sie hielt es für eine Versuchung zum Nichtsthun, und fürchtete, ich möchte zuletzt gar ein Musikant werden, was ihr in der Seele zuwider gewesen wäre. Da mußte mein Vater einen harten Kampf bestehen, und allerlei Gründe aufbieten. Er stellte ihr vor, sie wisse ja, daß ich von Klein auf ein Schulmeister oder Cantor (dieß galt in unsrem Dorfe für eine höhere Ehrenstufe!) habe werden wollen; es sei schon mancher aus niederem Stande etwas geworden, und wenn etwas aus mir werden solle, so müsse ich Etwas lernen. Kurz, er brachte es dahin, daß ich eine Violine bekam.

Dieß war der Anfang einer neuen Periode in meinen Jugendjahren. Die Violin-Noten gingen mir Nacht und Tag im Kopfe herum, lebhaft stand das Notensystem vor mir und bald kam ich zum Ziele. Kaum war mein Arm lang genug, die Violine zu halten, doch ging ich getrost an's Werk. Schulmeister Günther gab mir Unterricht, und durch den größten Eifer brachte ich es bald dahin, daß ich bei der nächsten Festmusik in der Kirche die zweite Violine mitspielen konnte, was für meinen Vater eine große Freude war. Ein Stockblinder mit äußerst feinem Gehör spielte die erste Violine. Das war nun für meine

Mutter zwar auch eine Freude, aber im Hintergrunde lagerte immer noch die Furcht vor einem Musikanten. Ich hatte unterdessen in manchen sauren Apfel beißen müssen. Mit dem größten Eifer betrieb ich das Violinspiel, und mein guter Vater, der seine Kreuzer zu zählen hatte, mußte mir viele Saiten kaufen; eine gute und dauerhafte Quinte war mir ein großes Geschenk. Ich geigte ganze halbe Tage, besonders an Sonntagen, wenn ich schwere Stücke hatte, so an Einem fort, daß meiner Mutter die Geduld ausging, und sie mich auf die oberste Bühne unter das Dach schickte, wo ich mich satt geigen sollte. So gings zu Hause; aber, wie gings bei meinem Herrn Schulmeister, der ein solcher Hitzkopf war und bei dem noch Keiner, der die Musik lernen wollte, ausgehalten hatte? Nun, da gings auch durch manches Gedränge. Ich mußte immer in Aengsten leben, und konnte nicht wissen, wann ich Eins an den Kopf bekomme; dazu that mir mein noch zu kurzer Arm oft entsetzlich weh, und als ich einmal den kleinen Finger in die Höhe streckte, klopfte Herr Schulmeister mich mit dem Violinbogen so darauf, daß ich ihn nicht mehr rühren konnte. Manchmal kam ich des Abends betrübt und verstimmt nach Hause, doch was sollte ich machen? Meine Mutter merkte es wohl, aber sagte und fragte kein Wörtchen; still setzte ich mich in eine Ecke. Es war ja Alles nach meinem Willen gegangen, ich selber hatte es mit Bitten und Flehen bei meinem Vater, wider den Willen der Mutter, durchgesetzt. So mußte ich also auch alles still hinnehmen und zufrieden sein. Doch, es ging bald immer besser. Ich war beinahe den ganzen Tag bei meinem Schulmeister, und wenn ich auch manche trübe Stunde bei ihm verlebte, so hatte ich ihn doch sehr lieb und wäre ihm durch ein Feuer gegangen. Er unterrichtete mich unentgeltlich, wofür ich ihm allerlei Dienste verrichtete, als: Meßnersdienst, Botendienst, auch Hirtendienst, denn er hatte Vieh.

In der großen Theurung und Hungersnoth der Jahre 1816 und 1817, von welcher jene Gegend hart gedrückt wurde, hatte ich es in der Schule besser, als zu Hause, da mein Schulmeister Brodes die Fülle hatte. Meinen guten Eltern ging es in dieser Zeit sehr schwer; gar oft war kein Bissen Brod und kein Stäubchen Mehl im Hause, und war die einzige Nahrung Grünes aus Feld und Wald in Milch und Wasser gekocht; bisweilen schwammen einige Brodschnitten in der Schüssel herum, welche als seltene Fische aufgefischt wurden; auch Kleienbrod wurde nicht verschmäht, wiewohl es einem im Halse stecken blieb. Viele Leute kamen an den Kräften sehr herunter und wandelten wie Schatten umher. Da wurde viel gebetet; die Menschen waren gedemüthigt, an Aufruhr und Empörung war kein Gedanke, man gab Gott die Ehre. Auch meine Mutter, welcher ich oft von dem in der Schule erhaltenen Stückchen Brod einen Theil mit nach Hause brachte, jammerte und betete viel. Als im Jahre 1817 oder 18 der erste Wagen Korn vor die Kirche geführt wurde und Herr Pfarrer Theuer vor derselben eine Rede über die Psalmworte hielt: „Die mit Thränen säen, werden mit Freuden erndten *rc.*, da wurden Thränen der Freude und des Dankes gegen Gott genug geweint. Meine Eltern hatten ein Stück Land um's andere, eine Wiese um die andere verpfänden oder verkaufen müssen. Auch mit dem baaren Geld in den Händen wußte man oft viele Stunden weit weder Frucht noch Brod aufzutreiben. Einmal brachte mein Vater, nach langem Herumreisen, Brod, und als man davon in die Milch brockte, war Sand unten in der Schüssel, oft war Tollhaber darunter und die Leute bekamen Kopfweh. Man fuhr nach Eisenach und fand dort bisweilen auch nichts. Wie froh war man, wenn man nur Etwas erlangte, obgleich man um viele Thaler blutwenig bekam. Unverlöschlich hat sich jene schwere Zeit meinem Gedächtniß eingeprägt. Wer Nahrung und Kleidung hat, soll zufrieden sein und Gott täglich von Herzen dafür danken!

Nach dieser Zeit trieb Schulmeister Günther mit lobenswerthem Eifer daran, daß ich nun auch ein Clavier bekäme; ich selber hatte wieder neuen Muth gefaßt, und wünschte es eben so sehr, als ich früher eine Violine gewünscht hatte. Meine Mutter war wegen der großen Kosten wieder dagegen, mein Vater aber nicht abgeneigt, wiewohl ihm solche Ausgaben äußerst schwer fallen mußten. Endlich setzte er es durch; er brachte seine wenigen Schafe zum Opfer, und endlich erhielt ich ein mittelmäßiges Instrument, das sogleich in die Schule gebracht wurde, die ich nun vollends gar nicht mehr verließ. Manchmal sah es mir meine Mutter des Abends an, wenn es den Tag über in der Schule nicht gar wohl gegangen war; sie sagte aber wieder keine Sylbe und ich schwieg auch ganz still. Um so eifriger betrieb ich die Sache; fast den ganzen Tag saß ich hinter meinem Clavier und schon nach vier Wochen spielte ich den ersten Choral auf der Orgel während des Gottesdienstes: „Herr Jesu Christ Dich zu uns wend" 2c. Es ging aber nicht ohne Zittern und Zagen. Am Samstag mußte ich die Probe machen, wozu mir mein Herr Schulmeister den Blasbalg trat. Aber des Dings auf der Orgel ungewohnt, wo alles gleich Laut giebt, wenn man ein wenig mit den Fingern neben aus kommt, wurde ich ganz scheu und confus, und es wollte nicht recht thun. Da kam mein Herr Schulmeister im höchsten Zorn dahergefahren und schlug mich so kräftig hinter die Ohren, daß ich fast nicht mehr wußte, wo mir der Kopf stand. Auf eine so handgreifliche Instruktion mußte ich hinter meiner Orgel immer gefaßt sein. Zum Glück hatte ich eine solche bald nicht mehr nöthig und war meiner Sache gewiß; ich mußte mich aber später immer hüten, es meinem Meister, der nicht wenig Staat mit seinem Schüler trieb, an schönen Läufen, Schnörkeln und Trillern nachmachen oder gar zuvor thun zu wollen. Er gab mir nämlich fleißig Unterricht, bis ich alle Choräle spielen und ihn, so oft er wollte, beim Gottesdienste vertreten konnte, dann hatte es ein Ende. Ich hatte später mein Clavier nach Hause genommen und saß auch hier immer dahinter; meine Mutter aber pflegte in der plattdeutschen Sprache, wie sie in Brunnhardshausen gesprochen wird, zu sagen: „Dau klaiamperst de ganze Toag un bans fertig is, so wird doch nüscht rus.“ Anfangs schrieb mir Schulmeister Günther immer den Choral mit den Zwischenspielen ab, der am Sonntag gesungen werden sollte und ich übte ihn vorher ein; später that ich es selber. An einem Freitag gab mir der Schulmeister den Choral auf den Sonntag mit den kurzen Worten: „Da lerne ihn auf den Sonntag; er geht aus De-moll.“ Er hatte mir aber noch nie gesagt, was denn das sei und was man da beobachten müsse; auch hatte ich das Herz nicht, ihn zu fragen, indem ich eine harte Antwort fürchtete. Zu Hause fing ich nun an, mich zu exerciren; allein ich merkte bald, daß es nicht recht stimme und die Accorde nicht harmonirten. Ich zerbrach mir den Kopf, spielte aber immer nach D-dur und nahm das vorgezeichnete b dazu. Das klang erbärmlich zusammen und zuletzt weinte ich bitterlich. Meine Mutter beeilte sich nicht sehr, mich zu trösten und aufzurichten. Da kam zufällig ein altes Weib aus dem Dorfe und fragte meine Mutter, was denn der Junge da weine? Ach, sagte sie, da hat ihm der Schulmeister wieder ein Lied zum Spielen aufgegeben, das kann er nicht herausbringen. Nun, sagte das Weib, was ist's denn für eins? Es war aber das für die Umstände sehr passende Lied aus dem Schmalkaldischen Gesangbuch:

„In dem Leben hier auf Erden
Ist doch Nichts als Eitelkeit;
Bös Exempel, viel Beschwerden,
Plage, Klage, Müh und Streit,
Kummer, Sorge, Angst und Noth,
Krankheit, und zuletzt der Tod."

Ei, sagte das alte Weib, das, wie meine Landsleute es fast alle sind, sehr musikalisch war, das kann ich gut, ich will dir's einmal vorsingen. Sie that es und sang die Mollmelodie so rein, daß ich meinen Fehler alsobald bemerkte, und den Choral ohne Anstoß spielen konnte. Während ich mich im Clavierspielen übte, ließ ich darum die Violine nicht liegen. Wenn meine Kameraden am Sonntag herumschwärmten, geigte ich oft meiner Mutter die Ohren voll. Nicht nur bei Kirchenmusiken, wo ich wegen meiner Kleinheit auf einen großen Block stehen mußte, wirkte ich mit; sondern ich hätte beinahe mich auch um des Geldes willen zu Tanzmusiken brauchen lassen. Ich fühlte mich sogar geehrt, als ich einmal bei einer großen Hochzeit dazu gezogen wurde, zuerst in der Kirche, dann zum Tanz, der mehrere Tage und Nächte dauerte und wobei unsere Instrumente mit farbigen Bändern geschmückt waren. Das waren gefährliche Versuchungen für einen noch unerfahrenen Knaben von zwölf oder dreizehn Jahren, der weder rechts noch links wußte. Der Herr in seiner großen Barmherzigkeit und Treue allein hat es verhütet, daß ich an dieser Klippe nicht gänzlich scheiterte. Wenn aber mein Vater im Frühjahr Holz machte, mußten wir Knaben mit angreifen; da hatte ich große Sorge für meine Finger, daß sie mir zum Spielen nicht zu steif würden. Ueberhaupt war ich wenig zu brauchen, weil ich bald in der Schule, bald hinter meinem Instrument war.

Mittlerweile war die Zeit gekommen, wo ich confirmirt werden sollte. Sechs oder acht Wochen vor der Confirmation gingen wir zu unserm guten und freundlichen Herrn Pfarrer Theuer, der in Neidhardshausen wohnte, einem eine halbe Stunde entfernten Dorfe. Diese Frühlingswanderungen waren für uns sehr angenehm, aber wenig erbaulich und schlecht geeignet, uns in die rechte Stimmung zu versetzen. Auch wurden wir nicht genug innerlich angeregt, da unser lieber Herr Pfarrer gar sänftiglich zu Werke ging. Er war ein guter und frommer Mann, der sich zur Brüdergemeinde hielt. Er unterrichtete nach geschriebenen Heften, wo Fragen und Antworten bei einander stunden. Die gab er mir zum Abschreiben, ich lernte die Antworten mechanisch auswendig und wurde immer gelobt! Tiefere christliche Eindrücke verdanke ich meines Wissens hauptsächlich meiner Mutter und der freien und ungehinderten Wirksamkeit des Wortes und Geistes Gottes. Im Uebrigen wuchs ich unter dem Haufen der Dorfjugend in all ihren Sünden und Unarten auf, die ich damals nicht einmal dafür erkannte. Am Confirmationstage mußten wir alle in die Schule kommen und dort dem Lehrer und den Eltern danken und sie um Verzeihung bitten. Da gab es immer Thränen die Menge; ob sie aber von großer Bedeutung gewesen seien, möchte ich fast bezweifeln. Bei solchen Formen kommt es darauf an, in welchem Geiste sie fortgeführt werden. Leider kann ich mich nicht erinnern, einen besondern Segen für mein Herz gehabt zu haben. Daß aber alle Menschen fromm und mit Gottesfurcht beseelt sein müßten, erschien uns als etwas, das sich von selber versteht. Von einer Liebes- und Lebensgemeinschaft mit Gott durch Christum wußten wir alle mit einander Nichts.

Jetzt aber handelte es sich darum, was ich nun weiter anfangen sollte. Es war gerade Kirchen- und Schulvisitation, wo Herr Pfarrer Theuer mein Anliegen dem Herrn Superintendenten Dr. Schreiber von Lengsfeld auf's Dringendste vorstellte. Er prüfte mich und hatte besonders Freude an meinem Orgelspiel. Da Herr Doktor Schreiber selber ein hülfloser Knabe gewesen war, so versprach er, sich wegen meiner an den Herrn Legationsrath Falk zu Weimar zu wenden. Dieser edle Mann, auch durch geistreiche Schriften berühmt, Sohn eines Perückenmachers zu Danzig, in dessen Geschäft auch er in seiner Jugend eingeleitet worden war, hatte nach der Leipziger Schlacht 1813 und 1814 eine Anstalt gegründet, in welche arme und verlassene oder verwahrloste Kinder aufgenommen und zu einem ihren Neigungen und Fähigkeiten angemessenen Beruf gebildet wurden. So kam es, daß mancher Arme studirte, Schullehrer wurde, ein Handwerk oder eine Kunst erlernte. Ihm wollte mich nun Herr Dr. Schreiber auch empfehlen und für mich um Aufnahme bitten. Die Sache verzögerte sich aber wieder und ich trat den Sommer über als Hirtenknabe in Dienste, obgleich es immer mein sehnliches Verlangen war, fortzukommen. Auf der Weide hatte ich nicht selten eine alte Generalbaßschule, eine alte lateinische Grammatik, die ein Beamter mir einst zum Geschenk gemacht hatte, oder auch ein anderes Buch bei mir. Da ich aber einen so unvollkommenen Unterricht genossen hatte, so war der Gewinn eben nicht sehr groß. Oft machte ich mir auch andere Unterhaltung. Ich hatte ein besonderes Wohlgefallen an Pferden und am Reiten und machte mir leider kein Gewissen daraus, hie und da eine halbe Stunde auf der Hut herumzujagen, womit freilich die armen Thiere nicht gesättigt wurden. Von jeher war ich so leidenschaftlich auf's Reiten versessen, daß ich keine Gefahr, Unlust oder Strapazen scheute. In meinen letzten Schuljahren wurde ein großer Schmuggelhandel mit Salz in's

Bayrische getrieben. Es fiel Niemanden ein, dieß für eine Sünde zu halten, nur erwischen lassen durfte man sich nicht. Auch mein Vater ließ wegen Mangel an sonstigem Verdienst sich verleiten, Pferde anzuschaffen. Er brachte jedoch das Salz nur bis an die Grenze, wo dann die Beyern selber es holten. Da ging ich nun oft mit über das Röhngebirge, um auf dem Rückwege reiten zu können, obgleich ich mehr als einmal vor Frost und Regen in finst'rer Nacht fast erstarrte. Nur einmal begleitete ich meinen Vater, so viel ich weiß, auch über die Grenze. Es war ein unheimliches, unsauberes Handwerk. Eine kleine Gesellschaft hatte einen wegkundigen Führer. Um Mitternacht ungefähr wurde aufgebrochen. Es ging die Kreuz und die Quere über Stock und Stein, durch Feld und Wiesen etliche Stunden weit. Als der Vorrath gut verkauft war, schickte mich mein Vater allein mit dem Pferde voraus, und ich sprengte, so viel es das Thier vermochte, im Galopp über die Grenze, ohne irgendwo angehalten worden zu sein, wo ich dann im ersten Weimar'schen Dorfe meinen Vater erwartete.

Aus dem Bisherigen geht hervor, daß meine Jugend eben nicht sehr erbaulich war, und ich eine ängstliche Erziehung nicht genossen habe. Indessen wollte ich, wie gesagt, immer fort, und wußte doch nicht, wohin. Herr Dr. Schreiber, der lange keine Antwort von Weimar bekam, weil sich damals Herr Legationsrath Falk in Würzburg aufhielt, hatte fast keine Ruhe mehr vor mir, so oft machte ich den drei Stunden weiten Weg zu ihm immer mit der Frage, ob noch kein Brief gekommen sei? Endlich kam ein langes Schreiben, das aber meinen Wünschen nicht ganz entsprach. Unter anderem hieß es in demselben: „Wollte Denner sich entschließen ein Handwerk zu lernen, oder in eine solide Handlung zu treten, so könnte ich eher die Hand dazu bieten, ja ich biete sie schon, indem ich hierdurch sage: er komme sogleich. Anders ist es aber mit dem Vorsatze, ein Cantor zu werden, oder der Schule zu folgen. Hierzu ist eine Reihe von Jahren nöthig und die Kosten sind so bedeutend, daß ein einziger solcher Bursche zwölf andern, die Handwerke lernen wollen, den Weg versperrt. Viele kamen zu uns in derselben Absicht, und da wir jahrelang Mühe und Geld an ihnen verschwendet hatten, wurden sie uns untreu. Anstatt ihre Schuld einigermaßen durch Unterricht an der Anstalt abzutragen, unterrichteten sie fremde Kinder in der Stadt, und wenn wir ihnen dies verwiesen, traten sie aus der Anstalt, meinten, sie könnten sich nun selber helfen, gingen hin, wurden Pfeifer, Geiger und Comödianten und wir erlebten wenig Freude an ihnen. Nach solchen traurigen Erfahrungen ist es unsere Pflicht in diesem Punkt behutsam zu Werke zu gehen. Deßhalb muß ein Jeder, der in solcher Absicht zu uns kommt, ein Probejahr bestehen, von dem es abhängt, ob wir ihn abweisen, oder uns seiner annehmen. Bleibt nun Denner bei seinem Vorsatz, so kann er zwar auch kommen; doch muß er ein Bett mitbringen und zusehen, ob Freunde und Verwandte das Kostgeld ein Jahr lang für ihn decken wollen. Können wir ihm nach überstandenem Probejahr ein ehrenvolles Zeugniß geben, so darf er auf unsere weitere väterliche Fürsorge rechnen u. s. w." Dieß war ungefähr wörtlich der Inhalt des so lang und sehnlich erwarteten Schreibens. Auf ein Probejahr hätte ich es nun zwar gerne ankommen lassen, aber — woher sollte ich das Kostgeld nehmen? Ich hatte keine Verwandte, die es bestreiten konnten, und meine Eltern hätten Haus und Hof zum Pfand setzen müssen, wenn sie es übernehmen sollten. Zwar wäre jetzt auch meine Mutter zu jeglichem Opfer bereit gewesen, allein, dort bei uns zu Land am Thüringer Wald, gab es wohl viele Steine, aber wenig Geld. Nur schwer konnte ich mich dazu entschließen, im äußersten Fall auch Kaufmann zu werden; zu Hause aber bleiben, das wollte ich schlechterdings nicht, und ein Handwerk wollte ich auch nicht lernen, lieber wäre ich ein Kutscher oder Fuhrmann geworden, um mit Pferden umgehen zu dürfen. In einem abgelegenen Dörfchen zwischen dem Röhngebirge und Thüringer Wald aufgewachsen, schwebten mir Schulmeister und Pfarrer als Ideale vor. Letzteres schien mir für meine Verhältnisse viel zu hoch, und ich wollte höchstens ein Cantor oder Organist werden. Hierbei aber, das war mein Entschluß und Gebet, wollte ich Alles dem Willen Gottes überlassen. So viel Christenthum hatte ich schon von meiner Mutter gelernt, daß ich lebendig überzeugt war, es stehe Alles in einer höhern Hand. Diese meine Gesinnung theilte ich auch dem Herrn Doktor Schreiber mit und er vermochte nicht, mich anders zu stimmen. Er war freundlich gegen mich und versprach, mir ein Schreiben mitzugeben, wenn ich dem ungeachtet nach Weimar wolle. Meine Eltern machten denn ein Bettlein für mich zurecht, d. h. ein Kissen, eine kurze und schmale Decke und einen Strohsack, was alles mein lieber Vater in einen Quersack einpackte. Auf gut Glück wollten wir einmal zum Herrn Legationsrath Falk nach Weimar.

Die Stunde des Abschieds aus dem Lindemännischen Haus (so hieß unser Haus von Groß- und Urgroßvater her) nahte, und ich machte mich, beschenkt von Freunden und Verwandten, mit kleinen Münzen, geräucherten Würsten und Fleisch auf den Weg, um einmal aus Brunnhardshausen fortzukommen. Meine gute Mutter, welche ich gebeten hatte, mir nicht mit Weinen das Herz schwer zu machen, suchte alle ihre Schätze hervor, um mir mein Vorhaben zu erleichtern. Durch Eier- und Federn-Verkauf hatte sie etliche Gulden zurückgelegt, die sie mir in die Hand drückte, und gab sich viele Mühe, die Thränen nach meinem Wunsche zurückzuhalten. So machte ich noch ganz ungewiß, wie ich in Weimar ankommen würde, mich an einem schönen Frühlingsmorgen mit meinem Vater auf den ungefähr vierundzwanzig bis dreißig Stunden weiten Weg. Daß ich in dieser Zeit ernst gestimmt war, und in meinem Innern Gott kindlich um das Gelingen meines Vorhabens gebeten habe, ist mir noch erinnerlich. Der nächste Weg führte uns über Schmalkalden, den Thüringer Wald und Erfurt, wo ich nicht wenig erstaunte über die Größe der Stadt und die Höhe ihrer Häuser. Unterwegs setzten wir uns hie und da unter einen Baum nieder, um unsere Vorräthe zu verzehren, und langten nach zwei starken Tagemärschen, die unsern Füßen tüchtig zugesetzt hatten, am ersten Mai 1822 glücklich und wohlbehalten in Sachsen-Weimar an, wo wir in der Sonne übernachteten. Am folgenden Tage suchten wir das Falk'sche Institut auf, und wurden freundlich aufgenommen. Beim Herrn Legationsrath bestand ich ein kleines Examen, in welchem dieser theure Mann hauptsächlich nach dem 139sten Psalm fragte, (Herr du erforschest mich ꝛc.) wobei er mir immer das Haupthaar streichelte. Ein Freund wollte wissen, daß Herr Legationsrath Falk nach den Haaren den Charakter eines Jeden beurtheile. Sein Schreiber mußte mir auch Etwas diktiren, was mir in meinem Leben noch nicht leicht begegnet war, wiewohl ich schon im sechszehnten Jahre stand. Ich wollte es auch fein hochdeutsch nach der Büchersprache schreiben, und setzte: „ich spiele die Violina, auch ein wenig Claviere," worüber Herr Legationsrath Falk ganz mild lächelte und dem Schreiber sagte, das habe Nichts zu bedeuten; ich habe meine Sache ordentlich gemacht, und ich werde es schon besser lernen. Meinem Vater ertheilte er hierauf die Weisung, er solle in Gottes Namen wieder nach Hause reisen, ich aber solle vorderhand bei ihm bleiben, und er wolle einmal sehen, was sich aus mir machen lasse. Meine Freude war sehr groß. Ich begleitete meinen Vater eine Stunde, nahm dann ohne Thränen von ihm Abschied, während es ihm jetzt erst schwer wurde, lief stracks nach Weimar und sah gar nicht mehr zurück, was meinem guten Vater, wie ich nach etlichen Jahren hörte, gar wehe gethan hatte. So war ich denn doch noch fort gekommen, obgleich so lange jeder Weg verschlossen schien. Hoffnungs- und erwartungsvoll, auch mit guten Vorsätzen, kam ich in's „Lutbergäßchen" wo die Anstalt lag, zurück. Meine Ausrüstung war, wie sich denken läßt, sehr einfach. Doch hatten meine Eltern bei meiner Confirmation mir eine sogenannte Herrenkleidung angeschafft, bestehend aus einem runden Hut (meine Kameraden hatten dreieckige) blauen Rock, kurzen grauen Hosen mit Schnallen, blauen Strümpfen mit stattlichen Zwickeln und Römerschuhen. Dieß war mein einziger Anzug, da ich meine alten Kleider zu Hause gelassen und nur den Staat mitgenommen hatte.

II.

Mein Aufenthalt im Falk'schen Institut zu Weimar.

Eine neue Welt war mir aufgegangen, in welcher mir Alles so spanisch vorkam, als einst den Spaniern die neu entdeckte Welt. Alles war anders, die Häuser, die Kleider, die Lebensweise, die Sprache, denn ich war bis dahin das Plattdeutsche gewohnt. Sonderbar kamen mir vor die Begrüßungen, die „schön guten Morgen," und „schön guten Abend," die Höflichkeitsbezeugungen, die Bücklinge, die Knicklinge, wobei ich mir trotz meiner Herrenkleidung in den kurzen Hosen auch selber noch sonderbar vorkam. Doch lernte ich mich auch in diese neue Weise schicken. Ein Landsmann von mir, der vor etlichen Jahren, um das Schuhmacherhandwerk zu lernen, in's Falck'sche Institut gekommen, aber wegen seiner schönen Gaben vom seligen Falk zu etwas Höherem bestimmt worden war und in seiner Nähe sich aufhielt, war mein nächster Instructeur in der städtischen Lebensart und im guten

Anstande. (Er studirte später in Königsberg und wurde mein Schwager.) Er, einer Namens Luther aus meiner Heimath gebürtig, und ich, wohnten gleich neben dem Zimmer Falks, wo ich mich meist mit Bröders kleiner Grammatik beschäftigte. Ein Zögling, der das Gymnasium besuchte, eben so klein als ich, aber mir gegenüber wie ein Professor, war mein ungeduldiges Lehrmeisterlein. Auch noch etliche andere Unterrichtsstunden hatte ich, größtentheils aber war ich zur Selbstbeschäftigung angewiesen, und mußte mir bei meinen Freunden Raths erholen. In der ersten Zeit kam Herr Legationsrath Falk oft zu mir, fragte mich, wie es mit dem Heimweh stehe, wie mir das Lateinlernen gefalle und ließ sich in manches freundliche Gespräch mit mir ein. Das that mir wohl und ich faßte allmählig ein Herz zu ihm, merkte bald, daß er mir wohl erlaube, ihn zu lieben, zu fragen, zu bitten. Manchmal gab er mir auch Etwas zum Abschreiben, im Uebrigen aber war ich, wie gesagt, mir meist selbst überlassen, denn im Hause war blos eine gewöhnliche Elementarschule, während die nicht zu Handwerkern bestimmten Zöglinge in Kosthäusern untergebracht waren, das Gymnasium oder Schullehrer-Seminar besuchten, und sich nur in den Singstunden in der Anstalt, welche eine Art liturgischer Erbauungsstunde waren, jedoch ohne Eingangs- und Ausgangsgebet, einfanden. Gemeinschaftliche eigentliche Morgen- und Abendandachten gab es zu meiner Zeit nicht, an Ermunterungen zur

Gottesfurcht ließ es darum der sel. Falk nicht fehlen, wie sich im fernern Verlauf meiner Erzählung herausstellen wird.

Die Anstalt war damals in einer Uebergangsperiode. Herr Legationsrath Falk hatte ein großes, klosterartiges Gebäude angekauft, um es für die Anstalt durch die eigenen Zöglinge umzubauen. Es mußte aber fast Alles neu gebaut werden und war daher überall ein reges Treiben, ein Hämmern und Klopfen, Einreißen und Wiederaufbauen, Arbeiten und Singen, Laufen und Springen. Bei den Maurern und Zimmerleuten waren ehemalige Zöglinge; und solche, die erst kamen, um Handwerke zu lernen, mußten auch längere Zeit auf dem Hofe arbeiten, Steine und Schutt, Holz und Kalk tragen und herbeischaffen, was fehlte, auch Backsteine machen, die an der Sonne getrocknet wurden. Auf einem kleinen Wagen holte so eine kleine Schaar bedeutende Lasten, wobei L. R. Falk oft selber gegenwärtig war, damit kein Unglück geschehe. Häufig aber führte mein Landsmann Kirchner, der immer mehr die Stelle eines Ministers der auswärtigen Angelegenheiten versah, die Aufsicht, während ich bald das Departement des Innern übernehmen mußte. Wegen einer Veruntreuung mußte nämlich der bisherige Sekretär des L. R. Falk fort, und dafür zog er nun mich in seine Nähe, daß ich so zu sagen Tag und Nacht um ihn war. Es gab natürlich bei dem bedeutenden Bauwesen, den vielen Kostleuten und

Lehrmeistern, bei den mehr als hundert Zöglingen, den vielen Freunden der Anstalt, welche dieselbe aus der Ferne, namentlich aus Preußen und Sachsen unterstützten, bei den vielen verschiedenen Klagen und Anfragen, viel zu besorgen, zu schreiben, zu notiren, zu beantworten, kurz an Beschäftigung fehlte es hier so wenig, daß ich selten auf einen Spaziergang, selten in die Kirche, selten auch nur vor das Thor kam und mehrere Jahre ein wahres Klosterleben führte. Anfangs mußte ich abschreiben, Falk diktirte mir und corrigirte es hernach, da ich noch Fehler machte, bis er mein Geschriebenes so ziemlich zu jedem Zweck brauchen konnte. Er diktirte bei weitem mehr, als er selber schrieb. Ich fertigte Leute ab, hörte Bitten und Wünsche an, erstattete Bericht und zahlte Geld aus, schrieb Rechnungen und Quittungen, führte die Anstaltsbücher fort und ließ mich zu allen möglichen Dienstleistungen von meinem väterlichen Freunde brauchen. Bisweilen hatte ich mit groben und unverschämten Leuten zu thun, deren Forderungen man nicht gleich befriedigen konnte, weil es nicht selten an Geld fehlte, da hatte der kleine Minister des Innern oft einen harten Stand, und wünschte sich einen großen Bart, wie ihn heutzutage unsere Republikaner tragen. Wurde es mir bisweilen schwer, meine Autorität zu behaupten, und ich klagte dem seligen Falk meine Noth, so nannte er dieß Alles eine gute Schule für mich. An jedem Abend gab es noch viel zu schreiben. Morgens vier Uhr stand ich auf und spielte auf einem alten Flügel, da ein abgesetzter branntweindurstiger Cantor, der die schönen von ihm selbst componirten Walzer mit mir einübte, mir eine Zeit lang Stunden gab.

Unermüdlich thätig war der edle Falk für seine Mitmenschen; alle seine Arbeit und Sorge war für Arme und Verlassene. Er war, wie ich oben sagte, eines Perückenmachers Sohn, eines ehrsamen Bürgers zu Danzig, und hatte noch sechs Brüder. Seine Mutter war (ich halte mich hier meist an seine eigenen Erzählungen) eine Herrnhuterin, die ihn so ernst und christlich erzog, daß er nur in der Bibel lesen sollte. Johann Daniel aber (später nannte er sich Johannes) hätte gar zu gerne studirt. Die Mutter sagte: „Was! du thust schon jetzt nicht das Gute, was du weißt, und wenn du gar studiren würdest, kämest du vollends in die tiefste Hölle hinein!" Der Vater war auch nicht im Stande, die Kosten aufzutreiben. Der junge Falk aber hatte einen unwiderstehlichen Trieb zum Studiren, und weil er zu Hause keine andere Bücher lesen durfte, so bekam er für sein Taschengeld Bücher aus der Leihbibliothek und las z. B. Wielands Schriften unter der Straßenlaterne. Aber je mehr er las, je unerträglicher wurde ihm die Werkstatt, und beinahe wäre er zu Schiff gegangen und in die Hände der Seelenverkäufer gerathen. Da endlich erlaubten es die Eltern, daß er vom Handwerk loskam, und ein alter Rektor nahm sich liebend seiner an. Falk machte reißende Fortschritte im Lateinischen, kam in die entsprechende Classe auf's Gymnasium, wurde hier von den reichen Kaufmanns- und Patriziersöhnen anfangs gar verächtlich angesehen, kam aber bei jeder Prüfung höher hinauf; bald war er unter den Ersten, geliebt und hervorgezogen von seinen Lehrern, und die reichen jungen Leute bemühten sich um seine Gunst und Freundschaft. Der Rath war für die Kosten auf der Universität behülflich; ein alter Rathsherr gab ihm noch die Weisung: „Du weißt, wir haben uns Deiner angenommen. Wenn nun einmal ein armer Knabe an Deine Thüre klopft, so nimm Dich seiner auch an.“ Falk bezog die Universität Halle. Hier arbeitete er wieder so anstrengend, daß er Blutspeien bekam. Obgleich er Jura studirte und überall sich auszeichnete, wollte er doch lieber eine freie und unabhängige Stellung behaupten und von Göthe, Wieland, Schiller, Herder im deutschen Athen angezogen, begab er sich nach Vollendung der Universitätsstudien nach Weimar, verheirathete sich mit einer edlen und vermöglichen Jungfrau Rosenfeld, und lebte als Literat in genauer Verbindung mit den genannten berühmten Männern. Mitterweile kam die Jenaer Schlacht 1806, die so unglücklich für Preußen ausfiel, und Falk bekam Gelegenheit, sich auch im Praktischen zu zeigen. Unter großen Gefahren ritt er mitten in's feindliche Heerlager der Franzosen bis zum commandirenden General und suchte Plünderung und Raub zu verhüten. In Weimar, wohin sich alles geflüchtet hatte, weil der damalige Herzog Karl August preußischer General war, wurde er Sekretär des französischen Commandanten, wo er wieder unter mancherlei Gefahren für Stadt und Land Gutes wirkte. Dafür machte ihn der Herzog, nachdem er wieder zurückgekehrt war, zum Legationsrath mit unabhängiger Stellung und einem jährlichen Gehalt, sowie zum Ritter des weißen Falken-Ordens, der ihm zu Ehren erneuert wurde. So kamen die Jahre 1813 und 14, wo es durch Krieg und Krankheit viele verlassene und hiedurch verwahrloste Kinder gab, die man alsdann in die Zuchthäuser steckte. Dieß fiel dem menschenfreundlichen Mann auf. Er machte Vorstellungen, daß man vielmehr diese jungen Leute erziehen und unterrichten müsse, errichtete, von der edlen Herzogin unterstützt, „die Gesellschaft der Freunde in der Noth," und so entstand in Deutschland die erste Anstalt für arme und verwahrloste Kinder. Während dieser edlen Wirksamkeit starben ihm vier eigene Kinder in einem Monat, was dem zärtlichen Vaterherzen nur neuer Antrieb war zur Versorgung anderer. In den Theurungsjahren hatte er mehrere hundert zu versorgen, verlor später wieder eine blühende Tochter von sechszehn Jahren und einen Sohn, der eben die Universität beziehen sollte. Ich traf noch vier Kinder an, zwei Söhne und zwei Töchter. Er war seinem

Aeussern nach ein kräftiger, untersetzter, sehr schöner Mann, mit blonden Haaren, lebhaften blauen Augen, voll Geist, Liebe und Milde. In seiner großen Lebhaftigkeit lief er hie und da halbrasirt dem Barbier davon, und konnte zu Zeiten recht hitzig und schnell sein, was ich selber einmal, wo ich überdieß völlig unschuldig war, erfahren mußte. Auf einem Fuß, den er einmal gebrochen, war er schwach. Ging er mit einem, so machte er gern Ständerlinge, wobei er sich gewöhnlich auf meine Schulter stützte. Fast immer trug er eine Brille. Mein theurer, väterlicher Freund pflegte noch lange aufzubleiben, wenn andere Leute schliefen. Diese Gewohnheit mußte ich nun auch mitmachen. Blieb er frei vom Schlaf, wenn er mir diktirte, so schrieb ich sehr gern, und es überraschte uns manchmal der Tag. Hierbei hatte er die Gewohnheit, die Füße, vermuthlich wegen Unterleibsleiden, auf dem Sopha liegend auszustrecken. Gewöhnlich pflegte er des Nachts grünen Thee zu trinken, den ich in der Regel einschenkte. Sehr selten durfte ich mir auch einschenken, denn er hatte den sehr vernünftigen Grundsatz: „junge Leute solle man ja nicht verwöhnen." „Könnt ihr einmal," pflegte er zu sagen, „Zuckergebackenes u. s. w. essen, so bleibt euch dieß unverwehrt. Für jetzt ist es euch viel besser, ihr gewöhnet euch an Schwarzbrod und an das Allereinfachste." Eben so sehr war es ihm zu wider, wenn einer der neugebackenen Herrlein sich irgend vor einer Arbeit scheute, Del und Lichter beim Kaufmann nicht holen, oder überall Pech fürchten wollte. Wenn ich nun so bis um Mitternacht oder gegen den Morgen am Schreibtisch saß, verlangte bisweilen die Natur ihre Rechte und der Fluß des Diktirens gerieth in's Stocken. „Weiter, rief ich, Herr Legationsrath!“ Gewöhnlich rief er: „So lese noch einmal!“ Bisweilen floß es, bisweilen stockte es wieder. Hatte ich nun so etliche male erinnert, so legte ich die Feder hin und schlief augenblicklich so sanft als er. Vielleicht nach einer Stunde klopfte er mir auf die Schulter und sagte: „Jetzt Denner, wir wollen schlafen gehen.“ Schlaf und Müdigkeit überwältigten mich bisweilen so, daß ich mein eigenes Geschriebene nicht mehr herausbrachte und von neuem schreiben mußte.

An weiteren Unterricht, so sehr ich ihn auch gewünscht hätte, war gar nicht mehr zu denken. Ich schrieb theils Briefe, theils Aufsätze, die nachmals in Druck gekommen sind; z. B. Gartengespräche mit Göthe, wovon ich jedoch einen guten Theil nicht recht verstand, weil auch viele Ausdrücke darin vorkamen, die ich nie gehört hatte. Letztere ließ ich mir aber erklären, und legte eine kleine Fremdwörter-Sammlung an. Alles, was ich hatte, war der liebende Umgang mit einem edlen, geistreichen, wahrhaft menschenfreundlichen, für Volkswohl begeisterten, witzsprudelndem und welterfahrenen Manne, der durch seine ernsten Bestrebungen mich ernst machte und durch Witz und Heiterkeit mich aufheiterte. Oft erzählte er mir eine aufheiternde, mich wieder aufweckende Geschichte, wenn unsere Augen in gleichem Grade sich verdunkeln wollten, als das auf dem Tisch stehende, nicht gepflegte Licht. Immer mehr lebte und liebte ich mich in ihn hinein und wurde von seinen menschenfreundlichen Ideen ergriffen. Einst redete er unter der Kirche an einem Sonntage so ergreifend von der Menschenliebe und von der Freundlichkeit Gottes gegen das geringste Geschöpf, daß ich hinaus mußte und mein Herz im Gebet vor Gott ausschüttete. Mehr als einmal wurde so mein Inneres entflammt. Sehr oft kamen auch fremde Besuche von berühmten und vornehmen Männern, deren Gespräch auch manchmal der Art war, daß ich nicht Alles verstand; das hat jedoch meinen Geist immer mehr angespornt, auch war es mir unverwehrt, zu fragen. So wurden seine Gedanken immer mehr meine Gedanken, und seine Wege meine Wege, und ich vergaß beinahe, warum ich nach Weimar gekommen sei. Ich wurde immer mehr auch begeistert für den Plan, welchen er verfolgte, eine Anstalt zu gründen, in welcher noch in fernen Geschlechtern eine hülflose oder verwahrloste Jugend Erziehung und Unterricht finden sollte. Fühlte ich bisweilen meinen Mangel an Schulkenntnissen und dachte an die, welche das Glück hatten, das Seminar oder Gymnasium zu besuchen und regelmäßigen Unterricht zu empfangen, und sagte etwa zu ihm: „Aber, Herr Legationsrath, ich lerne Nichts!" war die Antwort: „Du lernst genug bei mir für's Leben, erwirbst Dir Menschenkenntniß und Lebenserfahrung, die den Meisten abgeht; was Dir dann noch fehlt, kannst Du leicht nachholen; ich selbst fing erst spät an zu studiren 2c. Kurz, er suchte mich immer wieder zu beruhigen, weil er theils mich für seinen Plan brauchen konnte, theils fürchtete, ich möchte ihm in einer nicht nach seinem Geist geleiteten Anstalt verdorben werden, wovon er betrübende Erfahrungen gemacht hatte. Einst sagte ich halb scherzend zu ihm: „Es wird mir wohl noch so gehen, wie ich schon längst befürchtet habe!“ „Wie?“ sagte er. „Daß ich Bröders Grammatik unter den Arm und das Gewehr auf die Schulter nehmen muß!“ „Das wird wohl nicht nöthig sein bei Dir,“ war die Antwort.

Vor meinen spätern Reisen für die Falk'sche Anstalt kam ich zweimal auf kurzen Besuch zu meinen Eltern. Das erstemal machte ich zugleich den Cassirer für die Anstalt bei solchen, die im Fürstenthum Eisenach regelmäßige Beiträge unterzeichnet hatten; auch in Gotha beim Generalsuperintendenten Bretschneider. Da kam ich zu Adeligen, Pfarrern, Förstern, Amtleuten, bei Schultheißen, Gutsbesitzern und Pächtern herum, und konnte, als ich der dürren heimathlichen Berge am Thüringer Wald ansichtig wurde, mich kaum der Thränen erwehren. Der Brief, den ich da erhielt, lautet im Auszug:

Weimar, den 12. April 1824.

Liebes Dennerchen!

Ich habe alle Deine Briefe, auch Deinen letzten richtig erhalten. Ich freue mich herzlich Deines Wohlseins; fahre so fort, und grüße die Deinigen. Ich war in Leipzig und habe ein Bändchen mit Charakteren an einen Buchhändler für dreihundert Thaler in Gold verkauft. — Nun Gott führe Dich gesund in unsere Mitte. Es grüßen Dich alle herzlich, mein gutes Kind, besonders dann, so lange Du brav bleibst.

Dein mit wahrer Liebe ergebener
väterlich gesinnter Freund
Johannes Falk.

Später machte ich mich einmal mit einem Landsmann, Kirchner auf den Weg, um Pfingsten in Brunnhardshausen zu halten. Es war aber schon Freitag Nachmittag, als wir den Entschluß faßten. Der Muth war größer als die Kraft. Bis Erfurt, ja bis Gotha machte sich die Sache ordentlich. Da uns unser Reisegeld kurz zugemessen war, und wir keine Zeit zu verlieren hatten, wollten wir die ganze Nacht durchreisen. Auf einem Berge bei Gotha legten wir uns müde ein wenig in's Korn und schliefen sogleich ein. Als ich aber ein wenig geschlummert hatte, erwachte ich an einem Geräusche, und siehe da! eine große Nachteule, oder ein anderer Raubvogel wollte eben über uns herfallen. Bis wir nach Eisenach kamen, waren unsere Füße jämmerlich zugerichtet. Wir konnten uns nur noch fortschleppen, und es gereichte uns zu geringem Troste, daß wir in der Nähe der Wartburg unsere heimathlichen Berge erblickten; denn wir hatten noch volle sieben Stunden Wegs. Mit unserem Ränzchen wechselten wir ab und hatten endlich nur etwa noch eine halbe Stunde, als in einem benachbarten Ort die Mitternachtsstunde schlug. Ich hatte nun meine letzte Kraft zusammen genommen und schritt ziemlich lebhaft und gesprächig voraus, da das Tragen jetzt an meinem Freunde war. Ich sagte dieß und sagte jenes und drückte meine Freude darüber aus, daß wir nun doch bald das Ziel erreicht hätten. Da ich aber nie eine Erwiederung bekam und hinter mich sah, war nirgends ein Begleiter. Ich rief wiederholt, aber da war keine Antwort. Ganz erschreckt lief ich zurück und rief immer den Namen. Endlich vernahm ich ein Schnarchen, und siehe da! der müde Begleiter hatte sich der Länge nach auf den breiten Weg gelegt und schlief so fest, daß ich ihn nur mit Mühe zum Aufstehen brachte. . Wir schlurften langsam am Kirchhofe von Brunnhardshausen vorüber und wurden dann von den Unsrigen mit hoher Freude aufgenommen und mit Kuchen reichlich regalirt, obwohl uns Schlaf und Ruhe noch lieber waren.

In Weimar ging es auf die oben beschriebene Weise fort; doch wurde, je länger das Bauen dauerte, der Geldmangel immer fühlbarer und die Beiträge wollten nicht zureichen. Die Verlegenheit war oft groß, Leg.-Rath Falk aber bewies unter solchen Umständen große Ruhe und starkes Vertrauen auf Gott, wobei er sich oft an Franke erinnerte. Mehr als einmal reiste er nach Leipzig, wo er viele Freunde hatte, machte dort reich honorirte Aufsätze in Zeitungen, gewann durch seinen geistreichen und anziehenden Umgang viele Freunde, erhielt neue Beiträge, und kam gewöhnlich nach etlichen Wochen reich gesegnet zurück. Jetzt kam ihm ein neuer Gedanke, um neue Hülfsquellen zum Bau eines Betsaales zu eröffnen. Er wollte ein Werk herausgeben zum Besten der Anstalt und einige seiner vertrautesten Schüler aussenden, um theils Subscribenten und Pränumeranten zu sammeln, theils durch Schilderungen neue Freunde und Beförderer zu erwecken; theils hoffte er, es solle dadurch die Idee, solche Anstalten auch an andern Orten zu gründen, verbreitet und allgemeiner gemacht werden; eine Hoffnung, die auch wirklich in Erfüllung gegangen ist. Zur Ausführung dieses Planes hatte er seine beiden vertrautesten damaligen Jünger bestimmt, mich und meinen Freund Kirchner, und wir beide waren dazu bereit. Oft ja hatte ich ihn erzählen hören von großen Städten, Strömen, Meeren und allerlei Wundern, und hätte gar zu gerne noch etwas weiter von der Welt gesehen, gehört, gelernt. Zuerst diktirte er mir meines Freundes Empfehlungsbriefe, und so kam dieser acht Tage früher fort als ich. Seitdem sah ich ihn nie wieder. Er ist aber so viel ich weiß, ein ansäßiger und wohlhabender Kunstgärtner in Lübeck geworden. Sein Weg ging zunächst nach Magdeburg und Bremen, der meinige nach Berlin. Falk diktirte mir eine gute Anzahl Empfehlungsbriefe und folgendes Zeugniß zur Reise:

Gesellschaft der Freunde in der Noth
auf's Jahr 1824.

Weimar, den 19. Oktober.

Vorzeiger dieses, Johannes Denner, ist einer der frömmsten und gesittetsten Schüler unserer Anstalt. Da derselbe dermalen auf einer weiten Reise begriffen ist, so ersuche ich alle Menschenfreunde, denen dieß Papier mit meinem Siegel und Unterschrift zu Gesichte kommt, wofern obbesagtem Denner etwas Menschliches begegnen sollte, sich seiner liebreich anzunehmen, nach den Vorschriften Jesu Christi, ihn zu schützen, und zu pflegen, und versichert zu sein, daß ich jede Auslage für diesen guten Jüngling als meine eigene Schuld betrachten und gewissenhaft berichtigen werde.

So geschrieben zu Weimar im Weinmonat.

Johannes Falk,

Großherzoglich Sachsen-Weimarischer Legationsrath und Ritter, als Vorsteher.

III.

Meine erste Falk'sche Reise.

Den 20. Oktober 1824 reiste ich von Weimar ab, theils betrübt über den Abschied, theils hoffnungsvoll wartend der Dinge, die da kommen sollten. Die ersten vierzehn Tage, wo es über Naumburg, Weißenfels, Halle und die kleinen Anhalt'schen Residenzen ging, brachten mir manches Ungewohnte und Unangenehme. Ich litt sehr an den Füßen, und bekam bald starkes Heimweh nach dem Luthergäßchen. Ein besonderes Abenteuer erlebte ich in der Nähe von Wittenberg. Ich wünschte mir sehr einen treuen Menschen zum Begleiter. Da traf ich an der Brücke vor Dessau einen wohlgekleideten jungen Menschen, der sich sehr freundlich zu mir gesellte und mich in meiner Unerfahrenheit und Unbefangenheit leicht auskundschaftete. Er wollte, wie er sagte, die nämliche Tour nach Potsdam und Berlin machen, sich bei einem Onkel, Kaufmann Mende in Wittenberg, wo ich gleichfalls verweilen mußte, einige Tage aufhalten, und freute sich eben so sehr als ich, einen so guten Reisegefährten bekommen zu haben. Arglos offenbarte ich ihm mein ganzes Innere; überall stimmte er bei und voller List und Kniffe holte er mich aus und redete dann immer nach meinem Sinne, so daß ich Gott für diese Fügung dankte, durch die mir, wie ich meinte, ein so vortrefflicher Reisegefährte geworden war. Voll anscheinender Begeisterung sprach er von Luther und Melanchthon, auf deren und der edlen sächsischen Churfürsten Gräber nun bald stehen zu dürfen, ich mich ausserordentlich freute. Sein Onkel, der Kaufmann Mende werde uns dann gern alle Merkwürdigkeiten zeigen, sagte er; denn mit immer neuer Bewunderung müsse man solcher Glaubenshelden gedenken. In solchen Unterhaltungen waren wir durch einen Wald, in welchem uns glücklicher Weise viele Marktleute begegneten in die Nähe von Coswig gekommen, wo wir über die Elbe schiffen sollten. Da auf einmal fiel es meinem Begleiter ein, daß er nur noch mit einem Louisdor versehen sei, von dem die dummen Schiffsleute Nichts verstünden. Da ich immer Geld einnahm und Gold mir recht war, wechselte ich aus und wir fuhren hinüber. In Coswig angekommen, wurde der Gasthof bestimmt, das Abendessen bestellt; mein Begleiter wollte einen Bekannten aufsuchen, und ich sah mich unterdessen ein wenig um. Lange wartete ich, er kam nicht. Zuletzt dachte ich, der Freund hat ihn nicht fortgelassen, er wird sich Morgen früh einstellen. Allein auch da kam er nicht, und ich, des Wartens müde, wanderte nach Wittenberg, in der Meinung, beim Kaufmann Mende daselbst werden wir uns schon treffen. An meinen Louisdor dachte ich nicht. In Wittenberg angekommen fragte ich zum ersten, zweiten und dritten mal, und Niemand wollte einen Kaufmann dieses Namens kennen. Zuletzt traf ich einen Ablader, der gab zur Antwort: Mende, Mende? So gibts keinen in ganz Wittenberg; ich kenne alle Kaufleute. Jetzt erst schöpfte ich Verdacht, ließ meinen Louisdor untersuchen, und hörte bald, es sei ein Zahlpfennig. Er hatte ihn mir aus Vorsicht in einem Papier eingewickelt gegeben, und ich hatte so viel Zutrauen, daß ich ihm meinen Beutel sammt dem Geld anvertraut hätte. Wie mit kaltem Wasser begossen stand ich da, sah, mit was für einem verschmitzten Menschen ich gegangen sei, und war tief gekränkt und beleidigt über den schändlichen Mißbrauch meines Vertrauens. Verstimmt und angegriffen langte ich im Gasthof zur Sonne an, wo eine freundliche Wittwe mit ihren Töchtern sich theilnehmend erkundigten, ob ich etwa krank sei; ich aber schämte mich nun, Jemandem meine Thorheit zu bekennen, bis ich am folgenden Tag von der Schwester des dortigen Polizei-Direktors zum Mittagessen eingeladen wurde. Die guten Leute, die aus meiner kleinen Person den richtigen Schluß machten, ich sei wohl noch wenig mit den Gefahren der Landstraße bekannt, ermunterten mich zur Vorsicht, besonders weil ich oft Geld bei mir habe und warnten mich besonders vor unvorsichtigem Geldwechsel, erzählten auch etliche ganz ähnliche Geschichten, wie ich eine erlebt hatte. Da bekam ich Muth, auch meine Thorheit zu bekennen und der Herr Polizei-Direktor ließ sich den Dieb beschreiben, um ihm vielleicht noch auf die Spur zu kommen; ich aber war um eine für mich ausserordentlich wichtige Erfahrung reicher geworden, ohne welche ich vielleicht noch weit schlimmer hätte angehen können. Von da an war ich sehr zurückhaltend, verlangte nach keinem Begleiter und wanderte am liebsten meine Straße allein. Hof-Apotheker Frank in Potsdam, bei welchem ich zunächst vierzehn Tage verweilte, ein Swedenborgianer, der das Falk'sche Institut fleißig unterstützte, sagte auch: „das ist recht, das ist Ihnen gut, Sie hätten sich sonst noch ärger anführen lassen," und lachte mich rechtschaffen aus. Ein Brief, den ich in seinem Hause erhielt, lautet im Auszug:

Weimar, den 3. November 1824.

Mein lieber, guter Denner!

Deinen Brief habe ich gestern den 2. November, frühmorgens, an demselben Tage erhalten, wo das Haus aufgerichtet und die Kranzrede vom Zimmermann gehalten wurde. Es ist mir derselbe ein gottgefälliges und freundliches Zeichen gewesen, daß der Herr mit unserem Werke ist, und mit seiner Gnade nicht von uns weichen will. Ebenso hat sich an demselben Tage in dem Brunnen, den wir auf dem Hofe graben, eine schöne reich strömende Quelle eingefunden. Aus der Kranzrede des Zimmermanns will ich Dir den Haussegen mittheilen, welchen der Zimmermann in meinem Namen ausgesprochen hat. Es heißt derselbe also: „Dieses uralte, ehemalige Freihaus soll auf's neue ein Freihaus werden, und so lange die Bewohner desselben sich armer und verlassener Kinder annehmen, wird es durch Gottes gnadenvolle Schickung, mitten in Kriegsnoth und Pest, von solchen Uebeln frei bleiben; sobald man aber armen Kindern Thür und Thor in diesem Hause unbarmherzig verschließen wird, so wird auch Gottes Gnade von demselben und von seinen Bewohnern weichen. Voll Inbrunst danken wir Gott besonders dafür, daß bei diesem so gefährlichen Bau nicht ein einziges Unglück sich ereignet hat." —

Es freut mich, daß sich unsere christlich gesinnten Freunde, mein guter Denner, Deiner allenthalben so freundlich und so liebreich annehmen. Ich schicke Dir hierdurch eine ganze Remonte von Pferden mit der Post. (Ein Kupferstich von A. Dürer, vorstellend einen geharnischten Reiter, der nach einer Burg hinaufreitet.) Sie sind aus dem A. Dürer'schen Gestüte, und für Futter brauchst Du auch nicht bange zu sein. Nun schreite muthig zu! Herauf herab, heran, herein!

Dort oben steht die Burg im Frei'n! — Kommst Du an die Ostsee und hörst Du ihre Wellen rauschen, so grüße sie von mir, und erzähle ihr, daß der arme Johannes, der ihr angehört, zwar viele Thränen und Seufzer gestillt, aber auch sehr viele selbst geseufzt und vergossen hat. Du hast einen langen und großen Brief gewollt und bist doch selbst so klein. Ich durfte es Dir aber nicht abschlagen. Gottes Segen mit Dir, mein lieber Junge, auf jedem Deiner Tritte und Schritte. Sein unsichtbares Engelgeleit umschwebe und umgebe Dich, und bewahre Deinen Fuß, daß Du Dich an keinen Stein stößest. Ich umarme Dich herzlich, als Dein treuliebender und väterlich gesinnter Freund

Johannes Falk.

Du Goldjunge bekommst nun gar aus Versehen einen Brief mit goldnem Schnitt! Werde nur nicht stolz darauf! und wenn Dir das Geld in der Tasche ausgeht, so schneide Dir den Rand ab; wenigstens kannst Du sagen, daß Du nie ohne Gold bist. Hätt' ich nur Goldsand, so wollt ich auch den ganzen Brief damit überstreuen!" —

In Berlin hatte ich mehrere Briefe abzugeben; auch einen an den Herrn Staatsminister von Altenstein; sowie auch an seine Fräulein Schwester. Zu letzterer kam ich zuerst, und mußte ihr viel vom Falk'schen Institut und von meiner Reise erzählen. Da ich nun schon mehrmals mit der Polizei in unangenehme Berührung gekommen war, indem man mich entweder für einen Bücherspeculanten, fremden Collectanten oder für etwas noch Schlimmeres hielt, so klagte ich auch diese meine Noth, und Fräulein von Altenstein versprach, dem Herrn Staatsminister hierüber Mittheilung zu machen. Gleich darauf wurde ich vom Herrn Minister zu einer Audienz eingeladen. Er unterhielt sich außerordentlich freundlich mit mir, und ich merkte wohl, daß ein Lächeln um seine Lippen spielte, wenn ich seine Fragen auf die unbefangenste Weise beantwortete und alle Titulaturen, wie Euer Excellenz u. s. w. bei Seite setzte. Richtig erkundigte er sich auch, wie es mir mit der Preußischen Polizei ergangen war, und lud mich ein zu einer zweiten Audienz. Als ich zum zweitenmal erschien, traf ich beim Herrn Minister einen stattlichen Herrn mit silbernen Haaren, der mich bisweilen auch etwas fragte, und dann manchmal etwas mit dem Herrn Minister redete, das ich nicht verstand. Als ich später eine Beschreibung König Wilhelms III. las, kam mir der nicht ganz unwahrscheinliche Gedanke, der große Herr mit den weißen Haaren sei der König gewesen. Beide Herren waren sehr freundlich, und der Herr Minister sagte, ich könne morgen um die und die Zeit auf der Canzlei ein Schreiben abholen, wodurch ich, wie er hoffe, den Unannehmlichkeiten mit der Polizei in Zukunft überhoben sein werde, und wünschte mir noch guten Fortgang meines Geschäfts. Er selber hatte der Falk'schen Anstalt einen Beitrag zugedacht, und fragte, ob ich denselben einnehmen wolle, oder ob er ihn direkt nach Weimar schicken solle, worauf ich um Letzteres bat, einfach dankte, und mich verabschiedete. Das Schreiben lag zur bestimmten Stunde bereit, war unversiegelt von aussen, um es vorweisen zu können, und ich bewahre es noch auf mit den von Falk, während meiner Reisen erhaltenen Briefen. Das Schreiben lautet:

An den Zögling des Falk'schen Instituts zu Weimar

Denner

dermalen hier.

„Auf Ihr mündliches Vorstellen eröffne ich Ihnen, wie ich meinerseits kein Bedenken finde, daß Sie sich an die Orte des preußischen Staats hinbegeben, in denen Sie Briefe des Falk'schen Instituts zu Weimar, welchem Sie selbst als Zögling angehören, abzugeben beauftragt sind, oder von Männern, welche sich in diesen Orten für das gedachte Institut interessiren, abzugeben etwa noch den Auftrag erhalten möchten. Ich verbinde mit dieser Eröffnung den aufrichtigen Wunsch, daß die Absicht, welche der Herr Legationsrath Falk bei Ihrer Sendung hegt, vollkommen erreicht werden, und dessen Institut, welches einem so allgemein-wohl=

thätigen und menschenfreundlichen Zwecke gewidmet ist, sich einer solchen förderlichen Theilnahme erfreuen möge.

Berlin, 2. Dezember 1824.

Der Minister der Geistlichen-, Unterrichts- und Medizinal-Angelegenheiten.

Altenstein."

Dieses Schreiben des edlen Ministers Freiherrn von Altenstein war für mich von großem Werthe und hielt die bisweilen nicht ganz feine Zudringlichkeit mancher Officianten von mir zurück. In Berlin hielt ich mich vierzehn Tage auf und suchte für meinen Zweck zu wirken. Man darf sich jedoch mein Geschäft nicht als etwas Leichtes vorstellen. Ich hatte in den entferntesten Straßen eine Menge Männer aufzusuchen, deren Wohnungen ich mühsam erfragte, und denen mußte ich erst den Zweck meiner Reise auseinandersetzen, da ich immer nur an einige, oder an eine gewisse Anzahl Empfehlungsbriefe hatte und von diesen Beförderern der guten Sache an viele Andere gewiesen wurde. Da traf ich natürlich allerlei Leute: Uebelgesinnte und Wohlgesinnte, Freundliche und Unfreundliche, Freigebige und Karge, Bereitwillige und Zögernde, wobei ich oft allerlei Einwürfe hören und zurückweisen mußte, manchmal aber auch mit der zuvorkommendsten Liebe aufgenommen und weiter gefördert wurde. Natürlich hatte ich es hier fast immer mit vornehmen, reichen und angesehenen Leuten zu thun, die bald mehr, bald weniger Interesse für meine Sache hatten. Kam ich dann des Abends in mein Logis, so war ich gewöhnlich sehr müde geworden. Bei meiner angebornen Schüchternheit und Bescheidenheit konnte mich nur die Liebe zur Sache stark machen, mich diesem Allem auszusetzen. Fast immer logirte ich bei edlen Menschenfreunden, die sich lebhaft für die Falk'sche Anstalt interessirten und an welche ich empfohlen worden war. Nur in wenigen Fällen, wie z. B. in Berlin, wohnte ich in einem Gasthause, oder miethete bei längerem Aufenthalt ein Logis. Da ich hierbei immer möglichst sparte, so lebte ich sehr gering und gerieth mitunter in nicht gar noble Gesellschaft, so, daß ich so ziemlich mit allen Classen der menschlichen Gesellschaft auf meinen Wanderungen verkehren mußte; vom Staatsminister bis zum Proletarier, vom tugendhaften und frommen Mann bis zum gottlosesten Wüstling.

Ein Freund von Falk, Oberschulrath v. Türk in Potsdam versuchte es, mir die Benützung des Postwagens im ganzen preußischen Staat auszuwirken; ich erhielt aber vom General-Postmeister blos die Freipost bis Stettin in Pommern, wohin von Berlin aus meine Reise gehen sollte. Es war im Spätjahr und sehr unfreundliche Witterung zu den damals noch überaus schlechten Wegen. Etliche mitreisende Herren scheuten sich nicht, die abscheulichsten Erzählungen und Thaten Preis zu geben, als verständen sich solche Dinge von selber. In finsterer Nacht gerieth der Postwagen oft in solche Löcher, daß wir jeden Augenblick uns auf's Umwerfen gefaßt halten mußten. Einmal streifte er so nahe an einem Baume hin, daß der dicke Schirrmeister, dem die Pommerischen Spickgänse und fette geräucherte Aale vortrefflich schmeckten, beinahe den Kopf verloren hätte. In Stettin angekommen, gab ich dort mein Schreiben an Herrn Kirchen- und Schulrath Bernhardt ab, nachdem ich mich in einem Gasthofe ein wenig restaurirt und anständig angekleidet hatte. Auf's Freundlichste wurde ich, wie gewöhnlich überall, wohin ich vom sel. Falk Briefe hatte, von diesem lieben Mann aufgenommen, und mußte bei ihm logiren. Er war so väterlich und herzlich, daß er mir einmal einen Vorwurf darüber machte, daß ich ihm nicht herzhaft genug die Hand drückte, was ich aber nur aus Schüchternheit nicht gewagt hatte. Er ist vielleicht Schuld daran, daß später meine beiden Schwägerinnen so lang ich im Brautstand war, sich über meinen Händedruck beschwerten und behaupteten, so im Stillen sei es ihnen eigentlich bange, so oft ich käme; denn sie meinten beinahe, die Haut könne am Fingerring bleiben. Nun, bei diesem lieben Manne, der kürzlich eine junge Frau geheirathet hatte, blieb ich wochenlang und wurde wie ein Kind des Hauses behandelt. Meine Wirksamkeit für das Falk'sche Institut hatte auch hier den gewünschten Erfolg. Viele edle Menschen, die für die Noth ihrer Brüder ein Herz hatten, traf ich hier, wie überall in den höhern und höchsten Ständen in Preußen. Weihnachten 1825 feierte ich in diesem Hause, und wunderte mich nicht wenig, da ich bei den Schwiegereltern am heiligen Abend auch eingeladen worden war, daß sich bei der Christbescheerung des Hauses auch spanische Trauben befanden. Der im Alter mir ungefähr gleiche Schwager des Herrn Schulraths Bernhardt (Stosch) machte mir die Freude, oft mit mir auf der Oder herum zu rudern und mich die großen Seeschiffe, die ein neues Wunder für mich waren, genau betrachten zu lassen. Die christliche Frömmigkeit, die mir hier und überhaupt bis dahin auf meiner Reise entgegentrat, war, so viel ich es jetzt noch zu beurtheilen vermag, ungefähr die gleiche, wie ich sie von Falk mir angeeignet hatte. Nur hie und da fand ich mit meinen Falk'schen Ideen Widerspruch, was mich anfangs befremdete und kränkte. Das „Er hat's gesagt,“ war mir Beweis genug und erst allmälig wurde ich über dieses und Jenes zweifelhaft und gewann ein selbständiges Urtheil.

Nach den Christfeiertagen reiste ich, theils mit der Post, theils zu Fuß weiter nach Stralsund zu, nachdem ich einen lieben Brief von Weimar erhalten hatte. Gerade am Neujahrsfest 1825 wanderte ich gen Greifswalde. Ein furchtbarer Sturm wüthete, so, daß ich alle Kraft aufbieten mußte, um nicht mit fortgerissen zu werden, und eine halbe Stunde vor Greifswalde nicht anders dachte, als daß die Ostsee daher gebraust käme, wie es denn auch noch am Abend in der Stadt hieß, es sei das Wasser vor den Thoren, und man immer Ueberschwemmung befürchtete. Ueberhaupt war es eben kein Vergnügen, mitten im Winter in den Pommerischen Wäldern herum zu wandern, und vielleicht Abends auf einer Streu in einer mit Backsteinen belegten Stube vorlieb zu nehmen. Mit der Post konnte ich nicht, weil ich immer seitwärts bei Gutsbesitzern, Pfarrern u. s. w. Abstecher machen mußte. In Greifswalde durfte ich bei Herrn Rektor Breithaupt wohnen. Ich kam so ziemlich bei allen Professoren und Doktoren herum. Einer dieser Herren hatte eine Frau, die, sobald sie den Zweck meiner Reise in dem Hause, wo ich logirte, erfahren hatte, den Herrn Gemahl auf's Sorgfältigste bewachte, damit ihm von mir kein Schaden zugefügt werde. Sie verstand, wie ich erfuhr, den Spruch: „Ihr Weiber seid unterthan" ꝛc. umgekehrt, und der gelehrte Herr mußte es sich gefallen lassen, wenn es die strenge Gebieterin also verlangte, die Milch zum Caffee holen zu müssen. Falk hatte mir die Regel mit auf den Weg gegeben, ich solle es ja nirgends mit den Frauen verderben; aber in diesem Falle war ich nicht Schuld daß der Herr nicht zu Hause war. Der jüngere etwa zwölf Jahre alte Sohn Breithaupts brachte mir von der Frau folgende Antwort: „Der junge Mensch von Weimar braucht nicht wieder zu kommen, denn mei

Mann pränumerirt nicht. Es ist auch einmal einer in Weimar gewesen, der hat ein Buch herausgegeben und sich hernach ein großes Landgut gekauft. Da wird man auch noch andere Leute reich machen helfen."

Der junge Breithaupt hatte geantwortet: „Aber so ist es hier nicht. Der Herr Falk hat schon einen Theil seines eigenen Vermögens zugesetzt." „I, warum thut er das," versetzte die Edle, „das geht uns nichts an hier in Pommern; er soll den andern auch vollends zusetzen." Auch ein Professor kanngießerte einige Zeit mit mir und fragte nach Falk, unterzeichnete aber nicht, sondern sagte: „Ich bin ein armer Teufel, die andern können es alle eher als ich." Mein Breithaupt lächelte darüber und sagte: „Ja, er ist ein armer Teufel, hat nicht mehr, als ungefähr 30—40,000 Thaler. Ein gewisser Landrath hatte schon die Feder angesetzt, als ihn wieder die Reue ankam; dagegen kam ich zu einem andern Herrn, der sagte, als ich ihm die Sache vortrug: „Ich kenne Sie zwar nicht, weiß auch nicht viel um's Falk'sche Institut, aber Sie haben ein ehrlich Gesicht, ich glaube es Ihnen," und pränumerirte mit einem Thaler. Professor Muhrbeck, ein gar lieber Mann, gab mir einen Brief an mehrere Studenten (einer hieß Klöpper) mit der dringenden Bitte, ihn an sie abzugeben. Es sei nicht, daß sie pränumeriren sollten, denn sie seien arm und haben Nichts übrig. Ich möchte ihm die Liebe erweisen, ihnen vom Falk'schen Institut zu erzählen, von dem er schon in seinen Collegien manchmal gesprochen, und ihnen bei dieser Gelegenheit gesagt habe, daß es mit all unserer Weisheit Nichts sei, wenn wir nicht zugleich fromm und einfältig wären und ein Herz für unsere Mitmenschen hätten. —

Jetzt gings weiter nach Stralsund. Als die Stadt mit ihren erhabenen Thürmen, von welchen aus ich in die Ostsee hinaus schauen wollte, vor meinen Augen lag, wurde ich sehr freudig, denn es war schon längst mein Wunsch gewesen, das Meer einmal sehen zu können. Einen Brief hatte ich hier nur an den trefflichen Consistorialrath Mohnike, dagegen vom Schulrath Bernhard in Stettin ein Verzeichniß von Namen, unter welchen mehrere unterstrichen waren. Da ich den Herrn Consistorialrath nicht gleich antraf, so ging ich, auf eine kalte Aufnahme gefaßt, zu einem Prediger Koch. Ich fand aber die freundlichste Aufnahme, ja mußte später hier logiren. Sobald man nur den Namen Falk hörte, war ich schon empfohlen, und auf allen Seiten kam man mir mit der größten Liebe zuvor. Man hatte den „Johannes Falk von der Ostsee" gelesen, worin er seine Jugendjahre beschreibt, und wußte auch schon von der Anstalt. Ich wurde eingeladen, mußte viel erzählen und man suchte meine Angelegenheit auf alle Weise zu fördern.

Meine Freunde munterten mich auch auf, nach der Insel Rügen überzusetzen, was ungefähr in einer starken halben Stunde geschehen kann. Da ich ohnehin diese herrliche und merkwürdige Insel gern gesehen hätte, auch den lieben Pastor Rosenkranz im ersten Dorfe Altefähr schon kennen gelernt hatte, so war ich von selber hiezu geneigt und der vierzehn Tage lange Aufenthalt auf dieser Insel ist eine der lieblichsten Erinnerungen meiner ersten Falk'schen Reise. Empfehlende Botschaft war mir vorausgegangen; mit unbeschreiblicher Liebe und Herzlichkeit wurde ich überall aufgenommen. Da hier viele Geistliche Pferde haben, weil ihre Besoldung in großen Gütern besteht, so wurde ich immer von einem zum andern geführt und bisweilen lief man mir mit den Worten entgegen: „O wir wissen schon, wer Sie sind; sein Sie uns herzlich willkommen!" Da man dachte, Seefische seien in Thüringen etwas Rares, so bewirthete man mich mit den Besten, und ich ließ es mir die vierzehn Tage, in welchen ich auf der ganzen Insel ungefähr bei allen Geistlichen und Gutsbesitzern herumkam, immer gern gefallen. Ich besuchte natürlich auch alle die merkwürdigen Punkte der Insel; Arcona, die nördlichste Spitze von Deutschland, da man rechts und links das offene Meer hat, merkwürdig auch dadurch, daß hier ein heidnischer Götzentempel stand, von welchem noch ein Wall übrig ist. Hier wurde der Götze Svan thevit verehrt, bis ein christlich gewordner König ihn zerstörte, und die wilden Rugianer mit Gewalt zur Taufe trieb. In der Nähe ist das Bethaus zu Vitte, wo noch jährlich am Meeresufer acht

Predigten gehalten werden. Auf dem Gute Polkwi[illegible] erhielt ich vom Herrn von Olthof ein Pferd un[illegible] einen Begleiter, und ritt auch nach Stubbenkammer wo hohe, steile Kreidefelsen bis vierhundert Fuß hoch die im Sommer schneeweiß sind, und aus welchen hi[illegible] und da Bäume heraus gerade über das Meer hängen einen malerischen Anblick gewähren, während unte[illegible] die Meereswellen brausen und schäumen. In de[illegible] Nähe sah ich den düster umschatteten ungemein tiefe[illegible] Herthasee, an welchen sich die alte deutsche Sag[illegible] knüpft, daß hier die Göttin Hertha zu baden pflegte im düstern heilgen Hain aber, der den See umgiebt stand der heilige Wagen, auf welchem sie fuhr. Nich[illegible] selten erblickt man sogenannte Hünengräber, deren ma[illegible] schon viele geöffnet hat. Sie sind im Dreieck m[illegible] Stein umgeben, enthalten eine Urne mit Asche, ei[illegible] Streitaxt u. dergl. Der alte Pastor Frank auf d[illegible] Halbinsel Jasmund hatte eine kleine Sammlung v[illegible] Alterthümern, z. B. Opfermesser und Streitäxte, fe[illegible] in Stein gearbeitet, alte Urnen mit Asche und e[illegible] sonderbares großes Schloß. In Rambin, wo der al[illegible] siebenundsiebenzigjährige Pastor Scheer, Schwiege[illegible] vater des lieben Pastors Koch in Stralsund wo[illegible] sprach ich zweimal ein und blieb über Nacht. [illegible] hatte eine herzliche Freude über die Anstalt, unterhi[illegible] sich sehr lebhaft mit mir, und wünschte, wie auch me[illegible] rere andere Pastoren, z. B. v. Schubert, Schwar[illegible] der Pädagog, Frank u. s. w., daß doch Falk sel[illegible] einmal auf Rügen kommen möchte. Aus seiner Jugend erzählte man mir mehrere Anekdoten, z. B. er hatte auf Hüttensee, auf Rügen, wo meist arme Fischer wohnen, eine sehr geringe Pfarrei und ging zum Gouverneur nach Stralsund, das damals, wie ganz Pommern noch Schwedisch war, um sich um eine Pfarrei in Pommern zu bewerben. Der Gouverneur fragte, warum er denn Hüttensee verlassen wolle? Der damals noch junge Scheer antwortete, Die Stelle sei gar zu gering. „Ei," war die Antwort, „da müssen Sie fischen, die Apostel waren auch Fischer." Scheer versetzte: „Allerdings, es war eine Zeit, wo die Apostel fischten, und eine Zeit, wo die Generale pflügten, jetzt aber sind diese Zeiten nicht mehr." Der Gouverneur war nämlich selber General. Besonders derben und witzigen Bescheid gab er den Religionsverächtern und Bibelspöttern, so daß sie den gefährlichen Landpastor gerne in Ruhe ließen. Weil er dafür bekannt war, so lief auch Manches in der Leute Mund herum, wozu er nur den Namen geben mußte. So erzählte man mir auch von ihm, er sei einst von seinem Dorfe auf ein anderes geritten, da sei ihm ein bekannter Bibel- und Religionsverächter, ein Hofrath des Gouverneurs begegnet, und habe, um an ihm sein Müthchen zu kühlen, gesagt: „Ei, ei, Herr Pastor! So auf einem stattlichen Roß daherreiten! Wissen Sie nicht, daß Ihr Herr auf einem Esel ritt?" — „Das weiß ich wohl," sei die Antwort gewesen, „aber hier zu Land kann man keine mehr bekommen, denn der Fürst macht sie alle zu Hofräthen," und so sei er weiter geritten.

Bei der Rückfahrt von der schönen Insel nach Stralsund war ein heftiger Sturm; da setzte ich mich auf die Seite, woher der Sturm kam und ließ, in meinen Mantel gehüllt, mich vom Seewasser aus lauter Vergnügen vollspülen. Nach etlichen Tagen trat ich aber auf einem andern Wege, und mit mehreren Empfehlungsbriefen versehen, die Rückreise nach Stettin an. Obgleich hier in Pommern das Plattdeutsche etwas verständlicher ist, als auf Rügen, wo ich mich mit dem Volke schlechterdings nicht hatte unterhalten können, so ging es doch auch hier nur schwer, ich verstand häufig Nichts und wurde eben so wenig verstanden. Einmal verirrte ich mich, da man mir auf einem einsamen Hofe keinen Bescheid zu geben wußte, und ging quer über durch Wald und Feld, in der Richtung zu, die ich für die rechte hielt, kam aber Abends spät in einen andern Ort, als wohin ich eigentlich wollte. (Wildberg, zu Pastor Schütz.) Da ich nicht mehr weiter konnte und schon wußte, wie es in einem sogenannten Kruge zu herbergen sei, fragte ich nach dem Herrn Pfarrer und hörte, daß er Piper heiße; (das Dorf hieß Reckwitz). Da ich nun mehrere Piper auf Rügen und in Stralsund, lauter sehr liebe Männer, hatte kennen gelernt, suchte ich ihn auf und stellte mich als einen Verirrten dar, der nicht gerne im Kruge übernachten wolle. Ich wurde beherbergt und als ich nach und nach mit meinen schriftlichen Sachen und vielen Unterschriften herausrückte, war eine wahre Freude im Hause, daß ich mich so glücklich verirrt habe. Solche Gastfreundschaft fand ich in Pommern in allen Pfarrhäusern. Ueber Friedland ging ich zum Grafen von Schwerin in Puzar und übernachtete im Schloß. Der Herr Graf wunderte sich sehr, daß ich mir getraute, so allein in einem fremden Lande herum zu wandern, war gar freundlich, ich mußte Klavier spielen, und am Abend sang die ganze Familie ein geistliches Lied, wozu ich spielte. Des andern Tages stellte es mir der freundliche und heitere Mann frei, ob ich fahren oder reiten wollte, und da ich letzteres, wie immer vorzog, kam ich mit Empfehlungsbriefen, indem ein Reitknecht mich begleitete, zuerst zur alten Frau Gräfin in Schwerinsburg, erbaut vom Grafen v. Schwerin, Feldmarschall Friedrichs II., der als Held bei Prag fiel, und dem zu Ehren dort in Schwerinsburg ein Monument steht. Ein junger lieber Pastor Jonas, vielleicht der nämliche, der später in Berlin war, begleitete mich zur Gräfin, da blieb ich einige Stunden, und fuhr dann zur Schwester des Grafen mit einer gegenwärtigen Frau Obristlieutenant v. Platen nach Busow, wo ich über Mittag war. Die edle Frau stellte es mir abermals frei, ob ich fahren oder reiten wollte, worauf ich wieder Letzteres vorzog. Der Hauslehrer warnte mich freundlich vor dem kleinen jungen Schimmel; ich aber sagte, ich sei fest im Sattel, wenn der Schimmel nur recht springen könne. Ein Reitknecht begleitete mich wieder und als wir im Schloßhof die Rosse bestiegen, hatte sich die ganze edle Tischgesellschaft auf dem Balcon des Schlosses aufgestellt. Ich verneigte und verabschiedete mich nochmals auf meinem Schimmel und wir ritten zum Thore hinaus. Anfangs ging der Ritt meist im Sand und nur im schnellen Schritt. Später wünschte ich schneller zu reiten, da ich noch nach Ukermünde wollte, etwa fünf bis sechs Stunden weit, und trieb den Schimmel ein wenig an. Der aber verstand mich gleich, schlug einen schnellen Trapp, bald darauf einen immer flüchtigeren Galopp an, und jemehr ich anhielt, jemehr gings, als flögen wir davon. Ums Herunterfallen war mirs nun gerade nicht, aber der Bediente, der mein Ränzchen hatte, kam nicht nach, und auf einmal schlug mein muthiger Schimmel einen Weg ein, den ich für den rechten nicht hielt; bald merkte ich, daß er mit seinem Reiter wieder hin wolle, wo wir hergekommen waren. Da ich meine Kopfbedeckung verloren hatte, vom Bedienten Nichts mehr sah, ins Schloß, wo mir der Hauslehrer, der den Schimmel nicht mehr reiten wollte, von so Etwas gesprochen hatte, nicht wieder wollte, faßte ich mich kurz, that auf einer rasigen Stelle die Füße aus den Steigbügeln, machte unter dem Galopp eine schnelle Wendung zum Herabspringen und auf einmal stand mein hiezu einstudirter Schimmel still. In weiter Ferne erblickte ich den Bedienten, der meine Kappe aufgelesen hatte. Er nahm nun den Jungen, ich seinen Alten, und wir kamen glücklich an Ort und Stelle. Am 19. Februar 1825 traf ich wieder in Stettin ein, wo ich abermals aufs Liebreichste aufgenommen wurde, doch von dem theuren Schulrath Bernhard Vorwürfe bekam, daß ich ihm nicht geschrieben, weil er meinetwegen immer in Sorgen gelebt hatte.

Meine Einnahme für eine kleine Schrift, welche Falk für die Anstalt herausgeben wollte: „Der allgemeine christliche Glaube," schickte ich von Zeit zu Zeit nach Weimar. Bis dahin hatte ich achtundvierzig Thaler von Halle, sechzig Thaler von Potsdam, dreißig Thaler von Berlin, fünfundvierzig von Stettin. Am Schluß meiner drei Reisen betrug die ganze für die Anstalt erworbene Summe zwischen zwei bis dreitausend Thaler. In Stettin fand ich zu meiner großen Freude einen Brief Falk's von Weimar, datirt vom 2. Februar 1825, der also lautete:

Diese Hand wirst Du nun wohl erkennen, liebes Dennerchen und nicht davor erschrecken, wie neulich, als ich durch Timer schrieb. Es ist meiner Tochter, es ist Rosaliens Hand, und die Gedanken der Worte und die Seele darin sind von Deinem alten väterlich gesinnten Freunde, Johannes Falk, der nicht aufhört für Deine Wohlfahrt zu beten. Dann schreibt er, was unterdessen Alles gebaut worden sei, worauf es weiter heißt: „Denke Dir aber nur liebes Dennerchen, von unsern angeblich 30,000 Backsteinen ist kein einziger mehr übrig. Wir werden uns den Sommer wohl rühren und tummeln müssen, um neuen Vorrath zu bekommen. Die Ansprüche sind noch immer wie sonst; das Stürmen hat nicht aufgehört, denn je wohlfeiler hier das Korn wird, je größer wird die Noth. . . . Kürzlich fuhr ich mit Rosalie in einem Einspänner nach Leipzig, wo wir mehrere Tage hindurch sehr vergnügt in Leipzig selbst und auf dem benachbarten Landgute des Herrn Grafen von Mengersen zubrachten. Zuweilen ist mir ein solcher Ausflug wohlthätig, sonst müßte ich unter der Last von Aergerniß und Geschäften erliegen. Es ist so fast ein Wunder zu nennen, daß ich es so lange ausgehalten habe. Nochmals meinen herzlichen Segen! Dank, Liebe, Freude, Fürbitte und Gebet an alle Freunde und Freundinnen, die es wohl mit uns meinen, von Deinem dich herzlich liebenden

Johannes Falk.

Ein zweiter Brief, datirt vom 12. Februar 1825, kam erst nach meiner Abreise von Stettin an, und wurde mir von da nach Frankfurt a. d. Oder an Herrn Superintendenten Dr. Spieker nachgeschickt. Er lautet also:

Mein lieber getreuer Elisa!

2. Buch der Könige II. Cap., 12.

Während ich hier auf dem Berge Carmel sitze und zum Herrn emporschaue, bist Du gen Rügen gezogen, und hast ihn in den Wellen der Ostsee brausen hören! Gott führe Dich ferner glücklich und gesund, und erwecke Dir Herzen, die, wie die unsern heiß für die Menschheit schlagen, und nicht dem Tag, der Stunde, dem Jahr, sondern der Ewigkeit angehören. Kann ich Dir einmal, wenn mich der Herr ruft, im Donner, oder im sanften Säuseln, ein Stücklein von meinem Mantel zurück lassen, so soll es mit tausend Freuden geschehen. Schlage dann damit die Fluthen und gehe trockenen Fußes hindurch, durch alle die Meere des Trübsals, die den Menschen hier auf Erden erwarten! Wie Du denn Eins gewiß von Deinem Meister nicht nur gesehen, sondern auch gelernt hast; nämlich fest an Gott glauben und ihm allein unter allen Umständen, sauern oder süßen, vertrauen. Es freut mich, mein guter lieber Denner, daß Du ihm schon in der Jugend ein reines Herz gelobst; denn die reines Herzens sind, werden Gott schauen. Der fromme Spener sagt: Das Gebet ist der Athem der Seele. Ohn ihn verscheiden die Seelen, wie die Körper verscheiden, wenn ihnen der irdische Athem ausgeht. Was aber eigentlich in uns betet, ist das Herz mit unaussprechlichem

Seufzen, nicht der Mund, der Worte plappert, oder die Hand, die sich faltet und den Rosenkranz dreht. Wir können ganz stumm sein und kein Wort, keinen Laut sprechen, und doch inbrünstig beten, und zwar Gott recht wohlgefällig. Merke Dir das, mein lieber Denner! Aber das Herz ist ein Tempel Gottes und der heilige Geist, als Kirchner, schließt es sogleich, wenn wir Hunde und anderes wildes Gethierigt, das unsere Nebenmenschen anbellt oder zerreißt, in dasselbe hereinlassen wollen! Darum wach und bete, mein Sohn! Denn aus der Freudigkeit des Gebets zu Gott wirst Du jedesmal erkennen, wie Du mit Gott stehst. Je freier Deine Sache aufathmet, je näher ist sie Gott. Kannst Du überall nicht beten, so ist es sehr schlimm mit Dir bestellt. Da hat der Feind aus dem Gotteshaus Deines Herzens irgend ein Magazin für die rohen Lüste und Begierden dieser Welt gemacht; wie die Franzosen auch zwischen den Jahren 1806 u. 1813, wo sie ihr Wesen im nördlichen Deutschland trieben, Kirchen sehr oft zu Brantweinbrennereien, Schenk- und Spielhäusern einrichteten. Davor behüte dich Gott! Denn die Furcht Gottes ist, wie Salomo sagt: „Aller Weisheit Anfang." Dein Freund Kirchner ist in dem wüsten Hamburg; es kommt ihm wüst vor. Oftmals faßt ihn die Sehnsucht nach dem stillen Luthergäßchen zu Weimar. Er sammelt, wie Du, unschätzbare Erfahrungen, die wollen wir dann, wann ihr wieder zu

Hause seid, gemeinschaftlich zu Gottes Ehren verarbeiten und durchsprechen. Gern möchte auch ich den alten frommen Simeon (Pastor Scheer) auf der Insel Rügen kennen lernen. Du schreibst mir, daß Du oft gelehrten Männern stundenlang von unserer Anstalt erzählen müßtest. Sei des nur getrost und voll guten Muthes mein lieber Denner. Dein Herz ist voll Einfalt, Wahrheit und Natur, und dabei Gott getreu. Sie werden es Dir wohl anmerken, wie wir es hier im Luthergäßchen mit der Volkserziehung meinen, und daß wir keine pfiffige verschmitzte Schalksknechte und hoffärtige, aufgeblasene Narren, sondern ehrliche und treue Menschen zu andern guten und treuen Menschen in die Welt ausschicken, deren Beruf es ist, Gutes mit Einfalt zu reden, und noch viel lieber Gutes mit Einfalt des Herzens zu thun. Man muß sich voll Demuth in Alles ergeben, was der Herr zu seinen strengen Diensten von uns in dieser Welt fordert! Nun, mein guter und lieber Denner, segne und behüte der lebendige Gott wie bisher Deinen Ausgang und Deinen Eingang! Er verbreite sein Gnadenlicht auch durch Dein armes Wort, und mache Dich, mich und uns Alle zum Segen für Viele! Er, der den Fischern und Hirten so gnädig war, kann auch wohl durch arme Knaben aus dem Luthergäßchen sein Reich, das Reich seiner Liebe, verbreiten, wenn es anders sein gnädiger Wille ist. Mögen die Gottlosen doch zischen und ihren Mund aufsperren wieder uns; der Herr läßt uns doch nicht zu Schanden werden!

Nochmals und zum Schluß tausend Lebewohl, von Deinem väterlich gesinnten Freunde

Johannes Falk.

Wie sehr mich solche Briefe jedesmal erfreuten, auffrischten und zum Eifer in der Sache ermunterten, läßt sich leicht denken. Ich las sie auch so oft, daß ich sie in der Regel auswendig wußte.

Am 26. Februar 1825 verließ ich Stettin. Herr Schulrath Bernhard begleitete mich in einem Wagen bis Damm, wo er zärtlichen Abschied von mir nahm, und mir den Segen des Herrn wünschte, indem ihm fast die Thränen in den Augen standen. Meinem Freund Julius Stosch, seinem Schwager, hatte ich versprochen, zu schreiben, was ich leider nicht gehalten habe. In Pyritz, wo ich übernachtete, sah ich den Otto-Brunnen, wo der fromme Bischof Otto von Bamberg um 1124 die Erstlinge der Pommern 7000 Heiden taufte, und ein Denkmal vom damaligen Kronprinzen errichtet ist. In Frankfurt a. d. Oder, wohin ich nun kam, nahm sich meiner aufs Liebreichste an Herr Superintendent Dr. Spieker, der, was mir mehrmals begegnete, seine Kinder veranlaßte, für das Falk'sche Institut ihren Sparhafen zu öffnen. Einen edlen Geist, zu Aufopferungen für die Brüder bereit, habe ich in Preußen getroffen, und war Zeuge, wie man ihn den Kindern einzupflanzen suchte. Es fehlt mir an Raum, alle Beispiele dieser Art im Einzelnen aufzuführen; nur Eins will ich noch von Stralsund her erzählen. Der dortige Lehrer Piper an einer Industrieschule hatte den Kindern vom Falkschen Institut erzählt, und gesagt: „Wenn eure Eltern reich wären, und ein jedes würde einen Thaler bringen, so gäbe dieß eine hübsche Summe; da sie es aber nicht sind, so wäre es an einem Schilling auch genug, und ihr bekämet noch ein schönes Buch dafür." Da brachte ein jedes wenigstens einen oder zwei Schillinge. Ein ganz armer Knabe brachte auch einen, und als ihn der Lehrer fragt, woher er ihn bringe, antwortete der Knabe: „Es ist hier eine alte gute Frau, (Aebtissin G.), zu welcher ich alle Samstag gehe, um ihr einen Spruch zu beten, worauf ich jedesmal einen Schilling bekomme; und dieß ist der Schilling vom letzten Samstag." — Von Frankfurt a. d. Oder reiste ich der Oder entlang nach Schlesien. In der Stadt Crossen war ich an den Superintendenten Schulz empfohlen, bei dem ich noch mehrere christliche Freunde traf, z. B. Gerbermeister Gruppe von der Brüdergemeinde Neusalza, und einen stattlichen Officier Blumenthal. Letzterer kam von Glogau und wollte nach Berlin reisen. Da er von meiner Sache hörte, schrieb er schnell einen Empfehlungsbrief an seinen lieben Freund Hauptmann von Plehve (aus Liefland) in Glogau, einer schlesischen Festung, bei welchem ich, wie er sagte, logiren müsse. Sodann fuhr er im Eilwagen weiter; ich aber fuhr mit Gerbermeister Gruppe nach Neusalza zu und hielt mich etliche Tage in dieser Brüdergemeinde auf, der ersten in meinem Leben, mit der ich bekannt wurde. Der Empfehlungsbrief war unversiegelt und ich war so neugierig, ihn zu lesen. Er zog mich so an, daß ich eine Abschrift in meinem Tagebuch aufbewahrt habe. Er lautet:

Mein herzlichst geliebter Rudolph!

Ich möchte Dir einen sehr langen Brief schreiben, um Dir einigermaßen für's Herz faßlich die Segnungen zu beschreiben, welche mir die Kreuzesliebe unseres barmherzigen Gottes bereits in dieser kurzen Trennungszeit hat angedeihen lassen. Es ist dieß aber unmöglich, da ich nur einige Augenblicke habe, indem ich mit der Schnellpost sofort weiter zu reisen gedenke. Ich schreibe Dir diese Zeilen bei Schulz, dessen Geburtstag heute ist, und komme so eben aus der Predigt vom Gekreuzigten, welche der liebe Schulz vom heiligen Geist empfangen und unsern Herzen mitgetheilt hat. Ein solches salbungsreiches Wort für mein sündiges Herz habe ich wohl kaum noch gehört. Mir war Alles wieder neu, und die erste Liebe zu dem erbarmungsreichen Sünder- und Seelenfreunde, zu dem unbeschreiblich treuen Jesusherzen überströmte mich mit allen ihren

Segnungen. Ich weiß und will und kann und bete um Nichts, als um Liebe zu meinem Jesus und um einen heiligen Eifer für den Trost in seinen Wunden. Suche nach Corinther 5, Gott war in Christo und versöhnete u. s. w. Darin ist erschienen die Liebe Gottes u. s. w. Den Ueberbringer dieser Zeilen nehme in meiner Abwesenheit auf, als wäre ich es selbst. Du wirst bald fühlen, welch ein Jüngling dieß ist. Befördere seine Geschäfte, als die des Herrn, und also auch als die unsrigen. Nehme ihn nur auf zur Herberge, wie Du mich aufnehmen würdest und führe ihn bei Klopsch, Köhler, Berge u. s. w. ein.

Ich grüße und küsse Dich in der Liebe, die uns verbunden hat, als Dein der Liebe sehr bedürftiger Bruder

Carl Blumenthal.

Crossen d. 9. März 1825.

Den 13. März 1825 verließ ich die Brüdergemeinde Neusalsa, wo ich mich sehr erbaut hatte, und reiste auf einem Wagen unter heftigem Schneegestöber nach Glogau zu, wo ich an einem Sonnabend Abends bei Hauptmann von Plehve die brüderlichste Aufnahme fand. Bei ihm blieb ich bei 4 Wochen, und der Aufenthalt war für mein Inneres sehr gesegnet, da mir täglich das lebendigste Christenthum im Typus der Brüdergemeinde entgegentrat, was, den letzten kurzen Aufenthalt in einer Brüdergemeinde abgerechnet, mir Etwas Neues war. Plehve war unverheirathet, Blumenthal, der mit ihm im gleichen Hause wohnte, auch, warb aber damals, glaube ich, um die Schwester von Plehve in Berlin. Blumenthal war auch Adjutant, und unter ihm stand ein christlicher ganz junger Regimentsschreiber und Unterofficier Künze, der oft auch kam und den ich sehr lieb hatte als einen edlen Jüngling. Als Blumenthal wieder zurück gekehrt war, sah ich, wie hier in aller kindlichen Einfalt und Fröhlichkeit, ein inniges und lebendiges Christenthum, eine feurige Liebe zum Heilande und zu all den Seinigen, ob vornehm oder gering, herrschte, und wir stimmten oft das Bruderlied mit einander an: „Die wir uns allhier beisammen finden, schlagen unsre Hände ein, Uns auf Deine Marter zu verbinden, Dir auf ewig treu zu sein. u. s. w.“ Daneben war Capitän von Plehve von seinen Collegen sehr geliebt, und es kamen fortwährend viele Kameraden zu ihm, die von göttlichen und weltlichen Dingen sprachen. Nie hörte ich hier eine gemeine Rede. In den Kreis der Officiere eingeführt, erfuhr ich, daß es in Preußen unter diesem Stande viele wahrhaft fromme und gebildete Männer giebt. Ich sahe eine Menge Officiere, die kaum das Gewehr hatten tragen können, als sie die Feldzüge gegen Napoleon mitmachten. Zu ihnen gehörte auch Blumenthal, der Freund von Plehve, und sein Bruder der Hauptmann. Fast alle Officiere sah man auf der

Parade mit dem eisernen Kreuz und andern Ehrenzeichen geschmückt; manche des dort stehenden 6. Infanterie Regiments hatten die Brust voll Decorationen, was immer einen imposanten Anblick gewährte. Ich kann jetzt, nach 24 Jahren, natürlich nur die Eindrücke wieder geben, welche ich damals als ein junger Mensch von noch nicht 19 Jahren hatte. Wie sehr ich damals in meinem Innern in christlicher Beziehung angeregt wurde, und was für Gedanken mich hauptsächlich bewegten, schließe ich aus einer Aeußerung, die sich in meinem Tagebuch befindet, das ich auf Zurathen guter Freunde führte. Da heißt es: „Wir haben uns recht christlich miteinander erbaut und ich habe Manches da gehört und gesehen, (in Glogau) was mich innerlich antrieb meinen Herrn Jesum recht herzlich zu lieben und an ihn von ganzem Herzen zu glauben. Diesen Hauptartikel des christlichen Glaubens hebt auch Luther heraus, als den allerwichtigsten. Es ist eine große Gnade, wenn der Herr einem die Kraft des festen Glaubens an das Verdienst Jesu Christi durch seinen bittern Tod verleiht. Jetzt wollen die Weisen und Gelehrten das Geheimniß, daß Christus wahrer Gott und Mensch zugleich sei, daß er für unsere Sünden gestorben sei, und wir nur durch ihn vor Gott gerecht werden, mit ihrer Vernunft und Weisheit ausgrübeln, und merken nicht, wie sie auf falsche und krumme Wege kommen, und daß der heilige Geist zu diesem Glauben und Vertrauen uns erleuchten und führen müsse; wie denn der Herr zu Petro sagt: „Fleisch und Blut haben Dir das nicht geoffenbaret, sondern mein Vater im Himmel.“ Darum will ich gläubig und inbrünstig zu Gott beten, daß er mich erleuchten und heiligen möge zu einem wackern Werkzeug der Arbeit in seinem Weinberge. Ach, mein Gott, gieb mir Gnad', mich ernstlich zu befleißen 2c. Glauben wir recht an Jesum, so wird unser Glaube auch durch Liebe und gute Werke sich offenbaren. Der Herr Jesus sagt auch nirgends: „Glaubet nur an mich, daß ich für eure Sünde am Kreuze gestorben bin, und Gottheit und Menschheit in mir vereiniget sind, im Uebrigen aber könnet ihr thun und treiben, was ihr wollt, sondern das Gegentheil, daß wir ihm sollen nachfolgen, der da sagt: „Segnet, die euch fluchen, thut wohl denen, die euch hassen, bittet für die, die euch beleidigen und verfolgen. Wer keine Liebe übt, kann wohl schwerlich an den Herrn Jesum glauben.“

Auf den Rath meiner lieben Freunde, worunter auch der reformirte Prediger Venatier gehörte, zu welchem ich oft kam, reiste ich von Glogau nach Posen. Plehve und Blumenthal begleiteten mich bis Gulau zu Pferd; ich aber und der junge Regimentsschreiber fuhren in einem Wagen. Blumenthal ließ mich auch eine Strecke reiten. Allein ein rasches und dressirtes Adjutanten-Pferd hätte mich falsch verstehen können, und der liebe Freund hatte große Sorge für mich. Von Lissa aus fuhr ich auf sandigem Wege mit dürren aber doch schnellen polnischen Pferden nach Posen. Hier hatte ich vom lieben Plehve einen Brief abzugeben an Herrn Assessor von Behm. Er und seine liebe Gattin nahmen mich sehr liebreich auf, als sie den Namen Plehve hörten; ich ruhte die Osterfeiertage, und dann suchte ich für meinen Zweck zu wirken. Von Behm, bei dem ich logirte that Alles für die gute Sache. Der alte würdige Consistorialrath Bornemann gab mir ein offenes Empfehlungsschreiben an alle christliche Menschenfreunde in der Stadt Posen. Ich besuchte Deutsche, aber auch eigentliche Polen, und die Sache ging so gut, daß ich von da aus sogleich über 100 Thaler nach Weimar schicken konnte. Da ich langes Haar und einen altdeutschen Rock trug, fiel ich der Polizei auf, daher ließ ich die langen Locken abschneiden. In dem edlen Hause, wo ich hier wohnte, war es mir auch überaus wohl gewesen und mit Dank gegen Gott und Menschen trat ich am 16. April 1825 wieder die Rückreise an und zwar zu Fuß, kam aber in äußerst stürmisches Wetter und ermüdete sehr im Sande. Das Nöthigste konnte ich polnisch sagen, wie z. B.: Wo geht der Weg hin? oder: bitte um Etwas zu essen oder zu trinken u. dergl. Es war aber immerhin widerwärtig genug, und in den sogenannten Wirthshäusern sah es oft wenig appetitlich aus. Ein deutsches Wirthshaus fand ich unterdessen abgebrannt und mußte mit den jammernden Wirthsleuten im Hirtenhause vorlieb nehmen.

Sehr ermüdet kam ich an einem Sonntagabend spät wieder in Glogau an, und wurde mit offenen Armen und Herzen aufgenommen. Der liebe Künze war mir bis Fraustadt entgegengegangen, aber zu bald wieder umgekehrt, und so kam ich hinter ihm her. Noch einmal verweilte ich in der mir so theuer gewordenen Umgebung vierzehn Tage und konnte mich beinahe nicht mehr los machen.

Unter diesen Officieren hatte ich in meinem Innern die tiefsten Eindrücke von der Liebe Christi bekommen, wovon noch jetzt mein Tagebuch Zeuge ist. Der Abschied am 30. April 1825 wurde uns allen schwer und ging mir noch lange nach, wie ich denn überhaupt auf meinen Reisen oft, wenn ich länger unter edlen und christlichen Menschen gelebt, viele Liebe und Freundschaft genossen hatte, und nun wieder weiter sollte, sehr wehmüthig und ernst gestimmt wurde.

Meine Reise ging jetzt nach Breslau. Hier war ich von dem l. v. Plehve wieder an einen Officier, Herrn Major von Lindeiner, empfohlen, bei dem ich sechs volle Wochen logirte und abermal die größte Liebe und Theilnahme genießen durfte. Die edle Frau Majorin selber, die ich anfangs allein traf, hatte mich sogleich in ihr Haus aufgenommen. Von Falk hatte ich einen Brief an Frau Geheim-Räthin Gerhard, eine Jugendfreundin, die mich auch öfter einlud, und von welcher ich noch ein Andenken besitze, nämlich einen Thaler, zu Anfang des dreißigjährigen Krieges

1618 geschlagen. Meine Uhr, ein Andenken der Frau Majorin von Lindeiner hat leider mein Wilhelm verloren. Auch im Hause des Oberlandes-Gerichtsraths v. Winterfeld und Wenzel erwies man mir viel Freundschaft. Mit meiner Sache nahm es darum einen weniger schnellen Fortgang, weil kurz vorher Graf von der Reke bedeutende Summen für seine Anstalt in Düsselthal gesammelt hatte; doch durfte ich nicht leer ausgehen, und machte auch hier die Erfahrung, daß in vielen vornehmen Familien ein edler christlicher Geist herrschte, der gerne alles Gute fördern wollte. Mehr als einmal wurde ich in dieser Beziehung angenehm überrascht und könnte auffallende Beispiele anführen, wie man sich auch in Schlesien für die Falk'sche Anstalt in Weimar interessirte. Wie in andern Städten, so fand ich in Breslau, wo ich von dem streng lutherischen Professor Dr. Schübel, so wie von dem rationalistischen Professor Schulze eingeladen und freundlich gefördert wurde, diejenigen nicht immer sehr mit einander befreundet, die sich meiner Angelegenheit annahmen. Bei den Einen ging nämlich diese Theilnahme aus bloßer edler Menschenfreundlichkeit hervor, bei den Andern dagegen aus entschiedener christlicher Ueberzeugung, aus einem lebendigen Glauben an den Herrn, der um unsertwillen arm geworden ist, daß wir durch seine Armuth reich würden, sie trieb die Liebe Christi, der gekommen ist, zu suchen und selig zu machen, was verloren ist.

Die Besten aus der ersten Classe von Beförderern waren offenbar dem Geiste des Falk'schen Instituts mehr verwandt, als die andern, denen das Evangelium nicht in Menschenliebe aufging, sondern bei welchen letztere die Bethätigung der Liebe zu Christus war, der uns zuerst geliebet hat. So viele edle, aufopferungsvolle und in ihrer Art fromme Philantropen ich aber auch kennen lernte, so machte ich doch vielfach die Erfahrung, daß ich von jener Classe von Männern und Frauen, die innerlich dem Geiste des Falk'schen Instituts ferne stunden, ja sich gegen mich über das, was dem lieben Falk und seinem Institut mangle, offen aussprachen, mit der größten Hingabe und Selbstverläugnung gefördert wurde. Mit Entschiedenheit kann ich es aussprechen, daß ich auf meinen übrigen Reisen meist nur von solchen Männern und Frauen gefördert wurde, die als Orthodoxe, Fromme, Herrnhuter, Pietisten u. dergl. galten, was nicht ohne einigen Einfluß auf mein eigenes Innere sein konnte, jemehr ich allmählig ein selbstständiges Urtheil gewann.

Nun will ich aber den theuren Vater Falk wieder selber reden lassen. In einem Briefe vom 7. April 1825 Abends 10 Uhr, welchen ich noch in Glogau erhielt, heißt es:

Mein geliebter Denner!

So zieht Dich denn das Schicksal immer weiter von uns fort! folge ihm! Es erleuchte Deine Wege, die Du im Namen des Herrn durchwandelst; er wird seinen Engeln Befehl thun, daß sie Dich behüten, damit Du Deinen Fuß an keinen Stein stoßest. Denen, die Gott lieben, muß Alles zum Besten dienen. Auf Ottern und Schlangen werden sie treten und sie sollen ihnen Nichts schaden. Das ist die Verheißung, an diese wollen wir uns halten. Die edeln Freunde und Freundinnen, die Du in so weiter Ferne besuchest, grüße herzlich und drücke ihnen im Namen Deines Vaters dankbar die Hand. Was können wir, deren Reich nicht von dieser Welt ist, ihnen anders für ihre große Liebe, die sie einem Fremden erzeigen, darbieten, als den Segen des Ewigen? Ich habe alle Deine Briefe erhalten, sowohl den von Frankfurt a. d. Oder, als den von Glogau. Ich danke Dir, daß Du so treu und schnell im Schreiben bist. Ich hebe alle, Deine und Kirchners Briefe sorgsam auf, und es geht davon kein Blatt verloren. Fahre freudig in Deinem Geschäft fort, mein guter Denner. Ein Stübchen soll Dir und dem guten Kirchner in dem großen Hause schon irgendwo werden; da sollt ihr dann Euch in meiner Nähe, sofern mir Gott das Leben schenkt, täglich zu dem ausbilden, was Euer Beruf und Eure Freude ist. In vergangener Woche wurden wir durch das Läuten aller Glocken, und den Schreckensruf: „Feuer! Feuer!" plötzlich aus dem ersten Schlaf geweckt. Um ein Uhr ging das Theater, durch Verwahrlosung der unterirdischen Röhren, womit geheizt wurde, in Feuer auf. Alle Kronen der Könige, alle Scepter der Kaiser, so viele Berge, Flüsse, Seen, Städte, Kirchen, Dome sind ein Raub der Flammen geworden; fast Nichts wurde gerettet von der ganzen Garderobe, außer einem großen, mit Schulmeisters-Perücken gefüllten Kasten, der dem Theater-Friseur Lohmann gehörte. Die Prinzen des Hauses sind sehr niedergeschlagen und wandeln auf den rauchenden Ruinen desselben, haben aber bei der Löschung eben keinen großen Heldenmuth an den Tag gelegt. Die Seele dieses Körpers war aber längst schon ausgeflogen, schon damals, als man Göthe durch Kabale dahin brachte, daß er sich von der Leitung desselben lossagte, kann man sagen, daß die eigentliche Kunst und das Theaterwesen abbrannte. Um die Bretter und die bemalte Leinwand war es weit weniger schade ꝛc. Nun leb' wohl und laß bald wieder Etwas von Dir hören. Es umarmt Dich mit zärtlicher Liebe

Dein väterlich gesinnter Freund
Johannes Falk.

Ich füge gleich den nächstfolgenden Brief hinzu, den ich von Breslau nachgeschickt erhielt, als den letzten auf dieser ersten Reise.

Weimar den 1. Juli 1825.

Mein guter Denner!

Mein lieber Herzensjunge, sei unbesorgt! Ich habe alle deine Briefe richtig erhalten. Es liegen deren jetzt elf vor mir. Der letzte ist aus Breslau unter dem 14. Juni abgeschickt. Wir haben alle eine herzliche Freude daran, daß es Dir wohlgeht und daß Dir Gott Freunde erweckt. Da es sein Werk ist und da ich es mit so lebendigem Glauben in seine Hände niederlege, wie sollte es auch der barmherzige Vater nicht fördern! Uebereile Dich darum auch nicht mit der Wiederkunft! Ich schicke so leicht keinen wieder so weit aus. Verschaff' Dir Adressen, so viel Du kannst, und gehe sodann, wohin Dich Gott führt. Du kennst nun meine Grundsätze. Verfahre und handle darnach, lieber Denner, und laß nicht ab mit inbrünstigem Gebet und Fürbitte für mich in allerlei Noth und Anfechtung; so wie ich auch meinerseits nicht laß werde, zum Herrn zu rufen und zu schreien, daß er Dich und Kirchner bewahre, und Eure jungen, unverdorbenen Seelen in die Hände nehme, und vor der Welt und Sünde behüte!

Denn, was hülfe es dem Menschen, so er die ganze Welt gewönne und litte doch Schaden an seiner Seele! Sei nirgends vorlaut, absprechend, sondern betrage Dich still, voll Demuth und Ehrerbietung gegen ältere Personen, selbst da, wo Du glaubst, daß sie von irgend einer falschen und einseitigen Ansicht befangen sind. Enthalte Dich aller marktschreierischen Anpreisungen, die Sache spricht genug für sich selber; wer ein Herz in seiner Brust hat, wird sie wohl hören. Denke, und vergiß nicht, lieber Denner, daß Du kein Kaufmann bist, der Weinproben zu verkaufen im Lande herumträgt, sondern, wer Dich sieht und wer Dich hört, der macht an Dir selbst die Probe und denkt: Wie der Baum, so die Früchte; wie der Weinstock, so die Reben! Gottlob, liebes Kind, daß wir keinen Schalk im Herzen tragen, sondern offen, frei und in kindlicher Unschuld mit Dem, was wir sind und wollen, vor aller Welt auftreten können. In den Briefen meiner Freunde steht Nichts als Gutes von Dir. Das freut mich! Der Herr segne Dich für jeden Kummer, den Du mir ersparst. Es werden mir ja täglich Dornen genug auf meinen Weg gepflanzt, die mein Herz blutig ritzen, ohne daß Ihr auch noch, als meine Jünger, die Hände dazu herzugeben brauchet.

Graf von der Recke hat mich besucht und mir ausnehmend wohl gefallen. Sprich, wo Du von ihm sprechen mußt, mit Liebe und frommer Anerkennung dessen, was sein so edles Bestreben verdient. Die Liebe überwindet Alles, und da sie nur eins, nämlich Gott selbst ist, so braucht sie nur recht und ächt zu sein, um sich zuletzt doch wieder in dem göttlichen Brennpunkt, wovon Alles ausging, zu vereinigen.

Hier hast Du ein Beispiel, guter Denner, daß die Abweichungen der Menschen, auf noch so verschiedenen Standpunkten, doch nicht so verschieden sind, wie wir glauben, oder wie es uns scheint, sondern, wenn sie nur, jeder an seinem Theile redlich fortschreiten, doch in der Hauptsache wieder zusammentreffen. Du weißt, die Erde ist rund; nun denke Dir zwei Wanderer, wovon der Eine nach Norden, der Andere nach Süden seinen Weg antritt, und also dem äußern Anscheine nach immer weiter auseinander kommen. Sobald sie indessen muthig fortwandern, so kommt doch ein Tag und eine Stunde, wo sie beide wieder vor einander stehen und sich freundlich die Hand reichen. So weise hat Gott Alles geordnet. Nur müssen sie sich unterwegs vor dem wilden Rauschen der Meere und dem Heulen der Sturmwinde nicht erschrecken lassen. Sie müssen sich nicht in die Fläche hin und her verlaufen, sondern jeder von einem festen und bestimmten Standpunkt aus seinen Weg verfolgen; das führt sicher zum Ziele. Das Ende aber jeder Straße ist Gott. In ihm, der unser aller Anfang war, laß uns auch am Ende unserer Wallfahrt ausruhen! Kirchner ist jetzt in Kopenhagen. Es geht ihm sehr wohl und er erkundigt sich ebenso angelegentlich nach Dir, wie Du nach ihm. Alles im Hause ist wohl. Nimm Du Dich auch nur in der hitzigen Jahreszeit vor Erkältung, kalten Getränken und unreifem Obst, besonders in Gebirgen in Acht. Folge meinen Lehren, gutes

Kind, so wirst Du die zwei größten Künste, die es in der Welt giebt, nämlich die Kunst ruhig zu leben und zu sterben, von mir erlernen. Das Fortschreiten des Baues wird Dich freudig überraschen. An einem Stübchen für Dich und Kirchner soll es bei Eurer Wiederkunft nicht fehlen.

Mit herzlicher Liebe
Dein väterlich gesinnter Freund
Johannes Falk.

Von Breslau, wo ich namentlich im Hause des Herrn Major von Lindeiner (der Sohn, Officier, war auch da) viele, mir unvergeßliche Liebe erfahren hatte, (was auch noch ein vorhandener Brief beweist, den der theure Major nach dem Tode des theuren Vater Falk an mich schrieb, und worin er nach Breslau zu kommen mich einlud, um dort für mich zu sorgen,) setzte ich meine Reise über Schweidnitz und Schmiedberg nach dem Riesengebirge fort. Unterwegs hatte ich, und bekam wieder Adressen, bald an Gutsbesitzer, bald an Geistliche. Da ich einmal so nahe war, so wollte ich auch die Riesenkoppe besteigen. Ein Bote führte mich hinan der Hammelsbaude zu. Schon unterwegs donnerte und blitzte es. Kaum waren wir Abends halb zehn Uhr den 28. Juni angekommen, so brach ein fürchterliches Gewitter los. Es schien, der Sturm wolle die Sennhütte in den Abgrund hinunterschleudern. Die Riesenberge zitterten und Blitze durchleuchteten die Nacht. Morgens, acht Uhr, brach ich mit meinem Führer nach der Schneekoppe auf. In der auf der Spitze stehenden, nur im Sommer bewohnten Kapelle, fand ich Obdach und Erquickung, wofür man dem Rübezahl ein Opfer bringen mußte. Hier hat man eine herrliche Aussicht; auf der einen Seite bis Prag, auf der andern bis Breslau. Ich ging auf dem Kamm des Gebirges hin, wo Preußen und Oesterreich sich scheiden, sah rechts und links die Abgründe, die Schluchten, den sogenannten großen und kleinen Teich, bestieg den Radkamm, fast eben so hoch als die Koppe, und kehrte durchnäßt in einer böhmischen Baude ein. Dann gab es wunderliche einzelnstehende Felsen, z. B. die Rübenzahlskanzel u. s. w. In dem Dorfe Schreiberhau blieben wir über Nacht. Hierauf ging's an den schönen Kochelfall und auf die merkwürdige alte Burg Kynast, eine herrliche Ruine, deren Thurm an einem ungeheuren Abgrunde steht. Man erstaunt vor dem Gemäuer, das in die Wolken hinauf gethürmt ist. Eine alte Sage muß ich hier einflechten von dem schönen Burgfräulein Kunigunde. Vorher bemerke ich noch, daß Graf Schaffgottsch, dem die Burg zuletzt gehörte, ein alter Ritter war, der im sechzehnten Jahrhundert durch Verrätherei der Jesuiten, als Protestant, unschuldig hingerichtet wurde. Die Jesuiten gaben ihm Schuld, mit dem König von Schweden eine geheime Correspondenz gehabt zu haben. Die schöne Kunigunde aber lebte im 14. Jahrhundert.

Ihr Vater, der Graf Schaffgottsch oder Gotts=Schoff wünschte, daß seine Tochter einem tapfern und treuen Ritter die Hand gäbe. Das Burgfräulein wollte eine Liebesprobe erstanden haben, nämlich: Der Ritter, der ihrer würdig sein wolle, müsse auf der äußersten Mauer am Abgrunde hin, mit seinem Turnierrosse reiten, während die Knappen vom Thurme herabbliesen. Viele edle Ritter wollten Hand und Herz des schönen und reichen Burgfräuleins verdienen und das gräßliche Abenteuer für den herrlichen Preis bestehen. Der erste stattliche Ritter stieg mit seinem Dänenrosse von der Zugbrücke auf die Mauer und das edle Thier kletterte munter vorwärts. Aber wehe! Am schrecklichen Abgrund graust's dem edlen Ritter vor dem offnen Höllenrachen. Mit ihm zittert das treue fromme Rösslein. Noch ein paar kurze Schritte wankt es weiter, dann stürzen beide unaufhaltsam in den Abgrund und liegen zerschmettert an einem Granitfelsen; aber das harte Herz des Burgfräuleins war durch dieß gefährliche Schauspiel noch nicht erweicht. Noch mehrere edle Ritter hatten dasselbe Schicksal. Da ergrimmt ein edler Ritter, Herrmann, Landgraf zu Thüringen. Nachdem er sein Roß fleißig in allen Künsten und kühnen Gängen geübt hat, reitet er gepanzert mit einigen Knappen vor das Thor der Burg Kynast. Die Knappen melden ihren Herrn an. Graf Schaffgottsch erscheint, mit ihm die schöne Kunigunde. Ritter Herrmann giebt sein Begehren kund. Das Burgfräulein aber lispelt dem Vater ins Ohr: „Vater, der gefällt mir, und ich möchte ihm ohne das Abenteuer die Hand geben.“ Ritter Herrmann aber will diese Liebesprobe durchaus bestehen, die Knappen eilen mit ihren Waldhörnern auf den Thurm, er schwingt sich auf sein Roß und es geht die Zugbrücke hinauf auf die schmale Mauer. Er kommt bis zum Abgrund, da wird's ihm schwindelnd und der Angstschweiß steht ihm auf der Stirne. Er trocknet ihn ab, sieht auf den Thurm hinauf, wo die schöne Kunigunde am Fenster liegt und Ströme von Thränen weint. Da freut sich Ritter Herrmann, das harte Herz erweicht zu sehen; er reitet muthig weiter und kommt wohlbehalten um die Burg herum wieder bei der Zugbrücke an. Fräulein Kunigunde hüpft vor Freuden und die Knappen rufen: „Es lebe unser Ritter Herrmann!“ Kunigunde eilt, ihn als ihren Liebsten zu umarmen; aber mit Ungestüm wirft er sie zurück und spricht: „Ich wollte Dich nicht mit Deinem bösen Herzen zu meiner Lebensgefährtin, sondern nur dem Unfug ein Ende machen,“ und ritt von dannen des Wegs, den er gekommen war. — —

In Warmbronn, Hirschberg, wo ich sehr dringend an Herrn Baron v. Stillfried, dessen Sohn ich im Lindeinerschen Hause sehr genau kennen gelernt hatte, empfohlen war, ebenso in Liegnitz, verweilte ich nicht lange. In Bunzlau blieb ich acht Tage und wohnte bei Herrn Direktor Hoffmann im Waisenhause, das mit einem Schullehrer-Seminar verbunden ist, freundlich auch gefördert von dem Oberlehrer Dreist. In dieser großen mit einem Seminar verbundenen Staats-Anstalt herrschte ein edler, gläubiger Geist, und bei aller Anerkennung des theuren seligen Falk merkte ich doch, daß man noch Etwas bei ihm vermisse. Ich wurde nach Kräften unterstützt, fühlte aber beim Superintendenten in der Stadt, daß ein gewisser Gegensatz hier obwalten müsse gegen den Geist des Waisenhauses. In Dresden wurde ich freundlich aufgenommen vom Direktor Blochmann, einem ehemaligen Pestalozzischen Lehrer, der sich in den letzten Jahren als ein entschieden gläubiger Mann ausgesprochen hat. Damals mochte er ungefähr in der Hauptsache mit Falk harmoniren, und der eigentlich christliche Glaube mehr in den Hintergrund treten. Bei ihm traf ich auch den Hofprediger Ammon, der sich gleichfalls sehr zuvorkommend gegen mich benahm. Mit dem damals flüchtigen Goßner traf ich bei einem Grafen Dohna zusammen, an den ich empfohlen war. Wir redeten, im Garten auf und ab wandelnd, viel mit einander, und zuletzt fragte mich Goßner sehr liebreich und eindringlich, ob ich also wirklich den Heiland liebe? Ich bejahte es nach einigem Zögern. Mit seinem Schatzkästlein war Blochmann, mehr aber in Beziehung auf die Form, nicht ganz zufrieden, namentlich mit den, wie es mir später selber vorkam, hie und da etwas holperigen Versen; im Uebrigen sprach er mit Liebe von ihm. Uebelberührt, gekränkt und zurückgestoßen fühlte ich mich von dem damals noch geehrten, nachmals übelberüchtigten Prediger Stephan. Der warf die ganze Falksche Wirksamkeit über den Haufen, weil Falk den Versöhnungstod Christi und die Rechtfertigung durch den Glauben nicht lehre, sondern durch Werke selig werden wolle. Nun hatte ich zwar öfter solche Einwendungen hören und widerlegen müssen, allein so schroff und hart hatte noch Niemand geurtheilt. Dieses Betragen war so wenig geeignet, mich für ein mehr positives und gläubiges Christenthum zu gewinnen, daß es der gerade Weg gewesen wäre, mich zurückzustoßen, wenn ich es nicht schon in einer milderen und freundlicheren Gestalt gesehen hätte.

Ich eilte nun Weimar zu. In Jena traf ich einen alten Freund Birnstiel, einen Falk'schen Schüler als Studirenden der Theologie und blieb bei ihm über Nacht. Er führte mich in eine Studentenkneipe, wo ich auch aus mir einen Studenten forciren mußte. In Weimar wurde ich mit der zärtlichsten Liebe empfangen. Ich war zehn Monate aus gewesen.

Nun ging's an's Erzählen, Fragen und Antworten. Der theure Vater Falk war in der letzten Woche krank gewesen, und sah noch etwas übel aus. Kindlich offenbarte ich ihm mein ganzes Inneres, auch die Zweifel und Anstände, die über unser Christenthum bei mir geweckt worden waren, theilte ich ihm mit. Er nahm mich auf die Seite und schlug mir in seiner Bibel die Stellen auf: Jacobi 2, 21—24: Ist nicht Abraham unser Vater durch die Werke gerecht geworden? u. s. w. dann 1. Joh. 3, 10: Wer nicht recht thut, der ist nicht von Gott geboren und wer nicht seinen Bruder lieb hat, 14: Wer den Bruder nicht liebet, der bleibet im Tode. Cap. 4, 7: Geliebte, lasset uns einander lieben, denn die Liebe ist von Gott und wer liebet, der ist von Gott geboren. Merkwürdiger Weise übersah er Verse; wie z. B. Cap. 4, 10: „Darinnen stehet die Liebe, nicht daß wir Gott geliebet haben, sondern daß er uns geliebet hat und gesandt seinen Sohn zur Versöhnung für unsere Sünde." Um die Versöhnung und Rechtfertigung hatte ich ihn eigentlich gefragt. Da aber mein Vertrauen gegen den theuren Mann noch in jeder Beziehung ungeschwächt war und meine Bibelkenntniß gering, so ließ ich mich beruhigen und ging nach wie vor in alle seine Ideen und Pläne ein. Die Gottheit Christi schien er zwar nicht leugnen zu wollen, allein im Grunde konnte er doch nur die Göttlichkeit Christi nach seiner sonstigen Denkweise behaupten. Alles andere war mehr dichterische Verherrlichung. Er erblickte, soviel ich ihn jetzt beurtheilen kann, in Christo einen Menschen, in welchem sich Gott als die Liebe auf die höchste Weise geoffenbaret hat; also gewissermaßen Swedenborgisch. Nie aber hatte ich ein Wort aus seinem Munde vernommen, womit er mich im kindlichen Glauben an

Christi Gottheit, den ich von Brunnhardshausen mitgebracht hatte, hätte irre machen wollen; im Gegentheil wies er einmal seine gelehrte Tochter Rosalie zurück, als sie Christum für einen bloßen gewöhnlichen Menschen halten wollte. In Christo sah er die Gottes- und Menschenliebe verwirklicht, ich möchte sagen: verwesentlicht. Der kalte, trockene Röhrsche Rationalismus war ihm in der Seele zuwider; er schickte uns auch nicht gern zum Generalsuperintendenten, dessen Persönlichkeit ihm schon nicht entsprach, in die Kirche. Eben so wenig aber gefiel ihm Dr. de Valenti's Dringen auf die Versöhnungs- und Rechtfertigungslehre. Was der Bildungsgang und der Zeitgeist über einen sonst so selbstständigen, kräftigen, tiefen und edlen Geist vermag, zeigt sich auch darin, daß er, dem das Verderben der menschlichen Natur auf allen Seiten so stark und handgreiflich entgegentrat, der oft genug, auch in seinen Briefen an mich, bitter Klage darüber führte, dennoch die pelagianische Vorstellung von der Güte der menschlichen Natur nicht los werden konnte. Dagegen scheint er doch wieder beim Einzelnen ein unbegreifliches Geschick zum Bösen, oder zum Guten angenommen zu haben. Ich erinnere mich noch, wie er sich einmal unwillig über die Behauptung eines jungen rationalistischen reisenden Pädagogen, der ihn besuchte, ausließ, der behauptet hatte, es liege blos an der Erziehung, alle Menschen gut und brav zu machen;

wie er auch auf der andern Seite einmal sich äußerte, einen wahrhaft tugendhaften Menschen könne man in ein Lasterhaus schicken, und er werde dennoch keusch und rein bleiben. Er war in der reformirten Kirche erzogen worden, und man sollte fast meinen, nach obiger Aeußerung sei ihm etwas von Prädestination geblieben. In Weimar übrigens mußte er sich's natürlich gefallen lassen, für einen Mystiker oder doch für einen ganz seltsamen Mann gehalten zu werden, obwohl er in jeder Beziehung, in seinem öffentlichen und in seinem Privatleben, in seiner schriftstellerischen, wie in seiner praktischen Wirksamkeit die höchste Achtung in Anspruch zu nehmen das vollkommenste Recht hatte. Trotz dem, daß die Paulinische Rechtfertigungslehre ihm nicht aufgeschlossen war, hielt er doch Alles für lautere Gnade und Barmherzigkeit von Seiten Gottes. —

Er führte mich nach meiner Zurückkunft überall im Hause und Hofe herum, zeigte, was geschehen sei, und was noch geschehen sollte, setzte mir das noch immer große Geldbedürfniß auseinander und die Nothwendigkeit einer nochmaligen Reise. Indem er mir über meine bisherige Wirksamkeit die vollste Zufriedenheit bezeugte, berieth er sich mit mir, ob ich in die Schweiz oder nach Holland reisen solle. Ich entschied mich für Holland, da mich Schillers „Abfall der Niederlande" für dies Land eingenommen hatte.

IV.

Zweite Falk'sche Reise.

Es war am 19. August 1825, als ich meine zweite größere Reise für das Falk'sche Institut antrat. Beim Abschied herzte und küßte mich der theure Vater Falk aufs zärtlichste: wir waren beide sehr ergriffen, wie wenn wir es geahnet hätten, es sei dieß ein Abschied nicht blos auf ein halbes oder ganzes Jahr, sondern auf die Ewigkeit. O wie viel birgt oft ein Augenblick in seinem Schooße und wir arme kurzsichtige Menschenkinder haben nichts Besseres zu thun, als uns mit unbedingtem kindlichem Vertrauen in die treuen Vaterarme Gottes zu werfen! Dieß war auch ungefähr mein Sinn. Zudem kannte ich die große Schwierigkeit meines Geschäfts und wußte nicht, wie es mir dießmal gehen würde, da ich einem Lande zusteuern wollte, dessen Sprache ich nicht einmal verstand, und wo man vom Falk'schen Institut in Weimar keine Sylbe wußte.

Das Zeugniß, welches der sel'ge Falk mir auf diese zweite Reise zu meiner Legitimation mitgab, ist von ihm selber geschrieben und lautet: „Daß Johannes Denner, ein frommer, treuer und völlig unbescholtener Schüler unserer Anstalt, mein ganzes unbeschränktes Vertrauen besitzt, und deßhalb von mir beauftragt worden ist, die Freunde unserer Anstalt an den Orten zu besuchen, wohin er mit Empfehlungen und Briefen versehen ist: solches bezeuge ich hierdurch der Wahrheit gemäß durch diese eigenhändig von mir geschriebenen und besiegelten Zeilen.

Weimar den 26. August,
1825.

Johannes Falk.

Ernst, wehmüthig, ja oft schwermüthig war ich auf meinen fernern Reisen gestimmt, und es konnte mich nichts aufrichten, als das feste Vertrauen, daß meine Sache des Herrn und mein Amt meines Gottes sei, wenn sich mir im Verlauf dieser Reise weit größere Hindernisse entgegenstellten, als auf der ersten. Ueber Erfurt langte ich in Eisenach, beim Generalsuperintendenten Nebe an, wo ich freundliche Aufnahme fand. Ich fühlte, vielleicht vom Abschied und von der Anstrengung, ein Unwohlsein, und bekam fast eine Ohnmacht. Dennoch setzte ich meine Reise fort, wiewohl öfter sehr angegriffen, so daß ich den Ausbruch einer Krankheit fürchtete. Als ein einsamer Wanderer pflegte ich Falk'sche Lieder (z. B. über die Reformationsgeschichte) zu memoriren, wodurch ich einen hübschen Vorrath in mein Gedächtniß bekam; auch fielen mir die vielen Bibelsprüche, Lieder und Psalmen (der einzige nicht unerhebliche Schatz, den ich aus meiner Dorfschule mitgenommen hatte,) wieder ein und mein Geist war mit ernsten Gegenständen beschäftigt. Das war ganz anders, als auf meiner ersten Reise, besonders auf der Rückreise nach Weimar, wo ich mich des glücklichen Erfolgs meiner Bemühungen für die Anstalt erfreute in meiner meist heitern Stimmung. Damals war es mir nicht genug gewesen, ruhig meine Straße dahin zu ziehen, sondern ich ließ meine Jugendlust und Kraft dadurch aus, daß ich mit meinem Wanderstabe die Steine aus dem Wege schlug, oder im lauteren Muthwillen nach rechts und links über die Chausseegräben setzte und mich, ein Ränzchen auf dem Rücken, im Springen übte. Ein von mir nicht bemerkter Bauer hatte mir einmal erstaunt zugesehen und rief aus: „So ist's recht, da sehe ich doch einmal einen recht vergnügten Menschen." —

In Cassel nahm mich freundlich auf Herr Pfarrer Collmann, der ein schönes Institut vor der Stadt hatte, darin deutsche, französische und englische Knaben aus den höhern Ständen gebildet wurden. Ich lernte mehrere edle Männer kennen, die damals mehr aus philanthropischen Gründen meine Sache förderten, die ich aber nach 10 Jahren als entschiedene gläubige

Christen und als Gründer, nicht nur einer Armenanstalt, sondern auch eine Missionsgesellschaft wieder fand. Meine Sache nahm einen ordentlichen Fortgang. Der edle Collmann meinte, wenn ich in Holland etwas ausrichten könne, so solle ich auch nach England übersetzen, und er wolle mir an einen Ort, den ich bestimmen würde, gute Empfehlungsbriefe, wahrscheinlich an die Eltern seiner Zöglinge, zusenden. Auf diesen Vorschlag würde ich wahrscheinlich eingegangen sein, ich vermuthe mit gutem Erfolg, wenn nicht unterdessen ein für mich und für die Anstalt schweres und verhängnißvolles Ereigniß eingetreten wäre.

Ehe ich die schöne Stadt Cassel verließ, besah ich auch, wie gewöhnlich, die Merkwürdigkeiten der Stadt und Umgebung. Ich ging nach der von einem Landgrafen im alten Ritterstyl erbauten Löwenburg, wo man sich in's Mittelalter versetzt fühlt, und auch die das Thor bewachenden Ritterknappen nicht fehlen; nach dem großen Riesenschlosse, das wie eine mächtige Felsenmasse aussieht und auf seinem Gipfel einen ungeheuren kupfernen Herkules mit der Keule trägt, in welcher ein Thürchen sich befindet, daß man von innen auf einer Leiter hinaufsteigt, wo sich alsdann eine prächtige Aussicht über die Residenz hinweg darbietet; nach der romantischen Teufelsbrücke und dem hundert funfzehn Fuß hoch senkrecht mit solcher Gewalt in die Höhe steigenden Springbrunnen, daß, wie mein Begleiter erzählte, kein Mann mit dem Säbel den Strahl durchhauen kann. Auch ein Billet in's Theater gab mir Jemand, wo gerade der Freischütz gegeben wurde. So sehr mir das Schauspiel und die Musik gefiel, so sehr nahm ich Anstoß an einem darin vorkommenden Gebete, was ich für einen Frevel hielt. Schon früher in Weimar und Berlin, wo ich mehrmals Freibillete bekam, hatte ich diesen Eindruck gehabt. — Bei meinen Wanderungen in der Stadt, traf ich mitunter auf Herren, die sich mit seltsamen Ausreden loszuschälen suchten. Hatte sich ein gewisser Graf N. in Schlesien einmal vernehmen lassen, er halte es nicht für gut, wenn man das gemeine Volk so bilde und fünfundzwanzig Hämmel seien ihm lieber, als zweihundert Bettelknaben u. dgl., so hieß es hier entweder: „ich habe kein Geld, oder keine Kinder und brauche mich deßwegen um Kinder nichts zu bekümmern," oder: „ich kann den christlichen Glauben nicht brauchen," u. dgl. Ein Lehrer, der eine Zeitlang beim Grafen von der Recke gewesen war, fragte, ob man im Falk'schen Institut auch immer und ewig Bußlieder singe? was ich mit gutem Gewissen verneinen konnte. —

In Marburg, wo ich, wie gewöhnlich in Universitätsstädten, sämmtliche Professoren besuchte, nahm sich meiner gar liebreich Consistorialrath Dr. Creuzer an. Er empfahl mich auch nach Giessen, wo ich gleichfalls die Herren Professoren und Gelehrten aufsuchte. Ein Versuch in Hanau mißlang gänzlich. Ein gewisser

Herr H. gab mir den Bescheid, er habe gar keine Lust, etwas zu thun; er sehe nicht ein, warum sich Herr Legationsrath Falk sein Leben so verkümmere, er könne es doch nicht hinausführen mit bloßen Privatbeiträgen; einen Betsaal brauche es nicht, dazu wären ja Kirchen da, ein Denkmal der Kriegsjahre könne man errichten, wenn man überflüssiges Geld habe.

Ein anderer Prediger wunderte sich darüber, wie ein ehmaliger Satyriker über „den christlichen Glauben" schreiben wolle, und sagte, ich solle mir ja nicht einfallen lassen, gar nach Holland zu gehen denn auf meinen „christlichen Glauben" unterzeichne dort Niemand. Je mehr mir so Hindernisse in den Weg traten, je fleißiger bat ich den Herrn, meine Wege zu segnen. Mit einem Offenbacher Marktschiff fuhr ich nach Frankfurt am Main, wo gerade große Messe war. Da ich mich hier nicht aufhalten wollte, weil von hier aus die Anstalt schon längst reichliche Unterstützung erhielt, so besuchte ich nur etliche Freunde derselben und reiste Coblenz zu. Zuvor ließ ich mir beim ersten besten Kaufmann mein Hessisches Geld in Preußisches umwechseln und versprach ein gewisses Aufgeld. Als aber der Mann auf der Messe etwas von meinem Reisezweck hörte, sagte er: „Nein, da nehme ich kein Aufgeld, ich will Ihnen gern ohne Verlust auswechseln, so viel Sie wollen." In Coblenz konnte ich nichts ausrichten, weil mir überall Graf von der Recke aus Düsselthal zuvor gekommen war.

Ich war schon 4 Wochen auf der Reise und hatte noch nicht viel erreicht; dazu war das Reisen in der Rheingegend, bei all' meiner Sparsamkeit, ziemlich theuer und es wurde mir oft schwer zu Muthe. Fast nie hatte ich auf meiner ersten Reise so große Anstände und Hindernisse gefunden. Die herrliche Rheingegend aber mit ihren Felsenufern, alten Schlössern, üppigen Thälern, und Weinbergen konnte ich um so besser genießen, weil ich sie zu Fuß durchwanderte. In Bonn nahmen sich mehrere Professoren gar freundlich meiner an; unter ihnen Professor Delbrück, ein Jugendfreund Falks, und Sack. Nicht nur suchten sie meine Sache zu unterstützen, sondern sie machten mir auch meinen Aufenthalt angenehm und lehrreich. Delbrück ging mit mir und zeigte mir interessante Punkte der Umgegend; auch erhielt ich in Bonn weitere Empfehlungsbriefe. Durch Professor Sack wurde ich mit einer Frau Gräfin Styrum aus Holland bekannt, zu welcher ich mehrmals kam, und die mir einen Empfehlungsbrief an ihren Vater General und Kommandant von Haag in Holland versprach, was für mich von großer Wichtigkeit war. So sehr sie die edle Wirksamkeit des Grafen von der Recke, der kürzlich bei ihr war, zu schätzen wußte, so war sie doch nicht ganz mit der Art seines, an eine gewisse Zeit in der christlichen Entwicklung des so ausgezeichneten Grafen Zinzendorf erinnernden Christenthums zufrieden, wovon sie mir erzählte. Daneben aber redete sie doch mit der größten Anerkennung von seiner aufopferungsvollen Wirksamkeit. Von dieser edlen Dame sowie von einer gewissen Frau von Bergheim mit Empfehlungsbriefen nach Holland versehen, ging ich mit der Wasserdiligence nach Cölln. Hier war es mir nicht möglich, etwas auszurichten, da die Stadt größtentheils katholisch ist. Ich besah den Dom und reiste nach Düsseldorf, in dessen Nähe Düsselthal, die Anstalt des Grafen von der Recke ist, welche ich sogleich besuchte. Ich fand freundliche Aufnahme beim Grafen und wurde in der Anstalt herumgeführt. Es ist eine Colonie mit älteren und neueren Gebäuden, deren immer noch neue zu neuen Werkstätten aufgeführt wurden. Am Eingang stand etwas wie eine Hauptwache; dort hingen auch Blasinstrumente, mit welchen Morgens, Mittags und Abends ein Marsch geblasen wurde, damit die Knaben militärisch aufzögen. Es waren deren hundert da, vielleicht halb so viel Mädchen und allerlei Handwerker, welche die christliche Gesinnung des Grafen hieher gezogen hatte, darunter auch Prŏselyten aus den Juden. Die Schlafsäle waren sehr geordnet und reinlich, überall herrschte reges Leben und Thätigkeit. Die einen waren in der Schule, andere arbeiteten in den Werkstätten, wieder andere waren mit der sehr ausgedehnten Oeconomie beschäftigt. Düsselthal ist nämlich ein großes Gut; auf der einen Seite fließt der Düsselbach, auf der andern ist eine Mauer, welche Gärten und Gebäude umgiebt. In den Ställen befanden sich damals nicht weniger als vierzehn Pferde, zwölf für die Oeconomie und zwei für den Grafen, wenn er verreiste, um für seine Anstalt Beiträge herbeizuschaffen. In der Stadt nannten einige den Grafen, jedoch nicht in einer bösen Absicht, einen ungeheuren Bettler, der verlange, daß man die Uhr aus der Tasche verkaufe. Er hatte überall die wärmsten Anhänger und Anhängerinnen. Eine Dame, die in Crefeld sehr eifrig für ihn collectirte, sagte: „Blos dem Grafen hab ich es zu verdanken, daß ich jetzt an Jesum Christum glaube." Die Anstalt hatte einen von der Falk'schen sehr verschiedenen Charakter, einmal wegen der ungeheuren Ausdehnung, welche der Graf ihr durch die Werkstätten gab, und weil hier alle Zöglinge vereinigt lebten, während in der Falk'schen Anstalt die meisten in der Stadt zerstreut waren und nur zu gewissen Stunden im Anstaltsgebäude sich vereinigten; dann aber auch innerlich dem darin herrschenden Geiste und christlichen Gepräge nach. In letzterer Beziehung bildete sie, durch starke Hervorhebung des Opferblutes des Lammes und der Versöhnungs-Gnade des Heilandes, durch das Dringen auf Buße und Bekehrung, durch strenge Betonung des anererbten Grundverderbens menschlicher Natur u. s. w. gerade zu einen fast überspannten Gegensatz. —

Trotz der vielen Ansprüche, die der Graf in Düsseldorf machte, ging doch auch ich, durch Regierungsrath Sybel freundlich unterstützt, nicht leer aus;

wofür ich Gott herzlich dankte. Wie sehr mir meine Sache eine Herzensangelegenheit war, sehe ich in vielen Stellen meiner Tagebücher. Auch hier findet sich die Bemerkung: „Heute Abend ging ich in die Einsamkeit und bat Gott, meine Sache zu fördern.“ — Bei Pastor Fliedner in Kaiserswerth, der zum Zweck eines Kirchenbaues eine reichgesegnete Collectenreise in Holland gemacht hatte und nachher die berühmte Diakonissenanstalt gründete, erbat ich mir einige Auskunft, da er in Holland versprochen hatte, keine Empfehlungsbriefe zu schreiben, und langte in Duisburg an. Hier erhielt ich vom trefflichen Superintendenten Schrieer einen wichtigen Empfehlungsbrief an den Mennonitenprediger Molenaar in Crefeld, der früher in Holland angestellt gewesen war und dort noch viele Freunde hatte. Dieser liebreiche ächt evangelische Mann nahm mich sogleich auf in sein Haus, und ich hatte in demselben, sowohl vor meiner Reise nach Holland, als bei meiner Zurückkehr von derselben, so zu sagen, meine Niederlage. Noch mehrere wackere Männer, darunter auch der Rektor des Gymnasiums Dr. Vogel in Crefeld nahmen sich meiner an und ließen es sich sehr angelegen sein, mich weiter zu fördern. Der entschieden gläubige, dabei jedoch sehr milde und weitherzige Molenaar aber war mir gerade zu wie ein Vater. Unvergeßlich ist mir die Liebe, welche mir von ihm und seiner ebenso würdigen Gattin, einer gebornen Holländerin, zu Theil wurde, welche ich auch später in der Ferne, da ich mich zum Studium der Theologie vorbereitete, noch erfahren durfte. Er ist nun, wie ich erfahren habe, schon längst daheim bei dem Herrn, aber einer seiner beiden Söhne studirte in Bonn Theologie und scheint seines edlen Vaters Geist ererbt zu haben, da er von Nitzsch sehr hervorgezogen wurde.

In Abendgesellschaften mußte ich oft die Lutherslieder von Falk, die Gesänge von Leydens Belagerung und dem Blutbad zu Haarlem, unter dem grausamen Alba, sowie andere Stücke aus Falk'schen Schriften, die ich auswendig wußte, zum Besten geben. Bei Herrn von der Meer traf ich mit einer Fräulein von E. zusammen, die mit großem Eifer und eben so großem Erfolg für die Anstalt in Düsselthal collectirte. Sie sagte, daß sie für den Grafen leben und sterben wolle, weil er sie zu Christo geführt habe. Natürlich kam das Gespräch da auch oft wieder auf den Glauben Falk's, auf die Art seines Christenthums. Mit großem Eifer suchte ich zu beweisen, daß er den rechten Glauben habe. Ich weiß, sagte ich, daß Gott wahrhaft in der Brust von Falk wohnt und daß von ihm in Jesu Christo die ewige Liebe geliebt wird. So sehr ich mich aber auch sträubte gegen jeden Zweifel, den man in Beziehung auf die Rechtgläubigkeit meines Meisters laut werden ließ, wurde ich doch allmählich, da mir nun die Sache schon so oft begegnet war, ein wenig stutzig und nachdenklich gemacht. Daß es aber durch einen innern Kampf und Prozeß hindurchging, ehe ich zu der Einsicht und Ueberzeugung gelangte, daß denn doch meinem theuren Falk etwas mangle, zeigt eine gerade damals (29. Sept. 1825) geschriebene Stelle in meinem Tagebuch, wo es heißt: „Ich weiß, daß mein Vater das wahre evangelische Christenthum hat; der Geist in mir, der eben zu dem allerhöchsten Geist, zu dem lebendigen Gott, gebetet hat, sagt es mir, und so will ich im Namen Gottes, was ich weiß, reden, im Geiste meines Falk handeln und Gott wird es segnen. O Herr Himmels und der Erde, lieber himmlischer Vater, lieber Jesus Christus, bilde uns nach deinem Geiste der Liebe und führe und segne uns alle Morgen!“ Am meisten mußten nach und nach so entschiedene, milde, weitherzige und wissenschaftlich durchbildete Männer, wie Molenaar, welche die größte aufopferungsvollste Menschen-Liebe, auf welche mein Falk alles hielt, durch die That bewiesen, und mir ihren Glauben mit ihren Werken zeigten, durch ihr Urtheil Einfluß auf mich gewinnen, während ein kaltes, liebloses Absprechen mich geradezu zurückgestoßen und in meinem Falkianismus bestärkt hätte. Die volle christliche Entschiedenheit, mit christlicher Milde und Weitherzigkeit gepaart, ist durch diesen Entwicklungsgang und die reiche Erfahrung meines Lebens, das mich mit Menschen von den verschiedensten christlichen Richtungen oft in so nahe Berührung brachte, Ziel und Streben meines Geistes geworden und bis diese Stunde geblieben. Nie aber bin ich wieder von irgend einem Menschengeiste so sehr gefesselt und innerlich gefangen genommen worden, wie von meinem theuren Falk. Nur durch einen schweren Kampf erst in der Reife des Jünglingsalters konnte ich wieder loskommen und zu meiner persönlichen Selbständigkeit hindurch dringen. Die entschiedene Ueberzeugung von der wahren Gottheit und Menschheit des Erlösers, von der durch ihn vollbrachten Erlösung und Versöhnung, wobei mir nur noch einige Zeit die Bedeutung des Blutes Christi Scrupel machte, indem noch Falk'sche Ideen nachwirkten, von der Rechtfertigung durch den Glauben und der damit gesetzten Heiligung, von dem Verderben der menschlichen Natur, das ich an meinem eigenen Herzen erfuhr, und der Nothwendigkeit der Buße und Wiedergeburt eines Menschen, wurde immer mehr das glückliche Resultat dieses langen Entwicklungsprocesses. Letzterer aber ließ die Liebe zu meinem Falk und den Eifer für meine Sache nicht erkalten. Von Holland aus hätte ich die vorgegangene Veränderung dem lieben väterlichen Freunde kindlich und offen mitgetheilt, wäre nicht bald die Nachricht von seiner Erkrankung an mich gelangt.

In Crefeld gaben sich indessen die lieben Freunde alle Mühe, mich zu fördern. Ich schrieb eine kurze Geschichte des Falk'schen Instituts, die Freunde feilten noch daran, ließen es drucken, und die edle Frau Pastor Molenaar übersetzte es auch noch in's Holländische, um es auf meiner Weiterreise zu gebrauchen. Herr Kauf=

mann Peter Wolf von Barmen, der gerade in Crefeld einen Besuch machte, munterte mich auf, trotzdem, daß der Graf von der Recke dort erst kürzlich reiche Gaben gesammelt hatte, dennoch auch in's Wupperthal zu kommen, wo man auch für meinen Falk noch etwas übrig habe. Er nahm mich in sein Haus auf, während eine Tochter ihm unerwartet am Nervenfieber starb. Am 11. Oktober 1825 war das Begräbniß. Er, seine Freunde, die Pastorin Döring, Wichelhaus und Hülsmann in Elberfeld, nahmen sich meiner treulich an und sowohl in Barmen als in Elberfeld, ging die Sache so gut, daß ich mit einer schönen Nachernte über Düsseldorf wieder zum lieben Vater Molenaar zurückkehren konnte. Die Freunde waren sehr erfreut, und ich sandte einen Brief mit 40 Louisdor nach Weimar. Jetzt rüstete ich mich zur Reise nach Holland, lernte auch bei Herr und Frau Molenaar fleißig das Holländische, indem sie in der Bibel mit mir lasen und mich manche Redensart lehrten. Als ich über Cleve und die Festung Wesel Holland zu wanderte, mußte ich unterwegs einmal in einem Walde, in einem einsamen Jägerhause Nachtherberge suchen, wo meine kleinen Schriften, die ich von Pastor Döring in Elberfeld bekommen hatte, vielen Eingang fanden. Mit der Post kam ich den 30. Oktober früh Morgens in der ersten holländischen Stadt Nymwegen an. Es war Sonntag, und ich hörte die Predigt des deutsch-lutherischen Predigers Feldhoff, die mich sehr erquickte und erbaute. Als ich ihn aber in seinem Hause aufsuchen wollte, mußte ich schon erfahren, daß ich in einem Lande sei, wo eine andere Sprache gesprochen werde. Ich mußte mehrere Male fragen, wo denn der Prediger Feldhoff wohne, bis mir's einer sagte. Der liebe Mann bemerkte mir gleich, daß ich für einen solchen Zweck die ungünstigste Zeit getroffen habe und er glaube nicht, daß ich etwas ausrichten könne; es möchte vielleicht besser sein, noch an der Grenze wieder zurückzukehren. Er ist nachmals, nach einem Verlauf von ungefähr zehn Jahren, wo ich ihn als Prediger in Barmen wieder traf, mein herzlich geliebter brüderlicher Freund geworden, für den ich mehrmals predigte. Aber jetzt gleich zurückzuweichen, war nicht nach meinem Sinn; ich wollte wenigstens bis nach Amsterdam vorrücken. Am 31. Oktober fuhr ich mit der Post nach Utrecht. Im Postwagen saßen mehrere honette Leute, aber auch eine liederliche Dirne, die so entsetzliches Zeug schwatzte, daß ich sie anfangs für verrückt hielt. Die fremde Sprache, die ich denn doch nicht verstand, so viel sie auch mit dem Plattdeutschen Aehnlichkeit hat, der mit Backsteinen gepflasterte Damm, auf dem wir fuhren, die Windmühlen und Wasserräder, die das Wasser über den Damm hinwegschöpften, die Wassergräben und Wiesenflächen auf beiden Seiten: dieß alles regte mich gewaltig an und nahm meine ganze Aufmerksamkeit in Anspruch. In Utrecht gab ich mehrere Briefe ab, z. B. an

Domine Merens und Professor Schröder, erhielt aber wenig tröstlichen Bescheid. Zudem konnte ich, da ich mir weder mit dem Lateinischen noch Französischen helfen konnte, mich nur äußerst schwer und unvollkommen verständigen, wie denn auch die Herren nur halb verstanden, was ich sagte. Unter diesen Umständen entschloß ich mich, noch in der Nacht mit einem Postschiff nach Amsterdam zu fahren, wo wir gegen Morgen anlangten. Ein neues Schauspiel bot sich meinen Augen dar: die große berühmte Stadt und eine Menge Schiffe mit Segeln und Masten, wie ein Wald. Am 6. November 1825 langte ich beim deutschen Buchhändler Müller, einem edlen christlichen Mennoniten, an, den ich von Crefeld aus, wo er auch einen Bruder hatte, empfohlen worden war, und bei dem ich auch bald darauf ein Stübchen eingeräumt bekam. Ich hatte mich sehr auf einen Brief von Weimar gefreut; es war auch richtig einer da. Allein, kaum hatte ich ihn geöffnet, so mußte ich bitterlich weinen und die guten Leute weinten am Ende auch mit. Der Brief war datirt vom 18. Oktober und lautet:

Mein geliebter Denner!

Wo Dich diese Zeilen treffen: ob auf einem Marktschiff? Ob auf einem Dampfboot? ob in Cölln oder Rotterdam, weiß ich ja noch selbst nicht. Gebe der Herr nur, wo sie Dich auch finden, daß Du Dich gesund, wohl und freudig in deinem Geschäfte fühlst. Freudigkeit in Gott läßt nirgend verzagen. Ich, mein lieber Denner, bin seit sechs Wochen von einem so heftigen Übel in der Hüfte befallen, daß ich nicht im Stande bin, allein die Stube auf und abzugehen, sondern ich muß mich von einem Knaben, wiewohl mit tausend Schmerzen, führen lassen. Sie sagen: es sei Gicht, die sich in die Hüfte geworfen habe. Des Nachts suche ich lange eine Stelle, wo ich ohne Pein schlafen kann. Da ich keine Bewegung habe, so vergeht mir natürlich auch die Eßlust, und ich trinke mehr, als ich esse. So groß indessen auch dieß Elend ist, so glaube nicht, mein lieber Denner, daß es meinen Geist träge und verzagt macht. Der alte Johannes sitzt noch immer an Bord seines Schiffes, wovon ein Blitz das Ruder abgeschlagen, und wird seinem Herrn und Meister mit einem Fuß, mit keinem Fuß, mit einem Auge und mit keinem Auge, treu zu dienen wissen. Dieß ist der Mantel Elias, ihr guten Jungen, wovon ich euch ein Stück zurück zu lassen wünsche, wenn Gott mich früher oder später von dieser Welt hinwegruft. Mit dieser Gesinnung ist der unsterbliche Geist frei des vergänglichen Leibes, selbst wenn er sich noch in dessen Bande befindet.

Du, mein lieber Denner, erleichtere nun Deinerseits deinem Vater das Kreuz, das er trägt, durch Treue und Eifer in Deinem Beruf. Kannst Du ihm das Leiden selbst nicht abnehmen, was nur Gott kann, der es auslegte: so kannst Du ihm doch vor einer Menge quälender oder lästiger Sorgen Ruhe verschaffen. Du kennst die Menschen! Wenn der Eigennutz sie thierisch treibt, da hören und sehen sie nicht, sondern rennen blind zu, und bekümmern sich wenig darum, ob sie einen kranken und leidenden Mann in's Grab treten. Wenn sie nur zu ihrem Zwecke gelangen und die Paar armseligen Thaler nach Hause tragen können! Diese Scheußlichkeit der menschlichen Natur hat mich oft mit Entsetzen und Schauder erfüllt; sie erinnert mich an den blutdürstigen Rachen der Hyäne und die erbarmungslos zermalmenden Zähne des Löwen in der Wüste Sahara, der nach seinem Raube brüllt und ihn nicht fahren läßt. In schöne Wörte eingewickelt kommt derselbe rohe entsetzliche Trieb auch beim Menschen wieder zum Vorschein und bedeckt die Erde täglich mit tausend stillen Schlachtopfern. Alle Menschen werden so zu sagen, als Heiden geboren. Wir sind von Kindesbeinen an, einer rohen Sinnbegierde gleichsam verkauft. Den Menschen im bessern Sinn, das heißt den Engel in uns, muß erst Christus der Sinnenwelt langsam abkämpfen. Der beste und edelste Mensch weiß wohl, mit welchen schmerzlichen Rückschritten dieser Kampf in uns verknüpft ist.

Das soll uns aber nicht ermüden; sondern nur beschämen und muthig anspornen, mit jedem Tag und Augenblicke besser zu werden. Denn, wird Gott einmal diesen heiligen Ernst in einer frommen Seele gewahr, so trifft auch buchstäblich ein, was David im 103. Psalm so herrlich sagt: Er handelt nicht mit uns nach unsern Sünden, und vergilt uns nicht nach unserer Missethat. So fern der Morgen ist vom Abend, läßt er unsre Uebertretung von uns sein. Wie sich ein Vater über Kinder erbarmet, so erbarmet sich der Herr über die, so ihn fürchten, denn er kennet, was für ein Gemächte wir sind, er gedenket daran, daß wir Staub sind." Deinem Freunde Kirchner geht es wohl, und er findet überall reiche Theilnahme. In Bremen wollen sie die eine Hälfte der Beiträge an uns, und die andere Hälfte an den Grafen von der Recke schicken.

Und so gehab Dich wohl, mein wackerer Denner. Bete für deinen kranken Vater, der manche Stunde auf seinem einsamen Lager wacht und Dich und Deinem Freund dem Schutz des Allerhöchsten inbrünstig empfiehlt. Sieh Dich wacker um, und was Du mit Deiner Hand erreichen kannst, das laß nicht dahinten. So Du solches thust, so ist es ebenso verdienstlich, als säßest Du Tag und Nacht an meinem Krankenbette und wehrtest den rohen nichtswürdigen Ueberfällen, denen ich durch die Verbindung mit der rohesten Menschenklasse nur zu häufig und zu schmerzlich ausgesetzt bin. Gottes Segen mit allen Freunden unserer Anstalt und auch mit Dir, mein Sohn, bis in Dein spätestes Alter!

Dein

treuer

Johannes Falk.

Seit diesem Brief war ich meist traurig und ernst gestimmt, obgleich ich körperlich damals, am Ende des neunzehnten Lebensjahres, mich schnell entwickelte und zu einer mittelmäßigen Größe gelangte, nachdem ich bisher noch immer einem Knaben gleichgesehen hatte. Ich fühlte, wie alle meine Glieder sich ausdehnten, die Brust sich emporhob, und es war mir manchmal so muthig zu Muthe, daß ich hätte über Häuser und Städte, über Flüsse, Berge und Meere fliegen mögen. Ich wäre gleich zu Schiffe gegangen und durch alle Abenteuer an die äußersten Enden der Erde gefahren. Allein, zum Fliegen war meine Natur und mein Lebensgang nun einmal doch nicht eingerichtet, und ich mußte daher mich abmühen und abmüden, wie wenn einer in tiefem Sand oder Schnee zu waden hat, und mich so fein allgemach auf einer oft recht rauhen und verhängten Bahn fortbewegen. Meine Sache ging außerordentlich schwer. Zwar das Hinderniß mit der Sprache war in den sechs Wochen, die ich in Amsterdam zubrachte, vollständig gehoben und ich konnte mit Jedermann reden: aber Niemand wollte mich hören und ich mußte die größten Anstrengungen machen, um nicht ganz vergeblich hier zu sein. Der seitdem bekannt gewordene Judenchrist Da Costa focht den Glauben Falk's an, weil er durch Werke selig werden wolle, und machte mir bittere Vorwürfe, daß ich an einem Sonntag Morgen einen Brief geschrieben hatte. Es war collectirt worden für die

Griechen, die Waldenser, die Ueberschwemmten, für verschiedene Anstalten u. s. w. und nun kam auch noch ein Deutscher, der für eine ganz unbekannte Sache wirken wollte! Die Domine (Geistliche) scheuten sich, ihren Gemeindeangehörigen eine neue Zumuthung zu machen, und oft glaubte ich auch gegen die Deutschen und die deutschen Regierungen eine gewisse Abneigung zu bemerken, abgesehen davon, daß leider eine gewisse Classe unserer Landsleute sich dort durch Schlechtigkeit verächtlich macht. Am meisten that der Domine Müller, Bruder meines Hauswirthes, der eine Ansprache drucken ließ, und so brachte ich doch, nach vielen Bemühungen, hundertsechzig bis hundertsiebenzig Thaler in Amsterdam zusammen. — Bei meinen Ausgängen verirrte ich einmal und gerieth in ein sehr übel berüchtigtes Gäßchen. Alsbald sah ich mich von mehreren liederlichen Weibsbildern umringt, und der goldgelockte Jüngling mußte geradezu gewaltsamen Ausreiß nehmen.

Am 16. Dezember 1825 reiste ich zu Schiff nach Haarlem, (das Land ist mit Canälen durchschnitten, neben welchen ein Pferd auf einem Fußpfade die kleinen Schiffe im Trapp fortzieht, welche daher Treckschuiten heißen. Der Bursche, der das Pferd reitet, heißt: het Jagerche.) Dann fuhr ich nach Leyden, wo ich an mehrere Professoren empfohlen war, und langte am 23. Dezember 1825 in Haag an. Ueberall traten mir die gleichen Schwierigkeiten entgegen.

Mitunter mußte ich von Geistlichen, an die ich empfohlen wurde, beleidigende Aeußerungen hinnehmen und Mägde und Bediente in vornehmen Häusern waren es schon gewohnt, zu sagen: „myn Heer, oder Merou is nit de huis." („Mein Herr" oder „meine Frau ist nicht zu Hause.") Nachdem sie vorher gefragt hatten: „kan ik ook seggen were uwis?" (Kann ich auch sagen, wer Sie sind?) Oder wenn ich es bis zum Herrn durchgesetzt hatte, mußte ich etwa hören: „Het heef ik well gedacht, dat het so what was." (Das hab' ich mir wohl gedacht, daß er so etwas ist.) — Doch nahm mich der General, Gouverneur Graf Limburg Styrum, freundlich auf, unterzeichnete einen schönen Beitrag, versprach, die Sache an den Hof zu bringen, setzte aber auch hinzu, es werde in Haag wohl nicht viel zu machen sein. Dieß war die allgemeine Rede. Nur die Leute, die etwa waren, was bei uns Pietisten heißt, waren weitherzig genug und noch nicht müde geworden, wie es fast bei allen übrigen der Fall war.

Während dieses Aufenthaltes lernte ich denn auch die holländische Sitte und Pracht näher kennen, namentlich verwunderte ich mich über die in's Kleinliche gehende Reinlichkeit und Putzsucht der Holländer. In jedem ordentlichen Hause ist eine Spritze, mit welcher man an den Wänden bis an den Giebel herauf spritzt. In vornehmen Häusern liegen kostbare Teppiche von der Hausthüre an über die hie und da marmornen Treppen hinauf, so daß man im Abputzen der Stiefel nicht ängstlich genug sein kann, um nicht schon hiedurch einen Anstoß zu geben. — Die Sprache der Leute kam mir, dem Deutschen, manchmal sehr komisch vor. Ich wohnte im Logemente (Wirthshaus) der gaudene Loewe. Da kam auf einmal der Kellner und fragte mich: „heeft uw gebelt, min Heer?" Ich hatte den Ausdruck noch nicht gehört und fragte: „gebellt"? Er aber zeigte mir die Klingel, welche, wie überall auf dem Tische lag — und nun verstand ich seine Frage, ob ich geklingelt hätte. — In den Wirthshäusern war es übrigens sehr theuer, und ich mußte mehrmals für ein Nachtquartier drei Gulden bezahlen, was mich sauer ankam, besonders, wenn mein Geschäft keinen rechten Fortgang nehmen wollte.

Von Haag aus ging ich, so oft ich konnte, an die Nordsee nach Schweveningen und ergötzte mich, besonders bei den damals häufigen Stürmen, an dem großartigen Schauspiel der Meereswellen. Die Weihnachtsfeiertage brachte ich auf dem Gute des Herrn de Raadt zu, zwischen dem Haag und Leyden, Noorthey genannt, wohin ich überhaupt von Haag aus öfters kam. Es war dies eines der vielen Landgüter, die man mit ihren regelrechten Alleen und Verzäunungen und wie abgezirkelten Verzierungen auf den Wasserfahrten in Holland zu sehen bekommt. Die Wege in den Anlagen sind sehr oft anstatt des Sandes mit schönen kleinen Muscheln aus dem Meere bedeckt, auf denen man immer trocken zu gehen hat. Wurde ich in einem Hause freundlich aufgenommen, so setzte man sich um das offene Kamin in einer auch bisweilen mit Marmor verzierten Nische herum, eine irdene Tabackspfeife wurde sogleich präsentirt, dazu eine Tasse Thee oder ein Glas französischen Weins angeboten. In Rotterdam, wo ich länger blieb und nach und nach mehrere gute Freunde fand, bin ich oft um das brennende Kamin gesessen und habe mich mit den trockenen und ruhigen Holländern recht gemüthlich und lehrreich unterhalten. Im Haag war ich aber oft schwermüthig gestimmt, da der letzte Brief den ich noch vor meiner Abreise von Amsterdam erhielt, mir in Absicht auf das theure Leben Falk's die größten Besorgnisse einflößte. Kam nun auch noch dazu die fast täglich wenig erfreuliche Wirksamkeit, und daß ich keinen Menschen hatte, bei dem ich einigermaßen mich wieder hätte aufrichten können: so ist es nicht zu verwundern, daß in manchen Augenblicken mich eine düstere Stimmung fast überwältigte; wiewohl doch das feste Vertrauen, daß alles in der Hand des Herrn stehe und nach seinem allzeit heiligen und guten Willen gehen müsse, mich immer wieder stärkte und ermuthigte.

Meine damalige Stimmung drückte der Vers aus:

Ist alles dunkel um mich her,
Die Seele müd' und freudenleer,
Bist Du doch meine Zuversicht
Und in der Nacht mein Trost und Licht.

Ein solches Vertrauen war ja ein wesentliches Stück, das ich in der Falk'schen Schule gelernt und um das ich auch oft gebetet hatte. Der letzte Brief lautete so:

Weimar, den 25. Oktober 1825.

Wie ein freundlicher Bote des Himmels, mein lieber Denner, ist Dein letzter Brief am vorigen Sonntag an meinem Krankenbette erschienen, und hat einen neuen Strahl des Trostes und Gottvertrauens in meine unter schweren Leiden zitternde Seele geworfen. Du weißt, wenn Dich anders mein voriger Brief erreicht hat, daß ich bereits nun seit sieben Wochen an dem schrecklichsten Hüftweh an der rechten Seite daniederliege. Ich kann nicht stehen, ich kann nicht gehen, ich kann nicht sitzen, ich kann mich nicht regen noch bewegen; ich kann in der Nacht kein Fleckchen zum Schlafen finden. Aller Appetit ist vergangen und bei der geringsten Wendung des Körpers durchfahren mich plötzlich tausend Messerstiche. Sie nennen dieß schreckliche Uebel, was unleidlicher als der Tod ist, Sciatica und es mergelt einen Menschen zu Nichts hin; es zieht ihn oft ganz krumm, mit den Händen bis zur Erde herunter. Gott, der mir dieß neue schwere Kreuz auflegte, helfe es mir auch mit Geduld und Fassung zu seinen Ehren ertragen, damit die Jugend an unserem Beispiel lerne, in Gott gefaßt und freudig unter allen Umständen zu sein, die sein unerforschlicher Rathschluß für uns herbeiführte.

Du, mein lieber Denner, und Dein treuer Kirchner erhalten durch dieß neue Leiden, was so unver=

sehends und heimtückisch auf mich losstürmt, eine fromme, ja ehrerbietige Stellung. Wäre ich irgend eine edle Creatur, ein Hirsch oder ein Pferd, und läge so hülflos auf meinem Lager da, daß, bei der geringsten Bewegung rechts oder links, mein herzzerreißendes Geschrei alle Lüfte erfüllte, so würde sich gewiß das Auge manches Vorübergehenden über diesen jammervollen Zustand mit Thränen füllen. Wenn aber nun noch obendrein herzlose Buben, fühllose Hunde sich um jene edle leidende Creatur versammelten, und ihr keine Ruhe ließen, so würde der Menschenfreund, der dieß rohe Gesindel entfernte, in Schranken hielt und verhinderte, daß es zum Krankenlager mit seinem hündischen Uebermuth, mit seiner bübischen Rohheit durchdringe, gewiß bei Gott und Menschen den aufrichtigsten Dank verdienen. Als solche zwei fromme Wächter seid ihr nun, meine lieben Kinder, in diesen Augenblicken angestellt. Ein Heer, ein ganzes Heer von rohen, ja wie ihr aus Erfahrung wißt, wie Löwen brüllender Nahrungssorgen wird durch euch beschwichtigt. Ich liege ruhig auf meinem Lager und bin, wenn auch nicht sicher vor dem Anfall des Schmerzens, den Gott mir auferlegt, wenigstens sicher vor dem Anfall jener weltlichen Hunde. Wie unerwartet, wie völlig unerwartet, gleich einem Engelgruß trat Dein Brief am vergangenen Sonntag an meine schmerzhafte Lagerstätte. Nur noch vor einer Stunde ehe er kam, was konnte ich hoffen? Du konntest eben so gut Dich mit Deinem Geschäft überall zurückgewiesen als christlich gefördert sehen. Alles ist hier Gnade, die zum Dank, zum frommen Gottvertrauen immer aufs neue wieder auffordert. Darum lebe ich auch jetzt der festen und freudigen Zuversicht, daß mich Gott auch in meinem gegenwärtigen schweren Leiden nicht verlassen und versäumen wird. Kann auch eine Mutter ihres Kindes vergessen, daß sie sich nicht erbarmete des Sohnes ihres Leibes? und ob sie sein vergäße, will ich doch dein nicht vergessen, spricht der Herr! Befestige auch Du, mein liebes Kind, Dich immer mehr in diesen Grundsätzen! Lebe und sterbe in ihnen, so wirst Du hier und dort glücklich sein. Nimm, was die Kleidung in Holland betrifft, Rath von den Eingebornen daselbst, denn das dortige Klima hat seine Tücke, besonders für den Fremden. Hüte Dich vor nassen Füßen und versieh Dich mit warmem und doppeltem Fußwerk. Du erhältst diesen Brief nach Wunsch durch die Müllersche Buchhandlung. Alle Uebrigen im Hause sind gesund und wohl. Sie grüßen Dich herzlich. Der Bau geht vom Krankenbett fort, als wäre nichts vorgefallen. Warum sollten denn auch die armen Leute jetzt plötzlich im Winter mit Weib und Kind außer Brod kommen? Ist's denn nicht genug, daß ich, der Bauherr, leide? Schweigt ihr leiblichen Schmerzen! Sei ruhig mein ewiger Geist! Du darfst noch nicht scheiden; Du hast noch Anordnungen genug in diesem Jammerthal, in diesem Aufenthalt unaufhörlicher Klagen, in dieser Heimath nie gestillter Seufzer für die armen hülflosen Kinder künftiger Jahrhunderte zu treffen, damit ihnen leiblich und geistlich wohl werde, in dem Ort, den Gott ihnen durch Dich bereitet hat. Dieß bedenke mein Geist und verfolg' dein hohes Himmelsziel, mit einem Auge, mit keinem Auge, mit einem Fuß, mit keinem Fuß, und laß Dich durch das Geschrei und die Wehklage von Fleisch und Blut, so heftig sie Dir auch zusetzen, keinen Augenblick irre machen. Du bist ewiger und unvergänglicher Natur, und so wird auch Dein Wirken in den Folgen für die arme Menschheit, die verwiesen an diesen öden Strand des Lebens nackt und hülflos umherirrt, ewig und unvergänglich sein; jene aber, die Schmerzen sind so vergänglich wie das Fleisch, das von den verdorrten Gebeinen, wenn Zeit und Stunde da ist, herunter fällt, Asche wird, und dessen alsdann nicht weiter gedacht wird. Nun behüte Dich Gott, mein theuerstes Kind! Er walte wie immer mit seinem Segen über Dir in einem fremden Lande! Bete für mich! Sollt' ich auch sterben, ehe ich Dich wieder sehe, so wird mein liebender Geist doch immer an der Thüre dieses Hauses stehen, um seinen kleinen Johannes Denner freundlich zu empfangen. Bis dahin sei fleißig in Deinem Berufe, laß Gott walten und wehre die Hunde von meinem Lager!

Dein
treuliebender Vater
Johannes Falk.

Solche Briefe hatten natürlich auf meine Stimmung großen Einfluß; ich will deßwegen keinem der edlen Männer zu nahe treten, die ich denn doch überall fand, und die, soviel es die ganz ungünstige Zeit, wo beinahe in jeder Kirche für einen wohlthätigen Zweck gesammelt wurde, nur erlaubte, für meine Sache wirkten, wie z. B. auch der edle Domine Dermont im Haag. Ich hatte vielleicht auch meine Erwartungen zu hoch gespannt, denn mein lieber Falk war mit dem Erfolg meiner Bemühungen sehr zufrieden. Auch ging die Sache mit dem neuen Jahre etwas besser. Am 1. Januar 1826 verabschiedete ich mich bei Herrn de Raadt in der Noorthey und reiste über Delft nach Rotterdam zu Wasser. In Delft ging ich in de groote Kerk, (große Kirche) wo sich das Denkmal Wilhelm's von Oranien I. befindet, der durch einen von den Jesuiten abgeschickten Meuchelmörder fiel. Der Prinz war gerade von der Tafel aufgestanden, der Mörder hatte sich mit einer Bittschrift an einen Pfeiler der Treppe gestellt und schoß „den Ketzer" nieder, während er die Bittschrift las. Noch waren von den Kugeln drei Vertiefungen in der Mauer.

In Rotterdam miethete ich ein Stübchen, mußte aber doch für die leeren Wände wöchentlich fünf Gulden bezahlen. Domine van der Hoeven, ausgezeichneter Prediger der Remonstranten, nahm mich sehr freundlich auf, bedauerte aber alsobald, daß ich unter so ganz ungünstigen Umständen gekommen sei; ich würde sonst ohne Zweifel die besten Geschäfte gemacht haben; denn, wie gesagt, es fehlte nicht an Männern, die sich für die Sache lebhaft interessirten.

Domine Meschaert, ein Freund Molenaars in Crefeld, sagte: „Es ist unglaublich viel seither hier gegeben worden und man ist's müde, aber Ihre Sache ist so edel und schön, daß Sie wenigstens Einiges, wenn auch nicht viel, bekommen werden.“ Hier lebte ich unterdessen wiederum auf. Nicht nur nahm meine Angelegenheit einen viel erfreulicheren Fortgang, sondern ich erhielt auch mehrere Briefe von Weimar, wovon der erste besonders erfreulich war. Ein lieber Domine Cox gab mir ein Verzeichniß von etwa achtzig seiner Bekannten, andere thaten an ihrem Theil, was ich nur erwarten konnte. Dazu bekam ich bald ein recht angenehmes Logis bei Herrn Arendt, wo die holländischen Missionare zum Theil Kost und Quartier hatten. Unter ihnen war auch der nachmals so berühmt gewordene Chinesische Missionar aus Preußen, Gützlaff. Mit einem andern, der die Flöte blies, konnte ich in Freistunden musiciren, indem auch eine Violine da war, kurz, hier war für meinen innern, wie für meinen äußern Menschen ganz gut gesorgt, und ich dankte herzlich meinem Gott. Mit Gützlaff, der gar eine innige Seele war, ging ich öfters Arm in Arm durch die Straßen auf irgend einen Spaziergang und er nahm sich meiner ganz besonders an;

aber auch die gebornen Holländer erzeigten mir brüderliche Liebe, und machten mich mit ihren Kreisen auch bekannt. Wir sprachen ganz herzlich und offen, auch über Glaubenssachen, auch über Falk's Richtung mit einander und ich las mehr als sonst im neuen Testamente. Es war ein freundliches, heiteres, brüderliches Zusammenleben. Gützlaff studierte damals in der Grundsprache lateinische und griechische Classiker, worüber er bisweilen von den andern einen Vorwurf hören mußte: daß er immer über den Heiden sitze. „Lasset mich," war die Antwort, „ich lerne auch etwas von ihnen."

Der erste Brief, den ich von Weimar hier erhielt, war, da mir die Briefe öfter nachgeschickt werden mußten und dann später an mich gelangten, vom 21. November 1825. Er lautet:

Mein geliebter Denner!

Gott hat Dein Gebet erhört, mein lieber Sohn, das Höllenfeuer, die Feuerpein in meinen Knochen hat gänzlich nachgelassen. Ich bekomme den Appetit wieder. Semmel, Wasser mit Wein, Fleisch war mir zum Ekel geworden. Nach allem diesem strecke ich jetzt wieder die Hände aus. Da meine Natur nun auf den alten Weg zurücklenkt, so glaube ich wohl, sie wird siegen, und Gott wird mich auf's neue mit ein paar eisernen Vorschuhen versehen, damit die Podolier, mit und ohne Hörner, mit denen ich, wie Du weißt, zu thun habe, mir künftighin die Füße nicht so wund treten. Freilich muß ich aushalten, was ein Mann aushalten kann. Da lieg' ich da unter den Händen der Chirurgen wie ein alter Soldat im Lazareth und mukse nicht, sondern mach' höchstens ein schiefes Maul, wenn sie mir schmerzhafte Einschnitte in den Leib machen, Einspritzungen vornehmen und die Wunden mit Charpie stopfen. So ein Verband währt oft 3—4 Stunden lang; da bin ich denn auch ganz erschöpft und könnte unter den Händen einschlafen u. s. w. Daß Du wieder zu so guten und frommen Menschen gekommen bist, wie Herrn Müller und sein edler Bruder der Mennonitenprediger, erkenne ich auf's neue als einen gütigen Fingerzeig der göttlichen Vorsehung, welcher wir unsere Sache mit unbedingtem Glauben anheimstellen, und die uns deßhalb ihre eigenen gottgewählten Werkzeuge zuführt, u. s. w. Nun freue Dich mit uns, mein lieber Denner, des Herrn und seiner überschwenglichen Gnade, der über uns waltet, und noch niemals in seinem Regiment etwas versehen hat. Gehab Dich wohl, mein guter lieber Junge, halte Dich warm in Kleidung, mein Kind, und noch einmal frage die Eingebornen, wie man in Holland leben muß; denn es ist ein von Wasser und Sümpfen durchschnittenes Land und führet eine andre Lebensweise mit sich, wie Du zwischen Bergen gewohnt bist. Gottes zehnfältiger Segen auf Dein Haupt von Deinem treuen

Dich liebenden Vater Johannes Falk

Diesen Brief hatte er seiner Tochter Rosalie dictirt. . Eigenhändig schrieb er aber noch darunter folgenden Vers:

„Erkenne meine Hand,
Erkenne meine Liebe!
Und Deinem Herzen sag',
Daß es sich nicht betrübe!
Ich leb' und athme noch,
Wozu die Kümmerniß?
Du wirst mich wiedersehn: —?
Das glaube nur gewiß! —?"

Rotterdam ist eine viel freundlichere Stadt als Amsterdam. Die großen Ostindienfahrer kommen hier vor die Häuser der Kaufleute und da geht es lebhaft und munter zu, wenn die Waaren ein- oder ausgeschifft werden. Ich machte auch, mit Empfehlungsbriefen versehen, Ausflüge in die benachbarten Städte Schiedam, Hardingen, Brielle, in die Meeresfestung Helvoedsluis u. s. w., wo ich manche Merkwürdigkeit sah und neue Erfahrungen machte. Nach Rotterdam aber kehrte ich immer wieder zurück und stärkte mich auf's neue. Eine vornehme Dame, aufgewachsen in Reichthum und Ehre der Welt, erzählte, wie leer und eitel ihr alles vorgekommen, und wie glücklich sie jetzt in der Gemeinschaft Jesu sei, nachdem sie sich von der Welt zurückgezogen. Ihm wolle sie leben und im Glauben an die Gerechtigkeit, die er erworben, mit Freudigkeit dem Tode entgegengehen. Sie gab mir neunundzwanzig Gulden. So konnte ich doch einen Wechsel mit siebenhundert Gulden (über vierhundert Reichsthaler) nach Weimar schicken in einer Zeit, wo es am nöthigsten war. Der theure Falk munterte mich auf, zufrieden zu sein, machte Vorschläge zu einer Reise durch die Niederlande und meinte, ich solle von der Nordsee an die Ostsee und das Küstenland Danzig, Elbing, Thorn, Königberg aufsuchen. Sein inbrünstiges Gebet solle überall, wie ein feuriger Engel vorangehen und mir den Weg zeigen, den ich wandeln solle. Mit seiner Wiederherstellung gehe es langsam u. s. w.

Ich war damals wie ein Weib, das Geburtswehen fühlt, und nicht weiß, wann ihre Stunde kommen wird. Der Wunsch, noch Theologie zu studieren, der schon auf meiner ersten Reise sich leise geregt hatte, gelangte allmählig zur Reife, und es war mein fester Entschluß, wenigstens noch den Versuch zu machen, ob es, wegen meines vorgerückten Alters, noch möglich sei. Kam ich irgendwo in eine Kirche, hörte einen guten Organisten, oder einen Prediger, der mein Innerstes erregte, so wurde ich ganz hingenommen und dachte: Entweder muß ich noch ein Pfarrer oder ein Organist werden. Dieß war der einzige Anstand, den ich in Betreff einer noch längeren und ausgedehnteren Reise hatte. Gerne hätte ich mich hierüber, wie auch über manches Andre ausgesprochen: aber aus Rücksicht auf die Krankheit der väterlichen Freundes, unterließ ich es, und suchte, was in meinen Kräften stand zu wirken. Ich reiste nach Dordrecht, wo die Theologen einst die schlechthinige Vorherbestimmung der Menschen zur ewigen Seligkeit oder Verdammniß festsetzten, von da zu Schiff auf die Insel Seeland, nach der Hauptstadt Middelburg, wohin ich Empfehlungen bekam. Ich mußte zwei Nächte und einen Tag auf dem Wasser ausharren, da man sich in den Binnenwassern nach Ebbe und Fluth zu richten hat und langte, halb krank, am 22. Februar 1826 in Middelburg an. Auch hier fanden sich Schwierigkeiten, und im Tagebuch findet sich die Bemerkung: „Ich bin vielmal niedergeschlagen und traurig, aber ein einziges Gebet im Namen Jesu richtet mich wieder auf." Domine Gillissen, an den ich besonders empfohlen worden war, wies mich unter anderen zu einer edlen, in der Brüdergemeinde Neuwied erzogenen, neuerweckten Jungfrau, die mir gestand, es komme ihr in Middelburg wie in einer Wüste vor. Sie stand in inniger Liebe zu Christo, während ihre Mutter nicht gar freundlich dazu sah, als sie hörte, was der Zweck meiner Reise sei. Doch kam ich öfter wieder zu dieser edlen und für ihren Heiland begeisterten Jungfrau. Ein Herr Busch fuhr mit mir an die Küste der Nordsee auf einen Buitenplaats, d. h. Landgut, wo er auf seine eigene Rechnung eine Anzahl armer Jungen aufgenommen hatte, die er von einem Lehrer unterrichten und etwas lernen ließ.

Hier ist man also, ohne von Falk etwas zu wissen, doch auch auf diese Idee gekommen. Ein Ausflug nach der Meeresfeste Vliessingen hatte zwar für meinen nächsten Zweck keinen Nutzen, war jedoch für mich nicht uninteressant. Abgesehen von der Nähe des Meeres, den gewaltigen Schleusen und Dämmen, nahm der Schiffswerft meine Aufmerksamkeit in Anspruch. Da lag auf hohen Pfählen ein hohes zweihundertfunfzig Fuß langes Schiff, das man in der Mitte von einander gesägt und, indem man die beiden Hälften funfzig Fuß von einander entfernt hatte, zu gleicher Zeit zu einem großen Dampf- und Segelschiff herzurichten und vom Stapel laufen zu lassen gedachte. Ich reiste noch über die kleine Insel Goes, Zierikzee u. s. w., ohne etwas auszurichten, und kam mit dem Dampfschiff von Antwerpen Sonnabend den 4. März 1826 wieder nach Rotterdam zurück.

Ich hatte ein großes Verlangen nach meinen dortigen lieben Freunden, hoffte aber auch auf gute Nachricht von Weimar. Mit offenen Armen kamen mir die Brüder entgegen, überreichten mir aber zugleich auf meine Frage einen schwarz versiegelten Brief. Ach! es war die Todesnachricht von dem, den ich immer noch als den theuersten Vater ehrte, dem meine innigste Liebe zugethan war, der geistig mir näher stand, als die leiblichen Eltern, die mir auch nicht das Geringste mehr weder rathen noch helfen konnten, meine einzige Stütze und Hoffnung in dieser Welt zur Ausführung eines Planes und zur Erfüllung eines Wunsches, den ich nun einmal nicht unterdrücken konnte. Ein unaussprechlicher Schmerz durchdrang meine Seele, ich mußte laut aufweinen, kein Zuspruch half und endlich sagte Gützlaff: „Lasset ihn nur allein und seinen Schmerz ausweinen, es ist besser!" — Was sollte nun aus der Anstalt werden, die er so unvollendet und mit Schulden belastet zurückließ? Endlich, was sollte nun auch aus mir werden? Doch, ich faßte mich nach und nach im Glauben und beugte mich stille vor dem unerforschlichen Rathschlusse des Herrn, während ich noch wirkte, was in meinen Kräften stand. Auch konnte ich einen zweiten Wechsel von dreihundert Gulden senden. Aus den verschiedenen Briefen, die ich während meines langen Aufenthalts in Rotterdam (1. Januar bis 10. März 1826.) erhielt, mögen hier noch einige Auszüge stehen. In einem heißt es: „Es gehet mir, lieber Denner, wie dem Apostel Paulus: ich sterbe täglich und lebe doch; ich werde täglich in den Tod dahin gegeben und die Verwesung herrscht in meinem sterblichen Fleisch. Das geschieht alles um euretwillen, damit ihr gewahr werdet, daß die Liebe durch Christum mächtiger in mir sei, als der Tod und seine Schrecknisse, und alle Pein und Höllenschmerzen des sterblichen Fleisches, die ich mit Gottes Hülfe überwunden habe, so, daß ich freudig ausrufen kann: Tod, wo ist Dein Stachel? Hölle, wo ist Dein Sieg? Willst Du den Zustand genau wissen, in dem ich mich fast zwei Monate befand, so lies den 102. Psalm, u. s. f. Darum, obgleich ich jetzt auf die Erde hingeworfen bin, wie ein Wurm, den jeder zertreten kann, so wird mich doch Gottes freundliche Vaterhand wieder aufrichten, (Bemerkung: Die eine Seite war aufgebrochen und hatte sich einer ganz brandigen schwarzen Masse entleert, daher es eine Zeitlang besser ging, bis die andere Seite auf die gleiche Weise zuletzt aufbrach,) und ich werde Euch noch einige Jahre in dieser Welt voll Prüfungen und Jammer ein trostreiches Muster und väterliches Vorbild sein, bis ich meine Sendung ganz vollendet habe, und alles in Erfüllung gegangen ist, was der Himmel mit meiner ernsten Erscheinung in dieser, dem Sinnenrausch und Sinnengenuß, dem Himmel auf Erden zugewendeten Umgebung gewollt hat. Sieh um Dich, mein Sohn! Wir wohnen in einem Lazareth, da ist täglich und stündlich des Seufzens, des Sterbens, des Abschiednehmens, des Herzbrechens kein Ende. Aber die Kinder dieser Welt achten wenig darauf. Sie sind wie leichtsinnige französische Commissaire, die während in den untern Sälen das Geschrei der Sterbenden erschallt, in dem obern Saal einen Tanz arrangiren. Ja, blast, rast, damit das Geschrei der Sterbenden nicht in euer Ohr dringe, und die feinen Nerven, die sich in den dritten Himmel durch lüsterne Tänze, durch berauschende Getränke, versetzt fühlen, nicht dadurch schmerzhaft erschüttert und im seligen

Genuß ihrer Freuden gestört werden! Da hast Du, mein lieber Denner, ein Bild der Welt und zugleich des unermeßlichen Leichtsinnes. So frevelhaft sind sie, trotz dem Schwert, worunter sie alle knieen! Nimm dieß Schwert des Todesengels, nimm die Schmerzen, nimm die Krankheiten hinweg und frage Dich, ob sie nicht, dem körperlichen Uebergewicht folgend, völlig zum Vieh ausarten und grasen würden! Dieser Richtung entgegen zu arbeiten, hat uns Gott in die Welt berufen und mich durch schreckliche Prüfungen selbst als einen Mann des Schmerzens aufgestellt. Selig sind, die durch große Trübsal zur Herrlichkeit eingehen! Der Herr sei mit Dir, mein guter Junge! Sein heiliger Geist geleite Dich zu Menschen, die seine Wege lieb haben und im Lichte wandeln, während ihr Körper durch die dunklen Schatten des Erdenthals in Nebel und Finsterniß oft verzagen und seufzen muß. Dein treugesinnter,

vom Tod erstandener Vater

Johannes Falk.

In einem etwas späteren Briefe vom 10. Januar 1826 heißt es:

Mein herzgeliebter Denner!

„Gestern Abend um sieben Uhr erhielt ich Deinen Brief, der mich großer Angst und Besorgniß entriß; denn weil Du so lange nicht schriebst, so glaubte ich Dich in fremden Landen ohne wartende und pflegende Hand, krank und bettlägerig, wovor der allbarmherzige Gott doch Dich und mich, nach seiner grundlosen Gnade, bewahren möge! Mit mir geht es sehr langsam, lieber Denner. Die Wunden meines Leibes sind noch immer offen und jetzt entwickelt sich zwischen Hüftbein und Rückgrad eine neue Geschwulst, in der Größe eines Apfelschnittes, die mir schmerzlich zu schaffen macht. Ich kann nicht stehen, ich kann nicht gehen, ich kann nicht liegen u. s. w., aber ich murre nicht wider den Herrn, und er wird gewiß alles zu seinen und unsern Ehren herrlich hinausführen. Ist es denn nicht die Geschichte Hiobs, die ich förmlich zum zweiten Male durchlebe?

Erst nimmt der Herr mir das Haus; dann die Kinder; darauf spricht der Versucher, der die ärgste Prüfung bis zuletzt vorbehält: „Alles, was ein Mann hat, läßt er für sein Leben. Taste seine Haut an und sein Fleisch und gieb Acht: er wird Dich ins Angesicht segnen." Nun, diesen Zweck, mein lieber Denner, wird der Böse schwerlich bei mir erreichen. Im Gegentheil lobsingen und danken wir dem Herrn, mitten auf unserem Schmerzenslager und machen seine Ehre bekannt vor den Völkern des Erdbodens. Ich habe dem M. ein neues Gedicht in die Feder gesagt, welches den Namen führt:

Die unüberwindliche Flotte Philipp's II.

Nirgends ist der Finger Gottes sichtbarer, als in dieser Geschichte. Es wird dazwischen von den Spaniern und Engländern, mitten in der Seeschlacht gesungen. Ich habe keine Feder dabei angesetzt, sondern alles, mit Gottes Hülfe, blos aus dem Kopfe gemacht. — Ueber Deine Geschäfte in Holland freue ich mich herzlich u. s. w. Nun der Herr segne und behüte Dich und leite alle Deine Tritte und Schritte."

Aus einem Briefe vom 15. Januar 1826:

„Ist es Gottes Wille, so bringst Du den Frühling zwischen Maiendüften und Alpenhirten zu. (Er war der Meinung, ich sollte jetzt zunächst in die Schweiz.) Mir wird es so gut nicht. Ich kämpfe mit den entsetzlichsten Schmerzen, besonders des Abends, wo ich, wie an ein Marterholz gebunden, keine Stelle finde, wo ich ruhen kann und die trockne Fiebergluth mich verzehrt. Denn, nachdem die Wunden meines Leibes vorn zuheilen, offenbart sich zwischen Hüfte und Rückgrad ein neues Uebel, das sich wie ein halber Apfel, mit feurigen Qualen zusammen zieht. Nun ich dulde alles zu des Herrn Lobe. Mein Geist ist voll Lobsingens und Dankens und wenn mir der Herr einige schmerzensfreie Augenblicke schenkt, so wende ich sie dazu an, die Bibelstunden mit Gesängen wieder zu ordnen und mit den jungen Leuten die Sache selbst vor meinem Bette durchzugehen u. s. w.

Nun geleite Dich Gott mein lieber Denner, wohin Dich Deine Bestimmung führt, in die Niederlande, oder in die Schweiz. Er segne alle Deine Tritte und Schritte. Sein Engel u. s. w. Ich will unablässig für Dich beten."

Der letzte Brief, den ich erhielt, war vom 22. Januar 1826. Da heißt es:

„Ich habe den letzten Brief mit dem Wechsel voll Dank und Freude durch Dich erhalten. Gott segne alle guten Holländer, die sich unserer Sache so menschenfreundlich annehmen. Daß unsere Gedanken wegen der Niederlande so zusammentreffen, freut mich ungemein, Gott gebe Glück, Segen und Gedeihen zum Werke!" (Hierauf Erzählung der traurigen Verirrung eines seiner liebsten Zöglinge.) Die Todesnachricht theilte mir seine Tochter Rosalie mit.

„Er war am 14. Februar 1826, nach einem schweren Kampfe, sanft entschlummert. Am Weihnachtsabende faßte man die besten Hoffnungen. Der gute Vater war aufgestanden und sagte: Nun, Kinderchen, will ich Euch auch eine Christbescheerung machen. Sie fielen ihm um den Hals, küßten ihm die Hände und konnten sich nicht fassen vor Freuden. Er war jetzt oft fünf Stunden hintereinander aus dem Bette, diktirte und las den ganzen Tag über. Er nahm sogar wieder ein wenig zu; aber nach vier Wochen hatte sich ein neues großes Geschwür im Rückgrad gebildet, das sich später öffnete.

Nun ging es täglich rückwärts. Es verlor sich endlich auch vollends aller Appetit und nur ein paar Tropfen starken Weines fristeten ihm noch das Leben. Drei Tage vor seinem Tode machte er mit großer Anstrengung sein Testament. Seine Tochter mußte es abschreiben und laut vor den Gerichten vorlesen. Als sie bei der Grabschrift, die er gesetzt und die also hieß:

„Unter diesen grünen Linden
Ist, durch Christus frei von Sünden,
Herr Johannes Falk zu finden!

Kinder, die aus fremden Stätten
Diesen stillen Ort betreten,
Sollen fleißig für ihn beten:

Weil er Kinder angenommen,
Laß ihn Herr zu allen Frommen
Als Dein Kind auch zu Dir kommen."

ankam, und in ein lautes Weinen ausbrach, da erhob er noch einmal seine Stimme und sagte selber die Worte her; dann rief er: „Weiter, meine Tochter, sei mein Heldenmädchen!" — Er hatte hauptsächlich für das Institut Bestimmungen getroffen, die öffentlich bekannt gemacht werden sollten. Auf sechs Jahre hinaus hatte er noch kleine Volksschriften in seiner Krankheit zur Fortsetzung des Baues geordnet. Auch meiner war darin aufs liebreichste gedacht. Ich sollte als zu seiner Familie gehörig betrachtet werden. Nachdem das Testament noch fertig und Abends zehn Uhr versiegelt worden war, bekam er heftigen Brustkrampf. Da rief er mit Claudius: „Ach gieb mir nur ein wenig Luft, du hast der Luft so viel!" Da kam ein fürchterliches Röcheln und den 14. Februar verlangte er das Abendmahl. Einer seiner größten Widersacher reichte es ihm. (Er wurde nachmals sein größter Verehrer.) Bald kam der letzte Kampf, man bat Gott auf den Knieen um seine Auflösung; er legte sein Haupt auf die Seite und entschlummerte sanft.

Dieß war das Ende eines Mannes, der durch sein uneigennütziges und bis in den Tod aufopferungsvolles Wirken für das Wohl der leidenden und hülfsbedürftigen Menschheit gewiß auch viele beschämt, die sich mit Recht rühmen können, das Geheimniß christlicher Gottseligkeit besser erforscht zu haben. Denn immer wird man es bedauern müssen, daß dieser edle Geist, der doch so oft die Kreuzesstraße wandeln mußte, das so tröstliche Geheimniß des Kreuzes Jesu Christi nicht besser erkennen konnte. —

Meines Bleibens war nun in Holland länger nicht und zur Fortsetzung der Reise konnte ich mich nicht entschließen. Traurig und niedergeschlagen wandelte ich herum. Ich nahm Abschied, besuchte die alten Freunde noch einmal in Utrecht, wohin ich von Gouda aus zu Schiff fuhr, brachte die Ostertage in der Brüdergemeinde Zeist zu, kehrte in Nymwegen wieder beim lieben Prediger Feldhoff ein, setzte mich aufs Dampfboot und langte am 1. April wieder in Crefeld an, wo die lieben Freunde herzlichen Antheil nahmen. Auf einem Spaziergange kam auch die Rede auf Falk's Christenthum, wobei Jemand die Bemerkung machte, die ich schon in Dresden von Blochmann gehört hatte, in einem Paradiesesgarten gebe es mancherlei schöne Blumen und man könne sie nicht alle gleich wünschen und machen. Ich besuchte jetzt noch die merkwürdigsten Punkte des Rheingaues, setzte mich aufs Dampfschiff, machte einen kurzen Besuch in Frankfurt a. M., dann bei meinen Eltern und wanderte endlich Weimar zu.

Ach! wie war es mir zu Muthe, als ich die Thürme und den Kirchhof von Weimar sah. Schweigend und mit Thränen in den Augen langte ich im Falk'schen Hause an, wo alles in schwarze Trauer gehüllt war, und wir setzten uns nieder und weinten mit einander.

V.

Dritte Reise für's Falk'sche Institut.

Was war zu thun? Was sollte es mit der so unerwartet ihres ersten Gründers und einzigen Vorstehers beraubten Anstalt, was sollte es endlich auch mit mir werden, da ich bereits im zwanzigsten Lebensjahre stand? Die Anstalt sollte, das war der sehnlichste Wunsch des Entschlafenen gewesen, fort bestehen; sie sollte es, trotz der vorhandenen Schuldenlast und der kaum angefangenen Ausführung eines weit aussehenden Planes. Nie, das habe ich aus seinem Munde gehört, war es seine Absicht, daß seine Anstalt Staatssache werden möchte, weil, wie er sagte, dann alles verknöchere, und nur die reine, freie christliche Liebe ein solches Werk im rechten und lebendigen Geist der Liebe gedeihlich erhalten und fortführen könne. Aber — denn der Glaube ist nicht Jedermanns Ding — es war nicht gleich ein Mann da, der es hätte wagen können, in die Fußstapfen Falks zu treten. Es war in der That auch keine Kleinigkeit. Die bestellten

Vormünder legten es darauf an, die einmal eingegangenen Verpflichtungen zu erfüllen und den vier Falk'schen Kindern mit ihrer edlen Mutter, die in gleicher Gesinnung wie der liebevolle Mann alles hingegeben hatte, doch das mütterliche Erbtheil zu retten, da es mehr als genug erschien, daß der Vater dieser Sache alles, ja sein eigen Leben, zum Opfer gebracht hatte. In meinen Plan, noch Theologie zu studiren, oder doch einen Versuch dazu machen zu wollen, mochten sie nicht eingehen. Sie sagten, es sei zu spät, es sei ganz unmöglich, ich solle den Gedanken fahren lassen, und irgend etwas anderes erwählen. Da hielt ich es für meine Pflicht, noch eine dritte Reise für die Anstalt zu machen, zumal, da hiezu noch Empfehlungsbriefe von Falk vorhanden waren, die ich in Frankfurt am Main bei Frau Pfarrer Spieß, einer vieljährigen Freundin des Instituts, erhalten hatte. Ich machte mich daher am 7. Juni 1826 auf's neue auf den Weg. Es sollte durch Bayern, Württemberg und die Schweiz gehen. Ueber Saalfeld, Schleiz u. s. w. kam ich durch verschiedener Herren Länder nach Bayreuth. Ich passirte zum Theil äußerst anmuthige Fußwege und langte am andern Tage, noch kaum zur rechten Zeit in einem Dorfe Zollgrube an, um einem schweren, drohenden Gewitter zu entgehen. Noch ehe ich das Dorf erreichte, läutete nach dortiger Sitte die Wetter-Glocke, und ich eilte, im Wirthshaus Schutz und Obdach zu finden. Hier fand sich eine der bekannten Wirthshausgesellschaften vom unheiligen Orden der Schnaps- und Zechbrüder. Ich setzte mich still in eine Ecke der Stube, ließ mir etwas geben und hatte so meine Gedanken. Die Blitze zuckten, die Donner rollten, daß Schlag auf Schlag das Haus erzitterte, und die durstigen Lippen der anwesenden Helden sich entfärbten. Es war in der Nähe kaum zuvor Jemand vom Blitz erschlagen worden. Die Karten fielen aus der Hand, die klirrenden Gläser standen still, die Hände falteten sich und die Flucher beteten. Je ferner aber der Donner hallte und verhallte, je seltener die Blitze leuchteten, jemehr kam Leben wieder in die edle Zunft und der Branntweinsgeist zu seinem angestammten Recht. Trink Bruoder, rief der Eine, indem er hoch den süßen Kelch verehrte: trink nur, märr läben nur ä moal in der Welt! der andere: hol mi der Teufel! wenns läutet bet i allemoal! . . . . . In Bayreuth angekommen, wurde ich gleich von Oberforstrath Herder, Sohn des berühmten Generalsuperintendenten zu Weimar, gastlich aufgenommen; auch war ich oft bei der Wittwe des berühmten Dichters Jean Paul Richter.

In Erlangen, wohin der selige Falk noch in der letzten Zeit einen merkwürdigen Brief geschrieben hatte, an viele Professoren, auch an Schelling adressirt, wurde ich überall gar freundlich, liebreich und theilnehmend aufgenommen. Einen darin vorkommenden Vers habe ich noch im Gedächtniß behalten. Nachdem er nämlich seine schweren Leiden beschrieben, hieß es:

> Nun, alter Soldat, halt still, halt still!
> Und denke so: es ist Gottes Will'!
> Die Siegeskrone folgt nach dem Streit,
> Gottes Name sei gelobet in Ewigkeit!

Viele Professoren nahmen sich meiner aufs liebreichste an, besonders auch der so bald abgerufene Hofrath Heller, Professor Dr. Kaiser, Pfaff, Kastner; Kraft aber war verreist. Mit Candidat Ranke kam ich nach Nürnberg und wohnte bei Herrn Professor v. Raumer, der damals ein blühendes Institut für Jünglinge aus gebildeten Ständen vor der Stadt hatte, zugleich aber auch eine Armenanstalt für verlassene Kinder. In der Stadt traf ich liebe Männer, z. B. Kaufmann Naumann, Fabricius, Stadtcommissair Faber, Pfarrer Kindler, die mir die größte Liebe und Freundschaft erzeigten. Herr von Raumer ermahnte mich dringend, doch wegen ein paar hundert Thaler nicht meine künftige Wirksamkeit zu opfern. Ich solle mich eine Zeitlang in Beuggen bei Zeller aufhalten, den er, wegen seines festen christlichen Fundaments, sehr rühmte, während er jedoch auch über Falk, von dem ich Manches mittheilen mußte, mit vieler Anerkennung urtheilte. Nachdem ich auch noch die Merkwürdigkeiten der ehemaligen alten Reichsstadt gesehen hatte, auf der Burg die herrlichen Gemälde von Albrecht Dürer und andern großen Künstlern, die ehrwürdige Eiche, die eine Kaiserin Catharina gepflanzt, den sogenannten Heidenthurm, den Nero erbaut haben soll, die herrliche Lorenzer Kirche, den Rathhaussaal, die Grabmäler von Albrecht Dürer und Hans Sachs, auch das berühmte Wurstkneiple gesehen, wohnte ich am Johannestage noch auf dem Kirchhof einer Art Todtenfeier bei. Die Gräber, auch das von A. Dürer, waren mit Kränzen und Blumen geschmückt, es wurde geweint, still gebetet, Todtenmusik gemacht, und nahe daneben ertönte eine gellende Tanzmusik, die das Bild des Lebens vervollständigte.

Hierauf reiste ich über Anspach nach Augsburg, wo ich an einem Sonntag gerade Gelegenheit hatte, der Firmelung beizuwohnen. Die Landleute saßen in Schaaren in den Bierhäusern um die Kirche herum, in welcher der Bischof die heilige Handlung verrichtete. Ich bemerkte, wie die Bauern, sobald ein gewisses Glöcklein erschallte, nach der Kirche liefen, Kniebeugungen machten, Kreuze schlugen, und dann wieder, nachdem sie diesen Gottesdienst geschwind verrichtet hatten, zum guten Bierglase zurückkehrten. Nachher wohnte ich bei Pfarrer Bomhard und genoß von ihm und dem Fabrikanten Volk, der mir auch in Stuttgart gleich bei seiner Schwester Frau Maier in Stuttgart Quartier bestellte, wohin ich über Ulm am 10. Juli 1826 kam, viele Liebe und Freundschaft. Ich war nun im lieben Schwabenlande, dessen Bewohner ich vom seligen Falk wegen ihrer Treuherzigkeit und Frömmigkeit oft hatte rühmen hören, und bekam reichlich Gelegenheit, auch die sogenannten Pietisten kennen zu lernen.

Kaufmann Haering am Markte in Stuttgart, der mich damals und später aufs liebreichste unterstützte, war in diesem Stück die erste Hauptperson, deren Bekanntschaft zu machen ich Gelegenheit bekam. Durch ihn wurde ich in mehrere christliche Kreise eingeführt, wo ich Mittheilungen über Falk machen, oft auch etwas aus seinen Schriften, wie z. B. die Lutherslieder vortragen mußte. Da ich auf dieser meiner dritten Reise überhaupt, sowohl wegen des theuren Falk's unerwartetem Hinscheiden, als wegen der Rathlosigkeit, in welcher ich mich in Absicht auf meine künftige Bestimmung und die Ausführung meines Entschlusses, womöglich noch Theologie studieren zu wollen, befand, meist sehr ernst gestimmt und auf meinen einsamen Wanderungen tief in mein Inneres gekehrt war, so fiel das viele Gute, was ich hier und anderwärts, theils in frommen Versammlungen, theils im häufigen Umgang mit edlen und entschiedenen christlichen Menschen, sah und hörte, auf einen nicht unfruchtbaren Boden, und ich wurde in christlicher Anschauung und Erkenntniß von Stufe zu Stufe weiter gefördert. Hörte ich eine Predigt vom seligen Stadtpfarrer Dann oder sonst einen guten Vortrag, so wurde der Wunsch immer aufs Neue in mir geweckt, doch einst auch das Evangelium predigen zu dürfen, wiewohl ich ihn meines Wissens nirgends laut werden ließ. Daneben trieb ich mein Geschäft mit eben so großem Eifer, als mit gutem Erfolge, und selbst mehrere der damaligen Staatsminister (Vellnagel, Schmidlin) unterzeichneten. Mitunter mußte ich mich freilich auch wieder abkämpfen und falschen Vorstellungen von der Sache entgegentreten, so daß ich Abends gewöhnlich außerordentlich ermüdet war.

Herr Geh. Rath v. Hartmann, Präsident des Wohlthätigkeitsvereines, führte mich selber in allen wohlthätigen und menschenfreundlichen Anstalten der Stadt herum und nahm auch sonst sich meiner freundlich an. Der Prediger Dr. Steinkopf aus London, der gerade in Stuttgart war und Falk persönlich kennen gelernt hatte, unterzeichnete sogleich mit sechsunddreißig Gulden, was auch für Andere ein gutes Beispiel war. Mit vielen Empfehlungsbriefen versehen, wanderte ich den 21. Juli 1826 nach Tübingen, wo ich vom seligen Professor Dr. Steudel liebreich aufgenommen wurde, dann über Balingen nach Aldingen. Unterwegs gerieth ich in ein fürchterliches Hagelwetter auf einer Anhöhe, wo ich nirgend irgend eine Zuflucht finden konnte und vom Hagel von unten bis oben, wie mit Ruthen, durchpeitscht wurde. In Aldingen kam ich zu Stundenleuten, an welche ich von Haering adressirt worden war. Sie hatten gerade eine zahlreiche Versammlung, an welcher ich auch Antheil nehmen und wo ich vom Falk'schen

Institut erzählen mußte. Da saßen die einfachen Landleute in ihren Zwilchkitteln und unterhielten sich über die großen Angelegenheiten des Reiches Gottes: sie wurden auch für die ihnen sonst völlig unbekannte Anstalt so hingenommen, daß sie reichlich unterzeichneten, und ich mir fast ein Gewissen daraus machte. Was hatte diesen Bauern das Herz erweitert und ihnen einen so hohen und edlen Geist eingehaucht, daß sie für landfremde arme Kinder ein Opfer zu bringen im Stande waren? . . . Antwort: Nichts anderes, als die Liebe Christi, und ich lernte diesen Unterschied unter den Menschen immer mehr machen, den Unterschied zwischen Gläubigen und Ungläubigen, zwischen Namenchristen und wahren Christen. Vor solchen Leuten, welche die Welt Pietisten nannte, konnte ich nur Achtung haben und schämte mich auch nicht, von ihnen zu lernen, ja, sie selbst waren mir eine lehrreiche Erscheinung.

Ueber Tuttlingen in Schaffhausen in der Schweiz angelangt, machte ich auch die Bekanntschaft des Professors und Pfarrers in Schleitheim, Spleiß, der selber auch eine Rettungsanstalt gegründet hat und Antistes des Kantons wurde. Als ich einer Beichtrede anwohnte, die er in Schaffhausen hielt, trug der originelle und ungemein lebhafte Mann kein Bedenken, mich im Verlaufe derselben namentlich etwa mit den Worten anzurufen: „Und du, lieber Freund von Sachsen-Weimar, sage an, ob ich nicht

Recht habe und die Wahrheit sage, daß wir alle miteinander große Sünder sind und durchaus den Heiland haben müssen?" Ein wenig überrascht zwar, aber gar nicht unangenehm berührt, bestätigte ich sein Wort mit einem Zeichen. Hierauf richtete ich meinen Weg nach Beuggen, wo ich von Inspector Zeller mit großer Liebe aufgenommen wurde. Der Aufenthalt in seiner Anstalt war mir sehr zum Segen. Seine Betstunden und Bibelerklärungen zogen mich so an, daß ich gerne tagelang zugehört hätte. Ungefähr acht Tage, während welcher ich den Unterrichtsstunden sowohl der armen Kinder, als auch der Schulzöglinge beiwohnte, blieb ich und lernte den Gang und Geist der herrlichen Anstalt soweit kennen, daß es mir leicht war, eine Vergleichung anzustellen und herauszufinden, was uns noch in Weimar gefehlt hatte. Der edle Inspector aber, ein ehemaliger Lehrer und Verehrer Pestalozzis, mit welchem ich mir Falk oft verglichen habe, urtheilte mit solcher Milde, daß er mich dadurch nur noch mehr anzog. Ich kann nicht unterlassen, eine Anecdote von einem Ereigniß beizufügen, das sich nicht gar lange vor meinem Besuch in Beuggen zugetragen haben muß. Der menschenfreundliche Pestalozzi, dem bei aller guten Meinung und Absicht denn doch das tiefere positiv evangelische Christenthum abging, hatte eine außerordentliche Freude über das Wirken seines sehr geschätzten Freundes Zeller und besuchte die Anstalt in Beuggen. Hier wurde nun der ehrwürdige edle Greis ganz entzückt, als er die große Schaar armer Kinder erblickte, die hier dem zeitlichen und ewigen Verderben entrückt werden sollten. Zeller bat den lieben Vater Pestalozzi eine kleine Ansprache an die versammelten Kinder und Zöglinge zu halten. Dieser setzte sich zu diesem Zweck in den Katheder, ein ungefähr sechsjähriger Sohn aber von Zeller kam unversehens daher und setzte dem liebenswürdigen Greisen einen Blumenkranz aufs Haupt. Da konnte der edle Pestalozzi die Thränen nicht mehr unterdrücken, nahm den Kranz und setzte ihn dem Kinde mit den Worten auf: „Ach, nicht mir, nein, der Unschuld gehören Kränze!“

Von Beuggen aus machte ich auch einen Ausflug nach Sitzenkirchen, in Baden, um den Herrn Köllner daselbst, (nachmaligen Vorsteher der württembergischen Gemeinde Kornthal) zu besuchen. Er hatte auf eigene Kosten eine Anstalt für arme Kinder gestiftet, welcher sich besonders auch seine liebenswürdigen Töchter mit großer Hingabe annahmen. In Basel wohnte ich im Missionshause, das eine neue, lehrreiche Schule für mich war. Der selige Inspector Blumhard und sämmtliche Beförderer der Missionssache unterstützten und förderten auch meine Sache aufs eifrigste und kräftigste.

Was in Stuttgart Haering, das war in Basel Spittler für mich, der wunderbare Mann, der unter dem Scheine der Einfalt große Weisheit und weit aussehende Plane zur Förderung des Reiches Gottes auf Erden verbirgt, und welchem blühende Anstalten z. B. die Missions-Anstalt und die Anstalt in Beuggen u. s. w., deren Idee er jahrelang im Stillen mit sich herumtrug, ihre erste Entstehung verdanken und der sobald in Andern die Sache geweckt und zur Ausführung gekommen ist, sich wieder in seine Klause zurückzieht, als wäre nichts geschehen und er kaum dabei betheiligt. Er war in der Hand Gottes auch das Werkzeug, durch welches mir eine Thüre geöffnet wurde, in welche ich eintreten konnte, um den Versuch zu machen, ob ein zwanzigjähriger Jüngling auch noch den wissenschaftlichen Forderungen der Zeit genügen und Theologie studieren könne.

Wenn er mir so Namensverzeichnisse gegeben und mich in der fremden Stadt herumgeschickt hatte, kam ich während der vierzehn Tage meines Aufenthalts oft zu ihm, um ihm über den Erfolg Bericht zu erstatten und mich auch leiblich ein wenig zu erquicken, wozu er mich eingeladen hatte. Meine Hauptbeförderer waren die Freunde der Missionssache; einer derselben, Rihiner Christ, gab sogleich zwanzig Kronenthaler, und so wurde der gewöhnliche Einwurf so mancher Uebelberichteten, als hindere die Theilnahme an der Mission die Theilnahme an der Noth im eigenen Vaterlande, hier am Sitze der Süddeutschen Missionsthätigkeit aufs glänzendste widerlegt.

Meine Wirksamkeit für das Falk'sche Institut war denn auch hier eine gesegnete, wofür ich Gott oft von Herzen dankte, wenn ich an die verwaiste und verschuldete Anstalt, an die edle Wittwe und ihre sehr schwierige Lage dachte, während meine eigene ungewisse Zukunft mir bisweilen schwere Gedanken machte. Ich war nämlich jetzt militairpflichtig, und da ich schlechterdings keinen Ausweg vor mir sah, auf welchem ich doch wenigstens noch einen Versuch zum Studium der Theologie wagen und der Kaserne entgehen könne, so bemächtigten sich meiner hie und da schwermüthige Gedanken, welche ich jedoch immer wieder durch ein kindliches unbegrenztes Gottvertrauen verscheuchen konnte. Endlich fragte mich so zufällig, nachdem ich wieder die Runde in der Stadt gemacht hatte, Herr Spittler, ob ich immer beim Falk'schen Institut bleiben und noch länger reisen wolle? worauf ich erwiderte, daß ich des Reisens herzlich müde sei, daß ich es jetzt auch nur noch aus Rücksicht auf die traurige Lage der Anstalt thue und daß ich gerne noch den Versuch machen möchte, ob ich nicht noch Theologie studieren könne. Wie oder wo? dieß sei vor meinen Augen noch gänzlich verborgen. Da besann sich der edle Mann, der, wie für Viele, auch für mich ein so wichtiges Werkzeug in der Hand des Herrn werden sollte, einen Augenblick und sagte: „Ei, wissen Sie was, gehen Sie auf Ihrer Rückreise über Kirchheim u. T. in Württemberg, ich will an meinen

Schwager, den dortigen Dekan Dr. Bahnmaier schreiben, der hat schon Manchem guten Rath gegeben und vielleicht können Sie bei ihm selber den gewünschten Versuch machen. Sogleich erkannte ich hierin einen Wink der göttlichen Vorsehung, auf den ich längst gewartet hatte, änderte meinen Reiseplan, der über Straßburg, Karlsruhe, Mannheim u. s. w. ging, und entschloß mich, auf dem Rückwege über Kirchheim u. T. in Württemberg zu reisen.

Vorher aber wollte ich sehen, was ich für mein Geschäft noch weiter in der Schweiz thun könne, und reiste am 16. August 1826 über Solothurn, wo ich mich weiter nicht aufhielt, nach der schönen Stadt Bern. Hier merkte ich bald, daß im Allgemeinen ein andrer Geist als in Basel herrschte, denn mit meinem Geschäft wollte es gar nicht recht gehen, Niemand wußte recht, wie man die Sache fördern könne. Dazu waren viele Herrschaften verreist, theils bei einem großen Manöver der Schweizertruppen in Thun, theils auch in Bädern. Doch ging ich durch die freundlichen Bemühungen des Herrn Professor Hünerwadel und Pfarrers L'Orsa, bei dem ich logirte, nicht ganz leer aus. Ich machte auch einen Besuch in der merkwürdigen und großartigen Anstalt des Herrn Fellenberg in Hofwyl. Es befanden sich damals in der höhern Bildungsanstalt achtzig Zöglinge, mit zweiundzwanzig Lehrern, in der Armen-Anstalt aber siebenzig arme Knaben, die neben den Schulstunden mit

Landbau u. dergl., wozu auch funfzig herrliche Schweizerkühe gehörten, beschäftigt wurden. Fellenberg hatte nämlich einen Lehrer mit zwölf Knaben, versehen mit den nöthigen Handwerksgeräthen und Lebensmitteln auf die nächsten Tage, eine Stunde von Hofwyl an einen einsamen Ort in der Nähe des Waldes geschickt, um sich selber, wie etwa Amerikanische Ansiedler, dort anzusiedeln und sich mit den aller unentbehrlichsten Bedürfnissen behelfen zu lernen. Der Lehrer gab täglich den Knaben drei Stunden Unterricht und die übrige Zeit legte er selber mit ihnen Hand ans Werk. Soviel ich sah, ging es in der kleinen Colonie recht geordnet und freundlich zu. Am Sonntag zog man in die Kirche, nachher war noch Examen über die Predigt und eine Singstunde, und so wurde der Tag der Ruhe und Erholung in der Abgeschiedenheit beschlossen. So viel ich weiß, wollte Herr Fellenberg den Beweis liefern, daß eine wohl angelegte Armenanstalt mit entsprechender Oekonomie sich selber erhalten könne. In Hofwyl fand ich überall die größte Ordnung und Reinlichkeit und verschiedene neue von Fellenberg selbst erfundene Maschinen, die in der Oekonomie benutzt wurden. Entzückend war für mich auch der großartige Anblick der schneebedeckten Alpen. Mit einem wahren Wonnegefühl saß ich oft unter der herrlichen Allee am Münster in Bern und schaute hinüber auf die von der Sonne bestrahlten hohen Häupter, während unten die wilde Aar vorüber brauste. Ein unbeschreiblicher Anblick, der bis heute ungefähr ähnliche Eindrücke zurückgelassen hat, als der erste Anblick des offenen Meeres auf der äußersten Spitze der Insel Rügen. Da ich einmal so nahe war, so wollte ich an den Herrlichkeiten des Berner Oberlandes nicht vorübergehen und reiste über Thun nach Lauterbrunn, wo ich bei einer christlichen Müllerin, (Margaretha Abbihl) deren Mann Graf hieß, gar freundliche und angenehme Herberge fand. Da Regenwetter einfiel, so blieb ich hier etliche Tage, die ich nicht für verloren halten durfte; denn aus meinem Zimmer schaute ich mehrere schöne Wasserfälle z. B. den fast tausend Fuß hoch herabstürzenden Staubbach, himmelhohe schreckliche Felsenwände, über welche damals Felsstücke und Erde, vom Regen erweicht, mit fürchterlichem Getöse herabstürzten und einen Gletscher, der in einer Entfernung von drei Stunden das Thal schließt; lauter Erscheinungen, die mir ein immer neues und anziehendes Schauspiel gewährten. Am Abend vor meiner Weiterreise gab die fromme Müllerin, die, wie sie sagte, den Heiland gebeten hatte, ihr zu verstehen zu geben, wie und wann sie Gutes thun solle, nicht nur einen Beitrag für die Anstalt, sondern erklärte auch, daß ich für Kost und Logis durchaus nichts bezahlen dürfe.

An Sennerhütten und großen Viehheerden vorüber gelangte ich über die Wenger-Alp, auf einem Wege, da man überall die Herrlichkeiten der Schweiz zu bewundern Gelegenheit hat, nach Grindelwald, besuchte hier die beiden Gletscher und setzte aus Sparsamkeit ganz allein, schon ziemlich spät, meinen Weg über die große Scheideck fort, um noch eine Sennerhütte, Schwarzwald genannt, zu erreichen und in keinem kostspieligen Gasthofe übernachten zu müssen. Bis auf die Höhe kam ich glücklich in etlichen Stunden, hier aber kam ich wegen des Wegs um somehr in Verlegenheit, als es auch schon dunkel zu werden anfing. Viehheerden waren auch hier, aber nirgends ein Hirte. Ich ging auf gerathewohl nach einem Thal hinunter, wobei es zuletzt so finster wurde, daß ich fürchtete, bei der Unkenntniß des Weges und der Gegend irgend wo in einen Abgrund zu stürzen. Schon hatte ich mich so ziemlich in mein Schicksal ergeben, einmal unter freiem Himmel auf einer Schweizeralp übernachten zu müssen, als ich in der Ferne ein Feuer bemerkte, zu welchem ich, vorsichtig an einem wildrauschenden Bergwasser mich fortbewegend, glücklich gelangte und wo ich einige Männer traf, die mir zu meinem Ziel, in die Sennerhütte verhalfen. Da schon alles zur Ruhe gegangen war, ging ich still und ungegessen auf einen Heuschober, wo noch etliche Reisende lagen, und brach mit Tagesanbruch wieder auf, noch ehe Jemand munter war, um bei Zeit an den schönen Reichenbach und nach Mayringen zu kommen. Hier machte ich die Erfahrung, daß man, um die Natur recht zu genießen, auch dem Magen sein Recht muß widerfahren lassen; denn an dem herrlichen Wasserfall des Reichenbachs sah ich ganz erbärmlich hinauf, weil ich vor Hunger und Müdigkeit fast nicht mehr recht sehen und stehen konnte. Ein eigenthümliches Schauspiel gewährt hier auch der sogenannte Aarschlund, wo das wilde Gewässer sich durch enge Felsen hindurch zwängt. Ich reiste nun über den Brünigk und fuhr über den Vierwaldstädtersee nach Küßnacht. An der Tellskapelle fand ich die Worte angeschrieben: „Hier hat Tell den hochmüthigen Geßler erschossen. Da ist den Schweizern die edle Freiheit entsprossen.“ Dann auf der andern Seite: „Aber wie lange wird sie währen? Noch lang, wenn wir die Alten wären.“

Auf den Rigi ging ich, wie gewöhnlich, wieder allein und trug mein Ränzchen selber, während die meisten Reisenden wenigstens einen Führer und Träger mitzunehmen pflegen, oder auf einem Esel oder Maulthier, oder in einer Sänfte hinaufgelangen. Da ich überdieß eilte, um den Sonnenuntergang oben noch zu sehen, kam ich, wie in Schweiß gebadet, an, unaufhörlich rollte er mir vom Gesicht auf die Erde.

Ueberaus reichlich wurde ich aber für meine Anstrengung entschädigt; nur eines fehlte mir noch, nämlich eine Freundesseele, der ich die überwältigenden Eindrücke hätte mittheilen mögen; ein Bedürfniß, das ich bei meinen Reisen oft fühlte. Meine Sachen ließ ich in Rigistaffel, dem etwas unter der Spitze des

Berges gelegenen Wirthshause, wo ich übernachten wollte, weil es da weniger theuer sein sollte, und eilte hinauf, wo auf der Spitze Rigi-Kulm das andere Wirthshaus liegt. Der Sonnenuntergang war prachtvoll. In majestätischem Glanze prangten noch die weißen Alpenhäupter, während die Thäler und Seen der Tiefe schon mit Nacht und Dunkel bedeckt waren. Wie das ungewisse Athmen eines Sterbenden flackerten die letzten Sonnenstrahlen hin und her, und als das flüchtige Licht verlosch, erscholl wie dort gewöhnlich ein Jammergeschrei, so hier ein Jubel- und Freudengeschrei. Neben andern Reisenden war nämlich eine Schaar Studenten gegenwärtig, die auch im untern Wirthshause logirten. Es war leider eine sehr leichtsinnige und frivole Gesellschaft. Gleich bei meiner Ankunft hatte ich eine auffallende Dame bemerkt, mit goldnen Ketten, Ringen und seidnem Gewand geschmückt. Während des Abendessens aber merkte ich, daß sie sich schon mehrere Tage mit diesen saubern Studenten herumgetrieben hatte und daß sie nun Anschläge machten, sich ihrer zu entledigen, während sie ihnen immer auf dem Fuße nachfolgte. Am frühen Morgen sah ich noch die Herrlichkeit eines Sonnenaufganges auf dem Rigi und überzeugte mich, daß dieser Berg dem Wanderer die Wunder der Schweiz in ihrer ganzen Pracht, gleichsam in einem Blicke concentrirt, offenbart.

Ueber Goldau, welches 1806 vom Roßberg begraben wurde, am Zugersee vorbei, dann über die

Insel Ufnau, wo Ulrich von Hutten begraben liegt, kam ich den herrlichen, rechts und links von herrlichen Weinbergen bekränzten Züricher-See hinab nach Zürich. Hier betrieb ich zuerst mein Geschäft, lernte noch den frommen alten Antistes Heß kennen, dann ging ich noch einmal nach Schaffhausen und blieb im Apfelbaum bei Alexander Bek acht Tage, während welcher ich meist mich mit religiösen Schriften, besonders auch mit einem Auszug aus Bengels erklärter Offenbarung beschäftigte und wiederholt den Rheinfall besuchte.

Nun ging mein Reiseziel gerade nach Kirchheim u. T. in Württemberg, auf welches ich, ohne mich irgendwo noch aufzuhalten, jetzt lossteuerte. Am 14. September sah ich zum ersten Male die Stadt am Fuße der schwäbischen Alp, die meine Vaterstadt werden sollte, trat zum ersten Male in das Haus, in welchem mein lange gehegter Wunsch endlich in Erfüllung gehen und ich viele glückliche und segensreiche Jahre verleben sollte. Nachdem ich im Gasthof zum Baeren mich umgekleidet hatte, ging ich ins Decanathaus. Der Brief von Herrn Spittler in Basel war schon angekommen, ich wurde mit der größten Freundlichkeit und Liebe aufgenommen und mußte einige Tage bleiben. Der selige Dekan Dr. Bahnmaier, ehemals Professor in Tübingen, prüfte mich ein wenig. Ein Rechenexempel brachte ich ordentlich bis auf die Bruchtheile heraus, welche ich nicht auszudrücken wußte, und schrieb einen ganz kurzen

Lebenslauf. Mit beidem zufrieden, lud er mich ein, in seinem eigenen Hause den Versuch zu machen, ob ich die nöthigen Vorkenntnisse zum Studium der Theologie mir noch erwerben und noch einst Prediger des Evangeliums werden könnte. Ich wußte nun, was ich zu thun hatte, erkannte deutlich den Willen des Herrn, reiste nach Weimar zurück, brachte dort alles in Ordnung, legte Rechenschaft ab, stellte mich zur Conscription, wo ich, unterstützt durch einen Brief des Regierungspräsidenten v. Schwendler und durch einen mir bis dahin verborgenen körperlichen Fehler, vom Militair freigesprochen wurde, machte zweimal den Weg über Erfurt, Eisenach und Weimar zurück, nahm Abschied, sah zum letzten Male meinen Vater und schlug mitten im December des Jahres 1826 bei höchst ungünstiger Witterung meinen Weg nach Kirchheim u. T. in Württemberg ein. Unter großen Beschwerden reiste ich über Gotha, den Thüringer Wald, Schmalkalden und meinen Geburtsort über Würzburg, Heilbronn und Stuttgart nach Kirchheim u. T. zurück. Die ganze Reise machte ich in Schneestürmen, Regen und Wasser, bis auf etwa zwei Stunden zu Fuße und meine ganze Baarschaft bestand aus funfzehn Gulden, von welchen ich etwa sechs Gulden zu der achtzig bis hundert Stunden weiten Reise gebrauchte. Ich pflegte nämlich den ganzen Tag über nicht gehörig zu essen, außer wenn ich ins Nachtquartier kam, wo es mir herrlich schmeckte und übernachtete unterwegs in Württemberg gleich in Klei bottwar beim seligen Rentamtmann Zeller, der d nordischen Gast noch reichlich mit edlen Trauben bewi thete, und in Stuttgart beim Kaufmann Haerin Was für Gedanken auf dieser einsamen und beschwe lichen Reise mein Inneres bewegten, möchte ni eben schwer zu errathen sein. Ich war nun schon i einundzwanzigsten Jahre, mußte wie der gering Schüler von vorn anfangen, entbehrte alle Hülfsmitt wollte in einem doch noch fremden Hause und Lan nach einem noch so in weiter Ferne liegenden Zi streben und wußte nicht, ob mein Geist auch noch d Frische, Elasticität und Biegsamkeit der früheren J gend haben werde, um, wie ein Knabe zu lernen u sich meistern und schulen zu lassen. Doch ein wu derbares Gottvertrauen bewegte und erregte mei Seele, viele Seufzer und Gebete stiegen auf d einsamen Wanderung zum ewigen Gnadenthron emp und nachdem so viele Berge hinter mir lagen, schi mir keiner mehr zu hoch und zu beschwerlich, ich kon es wagen, mit der Hülfe des Herrn auch jeden ande noch zu übersteigen.

VI.

Mein erster Aufenthalt im Decanathause zu Kirchheim u. T.

Meine Erscheinung schien anfangs, vielleicht weil sich unterdessen Bedenklichkeiten eingestellt hatten, zu überraschen; dennoch wurde ich sehr freundlich aufgenommen. Ich aber griff die Sache sogleich mit allem Eifer an. Ich mußte geradezu bei mensa anfangen, da ich es in Weimar aus Mangel an Zeit und Unterricht im Lateinischen nicht weit gebracht und das Wenige nach drei bis vier Jahren so ziemlich wieder vergessen hatte. Ich ließ mich aber durch nichts zurückschrecken, hatte auch Nachts keine rechte Ruhe mehr; dicitur, traditur und fertur u. s. w. regieren einen doppelten Nominativ träumte ich etwa und so konnte es nicht fehlen, daß ich wenigstens über die Anfangsgründe in kurzer Zeit hinauskam. Jede Minute war mir kostbar, auch nach dem Essen gönnte ich mir keine Viertelstunde Zeit; Abends nach dem Essen stand ich, zum Umfallen ermüdet, am Ofen und las zuerst Bredows, dann Beckers Weltgeschichte. Morgens um zwei, drei und vier Uhr stand ich auf, heizte mir selber ein im Studierzimmer des theuren Dr. Bahnmaiers, in welchem ich mich immer aufhielt, und so trieb ich es Tag für Tag. Eine besondere Gnade von Gott war es, daß ich bei all' dieser übermäßigen und unverständigen Anstrengung, dennoch nie Kopfweh bekam oder sonst irgend ein Unbehagen spürte.

In dieser Zeit war es, daß ich mit dem lieben Freund, Vikar Kober von Oethlingen, einige Zeit auf einem Zimmer wohnte. Er wurde nachmals der Tochtermann des Hauses. Auf einmal fand sich an einem gewissen Ort in dem obern Stock, wo wir wohnten, ein von der Hand des lieben Herrn Doctors mit großen Kanzleibuchstaben geschriebener Anschlag: „Reinlichkeit!" Dieß machte uns beide etwas empfindlich. Ich nahm den Zettel herunter, und da noch Raum zum Schreiben war, schrieb ich darunter:

„Dir sei dieß Plätzchen stets geweiht!
Vom Morgen, wenn die Sonn' aufgeht,
Bis wo der Mond am Himmel steht!
Am Mittag auch, wenn's Glück gut ist!
Wer es betritt zu jeder Frist,
Der neig' sich tief und ehrerbietig Dir
Und sprech: gegrüßet sei in Deinem Heiligthum!
Und bringe dann gerührt zu Deinem Ruhm
Sein Opfer dar!"

Als der liebe Dr. Bahnmaier diese Zeilen zu Gesicht bekam, mußte er herzlich lachen, nahm den Zettel mit fort und brachte ihn der lieben Frau Doctorin.

Ich war wie ein Halbverschmachteter, der sich anläßt, als wolle er einen vollen Brunnen auf einmal austrinken. Denn ich sollte ja, so sagte ich mir, einen Versuch machen, ob es Gottes Wille sei, daß ich noch Theologie studiere, und da dürfe ich es an mir nicht fehlen lassen. Wirklich erklärte auch der theure Herr Dr. Bahnmaier, der mir selber die schwer erübrigten Morgen- und Abendstunden widmete, schon vor Ablauf eines Vierteljahres, es gehe noch, und ich solle in Gottes Namen fortfahren.*) Dieß that ich, bis ich im September 1827 in eine tödtliche Krankheit verfiel, die mich sehr zurückbrachte, in welcher ich aber die treueste und liebreichste Pflege erfahren durfte, und auch öfter von der edlen Herzogin Henriette erquickt wurde.

Nachdem ich mich von meiner Krankheit, einem durch ein allzukaltes Bad in der Lauter am 12. Sep-

*) Bahnmaier erzählte seinem Freunde Eyth öfters, wie sehr es ihn gefreut habe, als Denner kurz nach seinem Eintritt in sein Haus, etwa nach vierzehn Tagen, in denen er von mensa angefangen hatte, ihm bereits ein lateinisches Briefchen schrieb, worin er dringend bat, daß der Herr Dr. ihm seine Stiefeln sohlen lassen möchte.

D. H.

tember 1827 herbeigeführten nervösen Schleimfieber, wieder erholt hatte, setzte ich meine Studien, deren Unterbrechung während der Krankheit mein größter Kummer gewesen war, wie früher fort. Ich war aber sehr herunter gekommen, verlor alle Haare, mußte am Stecken durch die Stube gehen und hatte Vieles fast ganz vergessen, was mich nicht wenig betrübte. Leider versäumte ich auch jetzt regelmäßige Bewegung und arbeitete zu schnell nach dem Essen, trotz den liebreichen Ermahnungen des Herrn Dr. Bahnmaier, was allmählig auf meinen Körper einen nachtheiligen Einfluß ausübte und ich später oft bedauert habe. Gleich nach meiner Ankunft hatte Herr Dr. Bahnmaier in Früh- und Abendstunden das Reußische Lehrbuch der lateinischen Sprache mit mir durchzugehen begonnen und dieß bis ins Frühjahr fortgesetzt, wo er durch seine Visitationen verhindert wurde, und ich allein oft eine Stunde lang an einem einzigen schweren, verwickelten Satze aus dem Livius herumconstruirte. Bei der nächsten Prüfung der lateinischen Schule hatte ich das Exercitium mitgemacht und wurde für fähig erklärt, mit der ältern Classe der lateinischen Schule fortzufahren. Im Juni 1827 war ich daher in dieselbe getreten und genoß nun den ganzen Unterricht mit. Jetzt war nun zum Lateinischen auch das Griechische gekommen, mit welchem ich nach meiner Krankheit von vorn anfangen mußte, da ich während derselben die griechischen Declinationen und Conjugationen beinahe vergessen hatte. Ueberhaupt war mir bei den verschiedenen Sprachen, die ich noch in einem so vorgerückten Alter zu lernen bekam, in der Regel die Formenlehre das Unangenehmste, und nur der besondere Trieb, der in mir war, ließ mich die Schwierigkeiten überwinden. Bisweilen nahm ich die Grammatik, ging in Feld und Wald in die stillste Einsamkeit und ruhete nicht, bis ich die Schwierigkeiten überwunden und das Unangenehmste hinter mir hatte. Herr Oberpräzeptor Gaupp nahm sich meiner besonders liebreich an und behandelte mich als einen einundzwanzigjährigen Menschen unter Knaben von zwölf bis vierzehn Jahren mit vieler Rücksicht, wiewohl ich alles that in der Schule, wie jene auch, und mich dessen nur schämte, wenn ich es schlechter machte. Die grammatischen Fehler, die ich in meinen Uebersetzungen hatte, erschienen mir als Capitalverbrechen und wenn ich nach einem Monat keine Fortschritte bemerkte, war ich sehr unzufrieden mit mir und fing an zu zweifeln. Doch beruhigte mich dann der Gedanke: „Will der liebe Gott, daß Du noch studieren sollst, so wird er Dir schon helfen, ists sein Wille nicht, nun, so ist es auch kein Schade für Dich!“ So fuhr ich betend und arbeitend ruhig fort. Gern setzte ich mich, wie in der Zeichnenstunde, auch unter kleine Kinder, wenn ich nur etwas lernen konnte. Im Frühling 1828 hatte ich im Griechischen und Lateinischen die ältern Schüler eingeholt und auch noch das Hebräische angefangen.

Herrn Dr. Bahnmaier war, wie aus allem hervorgeht, jetzt mein Schicksal in die Hände gelegt, und von dessen Urtheil, das ich als eine göttliche Entscheidung zu betrachten entschlossen war, hatte ich es gleich bei meinem Eintritte in Kirchheim abhängig gemacht, ob ich die zur Theologie nothwendigen Kenntnisse mir noch erwerben könne oder nicht, und ob ich daher fortfahren sollte, oder der andern Neigung, mich mit allem Eifer auf Musik zu legen und dann Organist und Lehrer zu werden, folgen müßte. Er hatte es nun für zweckmäßig gehalten, daß ich noch einige Zeit nach Eßlingen ginge, um unter Leitung des Herrn Rektor Eytel meine Sprachstudien dort fortzusetzen und daneben das Schullehrer-Seminar zu besuchen, um mir noch vor Abgang auf eine Universität, zugleich einige Kenntniß in der Pädagogik und Didaktik zu erwerben. So schwer es mir nun auch werden mußte, ein Haus zu verlassen, in welchem ich seit anderthalb Jahren so glücklich gewesen und mir so viel Liebe zu Theil geworden war, zumal da ich nicht einmal wußte, wie ich in Eßlingen meine Ausgaben bestreiten und noch viel weniger, mit welchen Mitteln ich in Tübingen studieren sollte, entschloß ich mich dennoch, im festen Vertrauen auf den lebendigen Gott, der mir bisher Mittel und Wege zum Ziele geöffnet und meine Bemühungen gesegnet hatte, in diese Veränderung einzugehen und verließ am 6. Juni 1828 Kirchheim. Welche Gefühle des Dankes gegen Gott und Menschen, der Hoffnung und des Zweifels, der bangen Erwartung und der frohen Zuversicht, der Freude und des Schmerzens, erfüllter und gebrochener Gelübde gegen meinen treuen Heiland und Führer, den ich nun schon besser als früher kennen gelernt hatte, demüthigend und erhebend in meiner Seele auf- und niedertauchten, habe ich theils in Briefen und Tagebüchern ausgesprochen, theils steht es, wie ich hoffe, mit unverlöschlichen Zügen, wie so Manches, in meinem Innern geschrieben.

In Eßlingen kam ich anfangs zu einem alten Manne vorläufig in Kost und Logis, der als Separatist mit vielen trefflichen Eigenschaften auch manche sehr lästige verband und mir den Abstand zwischen Kirchheim, wo ich in einem freundlichen und liebreichen Familienkreise gelebt hatte, nur noch fühlbarer machte. Besonders war er in den ersten vierzehn Tagen mißtrauisch gegen den Ernst und die Entschiedenheit meiner christlichen Gesinnung und setzte seinen scharfen Probierstein oft so stark an, daß mein innerstes Gefühl dadurch nicht wenig verletzt wurde. Ging ich z. B. ins Seminar, um dort mit den Seminaristen zu singen, so erzählte er mir, wie auch einer von Schaffhausen gekommen, oft zum Singen gegangen und zuletzt eine Sängerin geheirathet habe. Nämlich ein wackerer christlicher Lehrer hatte ein rechtschaffenes Mädchen zur Gattin erkoren. Kam ich vergnügt nach Hause und war entzückt über die schönen Umgebungen von Eßlingen und die herrlichen Wälder von Obstbäumen, so fing er an, von den finstern unheimlichen Regionen der unseligen Geister, die Christum verworfen und vielleicht auch von dem verödeten Weinberge des Herrn zu sprechen, der statt Trauben Herlinge trägt; sprach ich vom Himmel, so sprach er von der Hölle; von der Seligkeit, so hob er die Verdammniß hervor. Einmal, da ich heiter war und vergnüglich mit ihm sprach, antwortete er: „Sie können nichts als lachen.“ Der gute Mann wußte nicht, daß es ein besonderes Gnadengeschenk des Herrn war, daß ich in jener Zeit, wo ich im Verborgenen viel kämpfte, betete und wohl auch mitunter weinte, dennoch, im festen Vertrauen auf die ewige Gnade Gottes und Treue eines allmächtigen und allwissenden, mit unendlicher Liebe und Barmherzigkeit auch mich umfassenden Heilandes, getrost und heiter im Umgang mit andern Menschen sein konnte. Wirklich wurde er auch immer milder und liebreicher gegen mich und die dankbare Anerkennung seiner im Grunde edlen und wahrhaft christlichen Denkweise, wobei er gegen andere nur in der Form fehlte, erfordert es zu sagen, daß er, als ich nach einem Monat ein passendes Logis gefunden hatte, auch nicht das Geringste von mir nahm und mich nachher, so oft ich ihn besuchte, mit großer Liebe empfing.

Ich besuchte das Pädagogium und machte dem lieben Herrn Rektor Eytel, in dessen Hause ich wie in dem des Herrn Decan Herwig und des Herrn Prälaten Denzel, stets die freundlichste Aufnahme fand, durch fleißiges Uebersetzen ins Lateinische und Griechische viel zu schaffen, sowie er mir auch noch jeden Sonntag eine Stunde im Hebräischen gab. Doch fühlte ich bald, daß der Unterricht für die weit jüngern Schüler nicht mehr passend für mich war, da ich zu langsam vorrückte, und besuchte daher das Pädagogium nur noch in einigen Stunden, während ich, in der Unmöglichkeit Privatstunden zu nehmen, meist für mich allein arbeiten mußte. Ich las den Livius, J. Cäsar und Anderes und ließ mir das Uebersetzte immer von Herrn Rektor Eytel corrigiren. Manchmal fiel ich mit meinen lateinischen Arbeiten auch dem lieben Decan Herwig beschwerlich, der gar herzlichen Antheil an meinen Bestrebungen nahm. Bisweilen besuchte ich auch den alten ehrwürdigen Senior Köstlin, der sich gern in ein erbauliches Gespräch mit mir einließ. Im Griechischen beging ich die Thorheit, zu viel Grammatik zu studieren, die ich wieder vergaß, während ich lieber auch brav griechische Autoren hätte lesen sollen. Daß dieser Weg, wo ich oft, mir selber überlassen, Etwas nur mit vieler Anstrengung herausbrachte, das an der Hand eines Lehrers leicht würde gewesen sein, ein sehr mühsamer und beschwerlicher sein mußte, läßt sich leicht denken, und ich werde mich nicht irren, wenn ich sage, daß ich unter günstigeren Umständen ein noch einmal so guter Philolog geworden wäre. Es hat indessen Gott immer gefallen, mich auch beschwerliche Wege zu führen, und muß demnach heilsam gewesen sein. Im Seminar besuchte ich einzelne Stunden, wo Herr Prälat Denzel Methodik vortrug, oder ich las seine und Niemeyers Schriften über Unterricht und Erziehung. Uebrigens war ich in Anwendung meiner Zeit pedantisch und thöricht, denn ich aß eilig zu Mittag, wandelte lesend in einem Buche unter den Bäumen bis ein Uhr, und stand dann in der Regel bis acht Uhr am Pult, wo ich den ganzen Tag bald im Griechischen, bald im Lateinischen, bald im Hebräischen übersetzte und memorirte. Sehr früh wachte ich auf und arbeitete wegen der Kälte im Bett, weil ich das Holz sparen mußte. So habe ich größtentheils den Livius gelesen, indem das Lexicon neben mir auf dem Ofen lag. Die nachtheiligen Folgen dieser Lebensart in einer Zeit, da sich der Körper noch entwickelt, fing ich bald an, zu fühlen, und will eine solche daher Jedermann ernstlich abrathen.

Bald nach meiner Ankunft in Eßlingen erhielt ich von den Meinigen einen Brief, worin sie mir schrieben, daß mein Vater schon seit geraumer Zeit kränklich und zu allen Geschäften untüchtig sei und vielleicht nicht mehr lange leben werde. Da gedachte ich lebhaft der früheren Zeiten und wie viel mein lieber Vater, bei sehr beschränkten Mitteln, für mich gethan hatte und es entstand in mir der Wunsch, ihm, wenn ich könnte, noch eine Freude zu machen.

Da ich mir ungefähr denken konnte, wie es mit den ökonomischen Verhältnissen bei einer so langwierigen Krankheit meines Vaters stehen müsse, schrieb ich an Herrn Rheinthaler, Vorsteher des Martinstiftes in Erfurt, der sich als ein Verehrer Falk's verbindlich gemacht hatte, mir jährlich einen Beitrag von fünfundzwanzig Thaler zukommen zu lassen, denselben, für dieses und die nächsten paar Jahre, meinen Eltern zu senden. Er that es, und mit der nächstfolgenden Nachricht vom Tode meines lieben Vaters erfuhr ich zugleich, daß ich meinen Zweck noch erreicht und mein Brief, sammt dem Gelde von Rheinthaler, ihn noch lebend getroffen hatte. Ich hatte es im Vertrauen auf Den gethan, der zu allen Herzen der Menschen und zu allen Schatzkammern der Welt die Schlüssel in Händen hat, und mir, wenn es sein Wille war, daß ich studieren sollte, auch auf andern, mir freilich völlig unbekannten Wegen, helfen konnte. In diesem Vertrauen, das mich mehr oder weniger, nicht um meiner Gerechtigkeit, sondern um der Barmherzigkeit Gottes willen, durch's ganze Leben hindurch bis diesen Augenblick begleitet hat und je in den bedenklichsten Umständen am stärksten war, konnte ich es sogar wagen und der Frau Legationsräthin Falk wiederholt abrathen, mir weiter ihren Beitrag von funfzig Thalern jährlich zu senden, da sie für ihre eigenen Kinder genug zu sorgen habe; sie schickte aber noch mehrmal, bis sie es auf mein wiederholtes Abmahnen einstellte.

Nachdem ich mehrere Jahre gewartet hatte, um zu sehen, wo es hinaus wolle und welchen Beruf ich ergreifen werde, schrieb ich endlich an einige entfernte Freunde, bei denen ich mich auf meinen Reisen für's Falk'sche Institut länger aufgehalten hatte, unter andern auch an Prediger Molenaar in Crefeld, ohne jedoch, was meinem Gefühl überall immer widerstrebte, sie um Unterstützung zu bitten. Ich hatte also, menschlich geredet, keine Zuflucht mehr, als das liebe Haus in Kirchheim, dem ich, obgleich mir die Erlaubniß gegeben war, mit meinen Bedürfnissen durchaus nicht allzulästig werden wollte. Da ich mir die beiden oder doch bestimmt die eine jener Unterstützungen selbst entzogen hatte, ohne davon etwas zu sagen, wußte eigentlich Niemand in der Welt, wie es um mich stand. Zugleich berührte mich die eingelaufene Todesnachricht von meinem Vater sehr schmerzlich, denn sie rief mir alles Gute, das er mir, und das wenig Gute, das ich ihm gethan hatte, in's Gedächtniß zurück, so daß ich bisweilen auf meinem stillen Stübchen plötzlich in Thränen ausbrechen mußte; dabei litt ich noch körperlich, hatte keinen Freund, mit dem ich eigentlich traulichen Umgang pflegen konnte, und allmählig war in dem neuen Quartier bei Nadler Wentscher ein Vierteljahr verflossen, ohne daß ich auch nur im Geringsten wußte, wie oder woher ich Kost und Logis bezahlen, oder auch nur Holz auf den Winter kaufen wollte. Doch wurde ich nur immer in Stunden der Versuchung wegen meiner äußern Lage muthlos und war vielmehr im Ganzen voll Glaubens und Gottvertrauens, und meine Spaziergänge wurden immer mehr ein langes ununterbrochenes Gebet, zu einem Gespräch des Herzens mit dem Herrn. Eine sehr gesegnete Zeit! Ich war über den, wie es mir vorkam, neuen Fund, den ich gethan hatte, daß wahres Christenthum nur in der tiefsten Demüthigung und dem Wegwerfen aller eigenen Gerechtigkeit vor Gott bestehe, als einer wichtigen Entdeckung sehr vergnügt, und umfaßte daher mit meinem Glauben um so kräftiger meinen Heiland, je elender und hülfloser ich mir selbst vorkam. Da lernte ich, was es heißt, daß der Herr in den Schwachen mächtig ist, und der Glaube Berge versetzt.

Endlich ging ich im Oktober 1828, nachdem ich, freilich ohne großen Erfolg, drei oder vier Wochen der Vakanz auf das Studium der Geometrie verwendet hatte, nach Kirchheim, und hier wurde meinem Bedürfniß sogleich abgeholfen. Es dauerte auch nicht lange, so wurde mein Vertrauen noch auf andere Weise gerechtfertigt, indem ich, völlig unerwartet, von Prediger Molenaar in Crefeld einen Wechsel von funfzig Gulden erhielt, der durch ihn und einige Freunde zu Stande gekommen war. Den Winter über setzte ich nun meine Arbeiten fort und wollte im Frühjahr oder nächsten Herbst nach Tübingen; wußte aber schlechterdings nicht, wie oder womit. Da erfuhr ich auf einmal vom Herrn Prälaten Denzel, daß er meine von mir in Kirchheim aufgesetzte Lebensgeschichte lese und ich wahrscheinlich vom König einen Freitisch in Tübingen erhalten werde. Die Frau Herzogin Henriette von Württemberg hatte durch die Hand des lieben Herrn Dr. Bahnmaier jenen kleinen Aufsatz zu lesen bekommen und ihn dem Könige mitgetheilt, von welchem er dem Studienrath und von diesem dem Herrn Prälaten Denzel zugesandt worden war, um über mich zu berichten. Es dauerte nicht lange, so erhielt ich durch ein Rescript den Freitisch in Tübingen auf zwei Jahre, und nach einiger Zeit erfuhr ich, daß ich durch Vermittelung des Herrn Dr. Bahnmaier bei Herrn Dr. Steudel noch Logis finden werde.

So in meinem Glauben gestärkt, ging ich im Frühling 1829 nach Tübingen, wo ich beim lieben Herrn Dr. Steudel, bei dem ich vor einigen Jahren als Falk'scher Apostel gewesen war, sehr freundliche Aufnahme fand. Im ersten Semester hörte ich meist philosophische Vorlesungen. Letztere machten einen sonderbaren Eindruck auf mich. Ich war bei meiner mangelhaften Vorbereitung mit der wissenschaftlichen Terminologie gänzlich unbekannt, da standen mir oft die Gedanken stille und ich wußte nicht recht, wo ich's fassen und greifen sollte. In der Logik gedachte ich, richtig denken zu lernen, und wußte nun gar manchmal mitten in der Vorlesung weder richtig noch unrichtig zu denken. Da schlug ich mich endlich zu einem Freund Krapf, dem jetzigen Missionar in Africa, der ebensowenig philosophische Begriffe hatte, als ich, um, neben den übrigen Vorlesungen, noch gemeinschaftlich Sigwarts Methaphysik zu studieren. Standen nun hier unsere Gedanken zwar nicht stille, so liefen sie doch so confus durcheinander herum, daß sie sich gegenseitig nur den Weg versperrten, weswegen wir es für gerathen hielten, daß jeder wieder für seine Person allein ein Philosoph zu werden suche, ohne den Andern in Mitleidenschaft zu ziehen. Ich las nun fleißig philosophische Schriften und fand mich allmählig eher zurecht, ja, würde vielleicht in andern Verhältnissen und bei einer andern Richtung meines innern Lebens diese Studien mit einer gewissen Vorliebe getrieben haben. Doch, ich war in meiner Zeit beschränkt und mußte schon im andern Semester theologische Vorlesungen hören. Ich benutzte die mir dargebotene Gelegenheit, so gut ich konnte und es war eine bekannte Sache unter meinen Freunden, daß ich sehr fleißig sei. Ich wußte wohl warum. Andere hatten die Dinge auf Gymnasien und Seminarien gelernt, mit denen ich mich noch auf der Universität herumschlagen mußte, und während Andere vier bis fünf Jahre studierten, wußte ich immer nicht, wann meine Universitätsjahre zu Ende gehen würden. So stand ich regelmäßig um vier oder fünf Uhr, auch im Winter, auf und betrachtete es mit Recht immer als eine besondere, weise und treue Führung Gottes, daß ich im Hause des lieben Herrn Dr. Steudels war, den ich in Allem befragen durfte.

Doch wurde ich mitunter durch körperliche Zufälle sehr am Studieren verhindert. Ich konnte zuletzt weder Sitzen noch Stehen mehr vertragen und studierte so den ganzen Tag auf- und abgehend. Während Andere Auszüge machten, las ich dafür ein gutes Buch wiederholt durch, manches sechs bis sieben mal. In diesem Stück war ich sehr beharrlich und trieb den ganzen Tag das Gleiche, wenn es auch der allertrockenste Gegenstand war. Das Bretschneidersche Lexikon zum Neuen Testament habe ich so mehr als einmal durchgemacht, um das Aufschlagen beim Lesen zu ersparen. Ich hörte aber in einem Zeitraum von zwei Jahren die meisten geforderten Vorlesungen, nur die, welche practische Theologie betrafen, ausgenommen. Daß ich nicht Zeit genug fand, sie alle gehörig zu verarbeiten, ist nicht zu verwundern, denn daneben las ich auch noch interessante philosophische Schriften, die gerade cursirten, und studirte mehrere Dogmatiken, endlich auch mit Fleiß die Schleiermachersche, über welche in allen theologischen Zirkeln so viel disputirt wurde, daß sie zu kennen nothwendig war. Für die historische Theologie hatte ich auf der Universität die wenigste Zeit übrig, wiewohl ich sie nicht ganz vernachlässigte, und meine Dogmengeschichte, die ich bei Dr. Baur hörte, großentheils repetirte, auch Neanders Kirchengeschichte las, soweit sie herausgekommen war.

Auch mehrere Commentare ging ich, neben den exegetischen Vorlesungen bei Herrn Dr. Steudel, Schmid, Baur, Kern durch und fand am Lückeschen und an dem von Olshausen am meisten Geschmack. Von den lieben Freunden, welche theils damals schon entschieden christlich gesinnt waren und mit mir in eine Erbauungsstunde gingen, die gewöhnlich von einem Repetenten geleitet wurde, oder theils später es geworden sind, bekam ich Bücher, so viel ich lesen konnte, sowie von Herrn Dr. Steudel, und hatte in dieser Beziehung wenige oder gar keine Ausgaben. Unter jenen besondern Freunden war der selige Hofacker, der jetzige Prälat Kapff, der jetzige Professor Dorner, die jetzigen Pfarrer Ostertag, Schaufler, Dierlamm u. s. w. Durch die Eile aber, in welcher ich alles that, kam ich in ein unruhiges Treiben hinein, und es schien beinahe mitunter, als wollte ich sehr thöricht dem großen Götzen „Wissenschaft" eifriger nachlaufen, als auf die Fußstapfen des lebendigen Gottes merken, die in meinem eigenen Leben zu finden waren. Durch eine ruhige Betrachtung früherer Erfahrungen fand ich jedoch immer wieder das Gleichgewicht, und der Geist des Gebets wich nicht von mir.

Da ich neben meinem Freitisch auch von Weimar noch einigemal etwas bekam, so lebte ich, bei freilich sehr großer Sparsamkeit und Zurückgezogenheit ziemlich sorgenfrei. Da ich wußte, wie sehr ich Ursache zu sparen hatte, so lebte ich außerordentlich diät, aß bloß zu Mittag und begnügte mich Morgens und Abends, so lange es mein Magen vertrug, mit einem Stück trocknen Brodes, das ich für einen Kreuzer holen ließ. Nie aber zählte ich mein Geld und wußte auch nie, wie groß der Vorrath noch sei. Ohne Sorgen wollte ich Tag für Tag aus der Hand des Herrn leben und keine ängstliche Berechnung anstellen. Im Glauben an dem lebendigen Gott hatte ich alles, was ich brauchte. Nach zwei Jahren hörte der Freitisch auf; ich sah, daß in meinem Koffer noch Etwas übrig geblieben war, und wurde weiter nicht beunruhigt. Zudem war das liebe Decanathaus in Kirchheim die ganze Zeit über mein eigentlicher Stütz- und Ruhepunkt gewesen; dahin kam ich in jeder Vacanz; dort schüttete ich mein Herz aus; dorther war ich des freundlichsten und väterlichsten Beistandes auch jetzt immer noch gewärtig und es wurde sogar ernstlich die Rede davon, daß ich noch ein Jahr nach Berlin gehen sollte, wohin mich Professor Neander, dessen Bekanntschaft ich im Steudelschen Hause gemacht hatte, sehr freundlich einlud. Einen Theil der Vacanz brachte ich auch gewöhnlich in einem lieben Hause in Stuttgart (bei Professor Hoffmann, dem Tochtermann des Hauses) zu, wo sich unbemerkt und ungesucht meine Casse vermehrte. So viele Beweise von der Hülfe des Herrn ließen mich zuletzt auch das Unmöglichscheinende für möglich halten und mit festem Vertrauen blickte ich in die Zukunft. Eines Tages ging ich, in mich gekehrt, in der Stadt herum. Da dachte ich an meine kranke Mutter, eilte sogleich nach Hause, packte einige Louisd'or zusammen und schickte sie fort zu ihrer Unterstützung.*)

---

*) Ein weiter unten mehrerwähnter Universitäts- und nachheriger Hausfreund des Seligen, Herr Dr. Eduard Eyth, Professor am evangelischen theologischen Seminar in Schönthal, hat über die Tübinger Zeit desselben einige Mittheilungen zu machen die Güte gehabt, welche hier ihren Platz finden mögen.

„Den seligen Denner lernte ich kennen, als ich, das Stift verlassend, meine Wohnung im Hause des seligen Dr. Steudel nahm. Der untere Stock des Hauses wurde von Studenten bewohnt; Schwaben, Schweiz und Thüringen waren vertreten. Die Verschiedenheit der Abstammung verläugnete sich nicht in einzelnen Folgen, aber im Durchschnitt bildete sich allmählig das anmuthigste Verhältniß, wobei Denners Herzlichkeit, Kindlichkeit, Offenheit, ungefärbte, anspruchlose, von der Aeußerlichkeit und ihren Vergnügungen sich zurückziehende, aber dennoch nicht im Mindesten pedantische, sondern oft recht von Herzen fröhliche Frömmigkeit das Meiste zu Frieden und Freundschaft beitrug. Sein Stubengenosse war der durch seine Schriften in Deutschland, und noch mehr in der Schweiz wohlbekannte, biedere Schweizer, Carl Steiger, Verfasser der „Wochenpredigten“, eines „biblischen Gebetbuches“ und noch mancher anderen, durch Gemüthlichkeit und Sinnigkeit sich auszeichnenden Schriften, der — längere Zeit kränklich — zuletzt in Stuttgart als resignirter Kirchenrath starb. Der Stubennachbar war ein Schwabe, ein Original in anderer

Im Sommer 1830, da ich noch nicht viel übe ein Jahr studiert hatte, war ich auf eigene Weise zu

---

Weise, ein wohlmeinender, im Grunde edler Mensc mit der seltsamsten Mischung von Pietismus und Ratio nalismus, anerkannt der fleißigste Student der Uni versität, ordnungsliebend bis in's Lächerliche, (jede Fensterriegel hatte seine Stellung); ein Minutenzähle unter allen Umständen, reich an unzähligen Manuscripte durch Uebermaß des Beweisens ein warnendes Exempel wie dadurch nicht nur der Leib zum Siechthum gelang sondern auch die Seele mit ihren Kräften sich abstumpf Gegenüber wohnte ich. Es war eine unglückliche Zei meines Lebens, da ich dem Erblinden nahe war un gegen zwei Jahre hindurch mich des Lesens und Schrei bens enthalten und doch studieren mußte. Neben eine ganz eigenthümlichen Methode des Studiums, wozu mi diese Lage zwang, waren es besonders meine Freund die mir durch Vorlesung, Mittheilung des Resulta ihrer Lectüre, Austausch der Gedanken im Gespräc u. dergl. meine trübe Gegenwart aufs Wesentlich erleichterten. In ästhetischen und ähnlichen Ding habe ich hier die als Professoren in Tübingen gesto benen Freunde R. Köstlin und Fallati; für die The logie den jetzigen Bibliothekar Klüpfel in Tübingen u Dr. Donner in Göttingen; vor Allem aber meinen li ben Denner zu nennen, der mit unermüdlicher Gedu und Treue in harmloser Aufopferungsfähigkeit mir f täglich stundenlang vorlas und sogar im Winter m oft schon Morgens fünf Uhr zu diesem Zwecke weck nachdem er selbst zuvor bei mir eingeheizt hatte. Da saß er an meinem Bette, das ich selbst nicht zu v meiner ersten Predigt gekommen. Ein Freund hatte auf den Feiertag Peter und Paul in einem Dorfe, drei Stunden von Tübingen, für den erkrankten Pfarrer zu predigen versprochen. Da er sich unwohl fühlte, kam er Tags zuvor, da ich gerade in einer Vorlesung war, zu mir und fragte mich, ob ich nicht für ihn predigen wolle, er sei in großer Verlegenheit. Ich schlug es jedoch geradezu ab, ich könne noch nicht predigen, sagte ich, er möge einen andern suchen. Nach dem Essen kam ich, wie häufig, zu diesem nämlichen Freunde, wo er mir auf's neue anlag. Ein anderer Freund (Albert Ostertag und Schauffler) vereinigte sich mit seiner Bitte und gemeinschaftlich drangen sie in mich, doch die Predigt zu übernehmen. Es sei gut, daß ich einen Versuch mache, einmal müsse ich doch anfangen, es sei Heuernte und kommen wenig

---

lassen brauchte, bis um acht Uhr das erste Collegium ihn und mich abrief. Wie klein war meine Gegenleistung, indem ich ihm, besonders im Griechischen, noch einigen nachhelfenden Unterricht ertheilte. Gott vergelte es ihm.

Im Aeußeren ging es bei ihm natürlich sparsam zu. So wenig Bedürfnisse er hatte, so waren doch oft die Mittel noch geringer. Aber er verlor nie den ungetrübten Muth des kindlichen Glaubens, der oft merkwürdig belohnt wurde. So fand er einmal in Zeit der Noth unten in seinem Koffer ein ganz artiges Päckchen Geld, von dem er rein nicht wußte, wie es hineingekommen war. —

Zuhörer; wenn ich ein Viertelstündchen predige, sei es genug, und was der Gründe mehr waren, durch welche sie mich zu bestimmen suchten. Endlich ließ ich, aus Rücksicht für den kranken Freund, der bei der schönen Witterung mit den Andern einen Ausflug machen wollte, bestimmen. Es war aber schon zwei Uhr, und ich mußte denselben Tag noch drei Stunden weit gehen und hatte keinen Buchstaben von einer Predigt. Ich ging nun eilig nach Hause, lernte das Evangelium auswendig und kleidete mich an. So gerüstet machte ich mich auf den Weg und dachte darüber nach, wie und was ich predigen wollte. Endlich hatte ich ein Thema und einige Theile; da kam ein Bauersmann aus dem Orte, der zu den Pietisten gehörte, dieser ließ sich in ein Gespräch mit mir ein und ersuchte mich, daß ich es beim Herrn Pfarrer doch dahin bringen möchte, daß man wegen der Heuernte früher in die Kirche ginge, weil die Leute dann eher kommen könnten; was ich zu thun versprach. Endlich in Gültstein angelangt, unterhielt ich mich eine Stunde mit dem kranken Herrn Pfarrer, der zu seiner Erbauung und Vorbereitung auf sein baldiges Ende Walther Scott's Roman las, und bat ihn wirklich, ohne daran zu denken, daß ich längere Zeit wohl nöthig hätte, ob ich nicht die Kirche früher halten dürfte, was ihm ganz recht war. Endlich wurde zu Nacht gegessen, und es war schon neun Uhr, da wurde es mir auf einmal, in Gedanken an meine Predigt, ganz heiß und ich bat, mir mein Zimmer anzuweisen, ohne natürlich zu äußern, wie schlecht ich beschlagen war. Hier setzte ich mich nun hin und fing in großer Noth zu schreiben an, was ich unterwegs gedacht hatte. Nach zwölf Uhr hatte ich ein Predigtlein und fing noch an zu memoriren, indem ich Manches in meiner Predigt versetzte und Manches hinzufügte, so daß die untenwohnenden Leute nicht recht wußten, was es oben noch für einen Rumor gab. Dann schlief ich einige Stunden und fing bei guter Zeit wieder an zu memoriren. Um halb sechs kam der Bote, der mich auf's Filial führen sollte, wo ich zuerst predigen mußte. Als ich ankam, ließ ich mir die Liturgie bringen, wählte Gebete und Lieder und ließ ausläuten.

Die Sakristei war abgeschlossen und eine steile Treppe führte aus derselben auf die Kanzel. Mit schwerem Herzen stieg ich hinauf, in der Meinung, es liege überall eine Bibel auf der Kanzel. Allein, oben angekommen merkte ich das Gegentheil, und da ich mich fürchtete, das Evangelium auswendig zu sagen, mußte ich wieder hinunter. Da wurde aber die Noth noch größer; denn unter allen Büchern fand ich keine Bibel. Endlich erwischte ich das mir unbekannte Evangelienbüchlein, blätterte und fand meinen Text und wollte nun eilig die Treppe hinauf. Doch, ungewohnt des langen Kirchenrockes, trat ich darauf, daß alle Knöpfe von oben bis unten aufgingen, und ich beinahe rücklings herunterfiel. Ich raffte mich wieder zusammen und kam außer Athem auf der Kanzel an. Die kleine Kirche war sehr voll und die Männer standen mir sehr nahe. Meine Predigt legte ich vor mich, und eben wollten die letzten Töne der Orgel verhallen, da kam ein Windstoß, oder ein Aermel vom Kirchenrock an meine Predigt, und die einzelnen Blätter derselben flogen auf den Köpfen meiner Zuhörer herum. Als ich das bemerkte, war es, als schütte man kaltes Wasser über mich; aus der ungeheuren Aufregung und Angst wurde eine ruhigere Stimmung; ich seufzte innerlich; „Herr, jetzt mußt Du helfen, sonst bin ich verlassen!“ Die mir nahe stehenden Männer winkten einander zu und sagten: „Man muß em bringe, man muß em bringe!“ Da dieß aber bei den einzelnherumfliegenden Blättchen sehr schwierig war, und ich keinen Wink gab, so hieß es: „Er kann's so, er kann's!“ Wirklich half mir auch Gott; und es ging vielleicht besser, als wenn ich meine Blättchen gehabt hätte, wo, was vorn hin gehörte, bisweilen hinten stand und umgekehrt.

In der nächsten Vacanz predigte ich auch in Gegenwart des lieben Herrn Dr. Bahnmaier und meines ehemaligen Lehrers Herrn Oberpräzeptor Gaupp in Oethlingen. In der Ostervacanz 1831 ging ich nach Basel, um Herrn Spittler, durch welchen ich nach Kirchheim gekommen war, zu besuchen, und hielt auf seine Veranlassung eine Erbauungsstunde im Fälkli. (Spittler's Behausung.) In Tübingen hielt ich abwechselnd mit mehreren Anderen unter Leitung des Herrn Dr. Schmid, dem man eine Disposition überreichen mußte, die Spitalstunde, was eine gar gute Uebung war.*)

Nächsten Herbst gedachte ich in's Prediger-Institut zu treten. Doch Gottes Wege sind nicht unsere Wege und seine Gedanken nicht unsere Gedanken; so weit der Himmel höher ist denn die Erde, also sind auch seine Gedanken höher denn unsere Gedanken und seine Wege denn unsere Wege. Gegen das Ende des Sommersemesters 1831, also nachdem ich zweieinhalb Jahr studiert hatte, erhielt ich durch Herrn Spittler eine Aufforderung, Lehrer eines jungen Mannes zu werden, der damals in einer Pension in Lausanne war, und mit welchem ich später nach Deutschland gehen und einige Reisen machen solle. Man sagte mir, die Familie des jungen Le Grand, so hieß

*) Zu diesen Vorträgen und Katechisationen bei den Hospitaliten, worunter viel Geistes-Schwache waren, war wenigstens unter den Studierenden gewiß kein Anderer so geeignet, als seine demüthige kindliche Seele, — diese wahre anima candida — so bezeugt Professor Eyth, welcher zugleich sich erinnert, wie dieser fromme, ernste Student dennoch seine freie Heiterkeit bewahrte und selbst an Studentensachen (die mit keiner Unsittlichkeit oder Rohheit verbunden waren,) im engern Kreise mit harmlosester Fröhlichkeit seinen bescheidenen Antheil nehmen konnte. Einen gesunden, frischen Humor hat er bis zuletzt gehabt.

er, sei eine sehr vorzügliche Familie, und ich werde wohl thun, das Anerbieten anzunehmen. Anfangs war es mir eigentlich ganz zuwider; ich war mitten im Studium der Theologie begriffen und hatte mir später noch auf Berlin Hoffnung gemacht. Eine solche Unterbrechung schien überhaupt meine ganze Laufbahn auf bedenkliche Weise zu unterbrechen und das Ziel entweder ganz zu verschieben, oder in weite Ferne hinauszurücken. Des bloßen Mangels an äußern Mitteln wegen nun aber noch aufzuhören, ungeachtet früherer Erfahrungen von der Durchhülfe des Herrn, erschien mir thöricht und ungläubig. Ich schrieb nach Kirchheim und Basel und sagte im letzteren Briefe an Herrn Spittler: „Ja, wenn ich Gewißheit hätte, daß ich nach nicht allzulanger Zeit noch ein Jahr auf eine Universität gehen könne, würde ich mich eher entschließen." Dieß war auch die Ansicht des lieben Herrn Dr. Bahnmaiers in Kirchheim. Anfangs wollte ich das Gesuch ohne Weiteres geradezu ablehnen, weil es mir gar zu quer und ungeschickt zu kommen schien; bei näherer Erwägung und Ueberlegung meiner ökonomischen Lage, in welcher ich ganz von Unterstützung abhängig war, fand ich aber, daß es doch besser wäre, wenn ich mir selbst so viel erwerben könnte, als zur Vollendung meiner Studien nöthig sein würde, und daß ich sogar die Pflicht hätte, eine Gelegenheit, die mir dazu gegeben würde, zu benutzen. Doch, die Bedingung, daß ich dadurch nicht von meinem Berufe abkäme, hatte ich auf's bestimmteste gemacht. So wartete ich nun auf Antwort, während alle Studenten bereits in die Vacanz waren. Endlich kam ein Brief von Herrn Friedrich Le Grand, Fabrikherrn in Fouday im Steinthal, worin er mich bat, so bald als möglich zu kommen. In der Meinung, die Bedingung sei angenommen, holte ich den folgenden Tag meine Zeugnisse, nebst einem Paß, packte meinen Koffer, wobei ich angenehm überrascht wurde, daß ich fünf Louisd'or fand, von welchen ich gar nichts wußte, und ging in aller Frühe nach Stuttgart. Ein einziger noch zurückgebliebener Freund, Bender aus Darmstadt begleitete mich. Es wurde mir aber sehr schwer, so daß es nicht ohne Thränen geschah.

Von Stuttgart ging ich noch einmal nach Kirchheim, um zu sehen, ob Herr Dr. Bahnmaier mit meinem Schritt zufrieden sei und als ich dieß fand, war ich ruhig. Herr Haering in Stuttgart aber meinte, es sei ein zu schneller Entschluß, ich solle wieder nach Tübingen zurück, was ich aber um keinen Preis mehr thun wollte. Dennoch setzte ich mich in Stuttgart auf den Eilwagen nach Straßburg und ging von da in's Steinthal nach Fouday, wo ich auf eine sehr liebreiche und freundliche Weise aufgenommen wurde. Eine Woche blieb ich dort und unterhielt mich sehr viel mit dem Herrn Le Grand, der mich auf Oberlin's Grab führte und mir Vieles von diesem Manne Gottes erzählte, der so lange segensreich in diesem abgelegenen Thale der Vogesen gewirkt hatte. Auch zum alten ehrwürdigen Großpapa, der so viele Jahre in Gemeinschaft mit Oberlin gewirkt hatte, mußte ich. Bald kamen wir in unseren lebhaften Unterhaltungen, in welchen der edle Greis, der bald ganz erblindete, mich kennen lernen wollte, auch auf die Versöhnungslehre zu sprechen, bei welcher Gelegenheit ich erklärte, mit ihm nicht übereinstimmen zu können, da er Christi Opfertod nicht gelten lassen wollte. „Ei was!" sagte der edle Greis, „da dürfen Sie nicht mit mir übereinstimmen, sonst könnten Sie nicht der Lehrer meines Neffen werden." Er erzählte dann, wie er da eine andere Ansicht habe, als seine Kinder, fügte aber, bis zu Thränen gerührt, hinzu, wie sehr er Gott danke, daß alle seine Kinder einen so frommen und christlichen Sinn hätten. Ich fühlte bald, mit was für einem Mann ich es zu thun hatte, und mit welcher edlen christlich gesinnten Familie ich in Verbindung getreten war; jetzt war daher meine größte Sorge, wie ich meine neue Stelle gehörig ausfüllen sollte. Denn der junge Mann war schon im siebenzehnten Jahre und es hätte leicht sein mögen, daß er mich an Realkenntnissen übertroffen hätte; dabei hörte ich, daß er ein frommer Jüngling und oft seiner Sünden wegen bekümmert sei. Da wurde mir der Gedanke sehr schwer, ob ich dem jungen Manne auch gewachsen sein würde und die an mich gemachten Forderungen befriedigen könne. Zudem mußte ich, ohne französisch zu können, in ein ganz französisches Land und der Vorsteher der Pension selbst verstand, wie ich vernahm, nicht deutsch.

So in schweren Gedanken, meine Wege Dem anbefehlend, der mir sie anwies, reiste ich nach Basel, von da, an vielen Freiheitsbäumen vorüber, nach Oltingein in Basel-Landschaft, wo ich Pfarrer Le Grand auf seinem lieblichen Pfarrsitze, von welchem er durch die Revolution bald vertrieben wurde, noch besuchte und dann mit der Post meine Reise weiter fortsetzte. Ich hatte eine französische Grammatik bei mir und lernte, wo ich nur konnte. Der Herbst 1831 war ausnehmend schön, so daß ich mich in Bern entschloß, lieber zu Fuß zu reisen. Ich nahm meine Grammatik in die Hand, mein Ränzchen auf den Rücken und conjugirte eine zeitlang je fais, tu fais, il fait u. s. w., blieb dann stehen und betrachtete wieder die herrlichen Schweizergebirge. So kam ich in einigen Tagen in die Nähe von Lausanne. Mit Entzücken, doch auch mit bangem Herzen erblickte ich, von der Höhe eines Berges herab, die herrliche Landschaft, den Genfer See, die jenseitigen Alpen, unter welchen ein weißer in die Wolken ragender Berg, der Montblanc, sich auszeichnete.

In Lausanne angelangt, erkundigte ich mich nach Herrn Gaudin au petit château. Man wies mich eine Anhöhe hinauf zu einem eisernen Gitterthor hinein. Das erste Gesicht, das mir aufstieß, war ein kleiner Mensch mit auffallender Physiognomie, den ich, nach einem Portrait, welches ich in Fouday gesehen, für den jungen Le Grand hielt. Ich fragte, und es verhielt sich also. Er verstand und sprach sehr nothdürftig das Deutsche und führte mich zum Vorsteher, Herrn Gaudin, mit dem ich mich lateinisch, das er ebensowenig ciceronianisch, als ich, sprach, nothdürftig verständigte, da er es französisch aussprach; doch war ich noch sehr froh daran, da ich mich mit andern gar nicht unterhalten konnte. Man wies mir ein sehr hübsches Zimmer an, aus welchem ich eine herrliche Aussicht über den Genfer See hinüber, bis an den Montblanc hatte. Hinter dem Hause war eine Anlage, die wegen der schönen Aussicht in den herrlichen Oktobertagen entzückend war. Ich legte mich nun mit aller Kraft auf's Französische, da ich ohne dieses mit meinem Zögling nicht viel ausrichten konnte. blieb halbe Nächte auf, übersetzte und las, und hatte täglich Leseübungen bei Herrn Gaudin, der meine Uebersetzungen auch corrigirte. Wenn es gegen Mitternacht kalt im Zimmer geworden war, legte ich die Bettdecke auf meine Füße und verscheuchte den Schlaf durch Schnupftaback. Nach einigen Monaten las ich mit ziemlicher Leichtigkeit ein französisches Buch und fing an sehr holpricht zu sprechen. Daneben betrieb ich besonders das Deutsche mit dem jungen Le Grand, mit dem ich anfangs pianissimo zu Werke ging und den ich mehr beobachtete als leitete. Bald merkte ich, daß eine nicht ganz leichte Aufgabe mir vorgelegt war, und mußte fleißig um Weisheit und Kraft bitten, um sie zu lösen. Ich machte täglich auf beschwerlichen Wegen Spaziergänge mit ihm, auf welchen ich ihn, wie er später sich selbst scherzend ausdrückte, wie ein Metzger das Kälbchen nachschleppen mußte. Ich behandelte ihn so liebreich als ich konnte; weil ich ihn aber zu größerem Fleiß und angestrengter Arbeit anhielt, war ich ihm in der ersten Zeit nicht gar angenehm; er schloß sich jedoch immer mehr an mich an und äußerte sich anerkennend und dankbar. Wie wir es verabredet hatten, schrieb ich in langen Briefen seinem Vater alles und, was nach meiner Meinung zu thun sei; stellte es ihm aber anheim, ob er nach Verlauf eines halben Jahres einen andern tauglicheren Lehrer für seinen Sohn wählen, oder mich behalten wollte. Nach einem halben Jahre konnte ich mich französisch ausdrücken. Ich besuchte die Morgenandachten des sonst vortrefflichen, mir sehr lieben und theuren Herrn Gaudin fleißig, fand aber, daß zwar Alles, was er sagte und betete, meist gut und vortrefflich war, aber zu lange dauerte, nämlich eine, auch eine und eine halbe Stunde. Während er in tiefe Andacht versunken die Augen verschloß, lehnten und lutschten die jungen Leute mit unausstehlicher Faulheit umher. Ich lernte die Gefahren kennen, welche nur gar zu leicht mit einer Erziehung verbunden sind, welche auf methodische Weise die jungen Leute mit Gewalt bekehren und zu Christo hinziehen will, während man ihnen das Evangelium an's Herz legen, sie daneben an ernste Thätigkeit gewöhnen und die freie Gnade Gottes auch frei von innen heraus wirken lassen sollte. Will man es durch Ermahnungen und Vorstellungen von außen her gleichsam erzwingen, so gelingt es selten, und während die edelsten Gefühle abgestumpft und abgenutzt werden, und keine recht lebendige, christliche Tiefe entsteht, bildet sich ein gewisser frommer Formalismus, wo man fromme Redensarten durch häufiges Anhören zuletzt auswendig behält und ohne wahren inneren Gehalt, ohne lebendiges Gefühl gebraucht.

Oft war ich in Lausanne sehr gedrückt; von einer Sorge und Noth befreit kam ich in eine andere, so daß ich wohl die allmächtige Hülfe des Herrn suchen lernte; denn seit Eßlingen hatte ich häufig körperlich zu leiden, wobei ich doch den Geist immer anstrengen mußte. Ich sah mit Recht meine jetzige Stellung als eine solche an, in welche ich nicht von Menschen, sondern von Gott selbst versetzt war, und fühlte die Nothwendigkeit, und hatte den festen Vorsatz, in derselben, so viel ich es in meiner Schwachheit vermochte, Treue zu beweisen. Die Theologie mußte ich natürlich gänzlich liegen lassen, und die Zeit, die mir übrig blieb, zur Erlernung der französischen Sprache benutzen. Doch lernte ich auch manches Andere, das mir nützlich war, und besuchte die

Versammlung der christlichen Studenten, die mich, obgleich ich ihre Calvinische Lehre von der Vorherbestimmung verwarf, sehr liebreich aufnahmen. Sie hatten nämlich den Grundsatz: il faut être large. Mit Herrn Gaudin besuchte ich gewöhnlich am Sonntag die Versammlungen der Separirten, sogenannter Momiers, die man früher grausam verfolgt hatte, jetzt aber, nach geschehener politischer Umwälzung duldete. Auch viele der vornehmsten Frauen gingen in ihre Versammlungen, wo sie, wie es mir ebenfalls erging, mehr Nahrung für ihr Herz fanden, als in der damals noch in Starrheit und Lauheit versunkenen Nationalkirche. Seitdem ist ein vortrefflicher Mann Dekan geworden und der Kreis des religiösen Lebens hat sich so sehr erweitert, daß die ganze Nationalkirche von dieser Bewegung berührt worden zu sein scheint. Während meines Aufenthalts hatte in dem nahen Canton Neufchatel die schmähliche, viel bespöttelte revolutionaire Expedition Bourquios statt, und viele separirte Gemeinden schickten an die ebenfalls separirte, aber in große Irrthümer und Schwärmereien gerathene Gemeinde zu Iferden Deputirte ab, um sie zur Nüchternheit zurück zu rufen und nöthigenfalls sich von ihr, als einer hartnäckig verirrten Gemeinde loszusagen. In den andern Gemeinden betete man, die Verläumdungen und Feindseligkeiten einer ungläubigen Welt fürchtend, mit großer Herzlichkeit für dieselbe. Die Iferdener wollten nämlich, unter

Anderem ganz das apostolische Zeitalter zurückführen, verbrannten, um es den ephesischen Christen gleich zu thun, alle Bücher außer der Bibel auf einem öffentlichen Platze und wollten auf den Wellen des Neufchateler Sees wandeln, was natürlich gänzlich mißlang und zu großem Aergerniß Veranlassung gab.

Endlich ging das halbe Jahr seinem Ende entgegen. Es war immer die Absicht des Herrn Le Grand gewesen, daß er seinen Sohn später nach Deutschland schicken wolle, damit er sowohl deutsch sprechen lerne, als auch überhaupt sich weiter bilden lasse. Er suchte zu diesem Endzweck eine passende Familie, in welcher ich mich mit seinem Sohne aufhalten könne. Da er wenig bekannt war, fragte er mich, ob es nicht vielleicht gar in dem lieben Hause zu Kirchheim geschehen könne? Ich bat ihn, zu schreiben, und bald benachrichtigte er mich, daß er die günstigste Antwort erhalten habe und ich demnach wieder in mein altes Quartier komme. Mit großer Freude erhielt ich diese Nachricht; meinem lieben Zögling war dabei etwas bedenklich zu Muthe, indem er viel von den deutschen Bären gehört hatte, unter welche er nicht gern versetzt sein wollte. Wir machten unsere Reise über Neufchatel, wo wir übernachteten und an einem heitern Morgen in einem offenen Gefährte über die Berge fuhren, von welchen wir die herrlichste Aussicht auf eine paradiesische, mit Seen durchschnittene Landschaft und in die Alpen genossen.

Durch das romantische Münsterthal, durch welches wir leider bei Nacht reisten, kamen wir nach Basel, wo wir etwa acht Tage verweilten. Ueber Colmar und Schlettstadt setzten wir dann unsere Reise mit der Post fort, bis ein Gefährt aus dem Steinthal, von Herrn Le Grand entgegengesandt, uns abholte. Ich kam, ziemlich ernst gestimmt, mit meinem Albert im Steinthal an, wo man uns mit großer Freude und herzlicher Liebe empfing. Herr Le Grand hatte meine ernste Stimmung, die zugleich durch einen localen körperlichen Schmerz erhöht wurde, wahrgenommen und suchte mich durch die größten Beweise von Liebe aufzuheitern. Wir blieben vierzehn Tage. Das patriarchalische Familienleben zog mich ungemein an. Da war der alte, jetzt blinde Großpapa, ein ehemaliger Director der helvetischen Republik, eine unverheirathete Schwester des Herrn Le Grand, ein Bruder, Daniel Le Grand mit seiner lieben Frau und fünf liebenswürdigen Kindern, Friedrich Le Grand, der Vater meines Albert, seine treffliche Gattin und noch zwei kleine Mädchen, Alberts Schwestern, alle, in größter gegenseitiger Liebe an einer langen Tafel beisammen, wo die unterhaltendsten und, nach Art der Herrn Le Grands, lebhaftesten Gespräche gepflogen wurden.

Ich stattete meinem Herrn Le Grand genauen Bericht davon ab, wie ich in Lausanne alles gefunden hatte, was ich an der bisherigen Leitung Alberts, dem man viel zu viel auf einmal zugemuthet hatte, aussetzte, was ich an ihm selbst für gute und weniger gute Eigenschaften bemerkt hatte und wie ich glaubte, daß er bei seiner besondern Individualität und seinen geistigen Anlagen, müsse behandelt und geleitet werden.

Schon bei meiner ersten Ankunft hatte mich Herr Le Grand versichert, ich solle wie zur Familie gehören und wie ein Sohn im Hause sein und jetzt wiederholte er es und fragte mich, ob er mir einen bestimmten Gehalt aussetzen solle, oder ob ich es ihm überlassen wolle. Zugleich gab er aber zu verstehen, daß Christen eigentlich, nach seiner Meinung, nicht so miteinander accordiren, sondern in einem freieren Verhältniß gegenseitiger Liebe und Vertrauens stehen sollten. Ich war es von Herzen zufrieden und stehe bis jetzt immer noch in demselben Verhältniß zu ihm. Bei meiner ersten Abreise gab er mir einen bis oben gefüllten Beutel voll Geld, dessen Inhalt ich nie erfahren habe, weil ich während der Reise nicht Alles genau notirte und so erhielt ich immer Geld, wenn er glaubte, es könne ausgehen. Ich gab davon aus für mich, was ich brauchte, unterstützte meine Mutter und berechnete nur immer, was ich für Albert oder gemeinschaftlich für uns ausgegeben hatte. Nie verließ ich, so zu sagen, das Haus, ohne daß durch die treuen und sorgsamen Hände der lieben Frau Le Grand sich meine Effecten vermehrten. Mit so viel Liebe und Zartheit behandelt fühlte ich freilich die Verpflichtung, die auf mir lag, um so stärker und bat Gott inständig um seinen Beistand und Segen.

Herr Le Grand wollte uns selbst nach Kirchheim begleiten. In Straßburg besuchten wir mehrere Freunde und auch die Anstalt für arme und verlassene Kinder auf dem Neuhof, welcher sich die Familie Le Grand, die für alle dergleichen Anstalten ein lebhaftes Interesse hat und nach Oberlinschen Grundsätzen von allem Erworbenen den zehnten Theil im Voraus dem Herrn weiht, ganz besonders annahm. Wir fanden dieselbe in einem ziemlich befriedigenden Zustand, obwohl noch immer kein bestimmter, verheiratheter, christlicher Hausvater da war. Sodann setzten wir unsere Reise an dem Gebirge hin, über Baden-Baden durchs Murgthal fort, und langten am 14. Mai 1832 auf der Höhe von Plochingen an, wo ich dem Herrn Le Grand die schöne Lage der Stadt am Fuße der Alb und zugleich den ersehnten Ort unseres künftigen Aufenthalts, das hervorstehende Decanathaus zeigte. Er war voll Freude und in mir regte sich etwas von heimathlichen Gefühlen, das keine Beschreibung leidet.

VII.

Mein zweiter Aufenthalt im Decanathause zu Kirchheim u. T.

Kam ich in Lausanne oft ins Gedränge und wußte nicht, wie ich den mir Anvertrauten richtig und weise behandeln sollte, so war ich jetzt väterlichen Rathes und liebreicher Mithülfe eines erfahrenen Pädagogen gewiß. War ich früher wegen meines äußern Bestehens immer mehr oder weniger in Sorge, so war ich nun auf einmal völlig derselben entledigt und hatte nicht nur, was ich brauchte, sondern mehr als ich brauchte, so, daß es auch noch für Andere ausreichte. War ich früher bei meinem ersten Aufenthalt in Kirchheim noch immer in einiger Ungewißheit, ob ich es wirklich bis zum Studium der Theologie bringen würde, so durfte ich jetzt die nämliche Kanzel betreten, zu welcher ich oft mit großer Sehnsucht und Erwartung hinauf geblickt hatte. Zudem war nun auch noch ein liebes Nachbarhaus da, das Knapp-sche, in welchem wir täglich aus- und eingingen, so rie andere alte Freunde uns mit Liebe entgegen kamen. Mit Recht betrachtete ich daher diese neue Periode als die glücklichste meines ganzen Lebens, elbst mein Knabenalter nicht ausgeschlossen.

Während Herrn Le Grand's Aufenthalt von tlichen Tagen wurde der neue Lectionsplan entwor- en, nach welchem ich täglich, um Zeit zur Fortsetzung neiner theologischen Studien zu haben, worauf Herr Le Grand nach seiner uneigennützigen Liebe die zar- teste Rücksicht nahm, nur etwa drei bis vier Stunden uf mich fielen, das Uebrige von andern Lehrern nter meiner Aufsicht besorgt wurde, besonders von Herrn Beutenmüller, zu welchem Herr Le Grand ein esonderes Zutrauen hatte. Dieser begab sich auf die Rückreise mit dem festen Vertrauen, daß sein Sohn n der Familie, in welche er mit mir gekommen war, vohl versorgt sei, was ihm den Abschied vom einzigen Sohn sehr erleichterte. Ich und mein Albert beglei- teten ihn bis Köngen und unter einem Strom von Thränen nahm er von uns Abschied, wobei er noch m Affect die für mich centnerschweren Worte sagte: „Nun, lieber Herr Denner, (sein gewöhnlicher Aus- druck) Sie wissen, was ich Ihnen anvertraut habe!"

In dieser glücklichen Lage fing ich nun getrost wieder an, meine theologischen Studien fortzusetzen, predigte hier und half in der Umgegend aus, wo ich meinen lieben Albert, der mir, neben mancher Sorge auch manche Freude machte, da er immer fleißiger wurde und Beweise großer Anhänglichkeit und Liebe gab, gewöhnlich mitnahm, wie er dann immer an meiner Seite hing und ging. Auch für ihn konnte sich keine günstigere Lage finden lassen. Er sah viele Fremde und war in einem Familienkreise, in welchem man ihm nur mit Liebe entgegen kam und hatte auch außer mir christliche Ansprache und Ermunterung. Besonders war es das unvergeßliche Knapp'sche Haus, wohin wir täglich kamen. In demselben wurden überdieß die Stunden durch Musik gewürzt, indem wi viel vierhändig spielten. Auch vermißte er wirklic die Heimath nicht sonderlich, und erinnert sich heut immer noch mit großer Liebe an diesen Aufenthalt

Es fehlte meinem lieben Albert gar nicht a Verstand, besonders wenn er ins Komische einschlug deswegen war es mir oft räthselhaft, daß er nicht s schnelle Fortschritte machte, als ich gerne gewünsch hätte. Er besaß eine merkwürdige Gabe, Mensche richtig zu beobachten und zu beurtheilen, und ich mußt mich oft im Stillen darüber wundern. Weil er damal auch körperlich sich noch nicht entwickelt hatte, konnt er hie und da von Menschen übersehen werden, d sich freilich nicht einbildeten, daß er sie selber sch vorher übersehen hatte und daß sie durch eine schar Kritik laufen mußten; worüber ich oft still lächelt oft auch mich veranlaßt sah, ihn zu tadeln und a sein eigenes Innere zu weisen. Mit seinen ächt L Grand'schen Einfällen erheiterte er oft das gan

Haus und durch seine Gutmüthigkeit, in welcher er sich immer enger an mich anschloß, gewann er die Gemüther. Als er einst eine alte Frau scharf ins Auge gefaßt und nachher sich gegen mich geäußert hatte: „elle est bien avare“ (die ist recht geizig), mußte alles lachen, denn er hatte es, ohne je etwas von dieser Person gehört zu haben,. auf's Haar hin getroffen. Oft ritten wir mit einander aus oder machten auch weitere Fußtouren, wobei alles Sehenswürdige mitgenommen wurde. So reisten wir auch einmal mit einander nach Mannheim, Heidelberg, Worms, Speyer und über den Spessart zurück. Als wir wegen der üblen Witterung einst in einem hessischen Dorfe übernachteten, und der Schultheiß unseren lange nicht visirten Paß zu Gesicht bekam, wollte er uns durchaus nicht weiter ziehen lassen, sondern zum Landrath schicken, weil es ihm sehr verdächtig vorkam, daß ich mit einem Begleiter aus Frankreich so herumreiste. Nur mit Mühe konnte ich mich loskämpfen und die Reise fortsetzen.

Nach einer solchen Tour kehrten wir immer mit Lust und Liebe wieder in das heimathliche Decanathaus zurück, in welchem herzliche Liebe und Freundlichkeit uns von allen Seiten entgegen kam. Mein Albert machte dann eine Reisebeschreibung und erheiterte besonders oft die gute freundliche Jungfer Tante (eine von Kindesbeinen an contracte Schwester der seligen Frau Doctorin Bahnmaier) mit den erlebten

Abenteuern. Die Klippe, wegen meiner nichts an dem mir Anvertrauten zu versäumen, habe ich immer so viel als möglich, zu vermeiden gesucht! wiewohl ich mich selbst, nach dem Willen des Vaters, nicht allzusehr vernachlässigen durfte, und er am Ende doch selbst lernen mußte. Freilich war es immer ein sehr mangelhaftes Studieren, wenn er neben mir laut memorirte und mich auch außer den Unterrichtsstunden oft unterbrach. Doch wurde ich es immer mehr gewohnt und es thut mir noch leid, wenn ich, auch körperlich bisweilen angegriffen, hie und da schnell und unfreundlich antwortete. Oft habe ich mich deßwegen vor dem Herrn demüthigen müssen und durch diese und andere Erfahrungen in meinen besten und festesten Vorsätzen, an welchen es wahrlich nicht gefehlt hat, ein gewisses Mißtrauen setzen lernen. Ein fester Willensentschluß vermag viel, aber nicht alles; wir sind abhängig von Gottes Gnade und ich will deßwegen in Zukunft immer hinzusetzen, oder doch hinzudenken und zwar bei meinen redlichsten Entschlüssen „So fern mir der Herr in meiner Schwachheit mit seiner allein alles vermögenden Kraft beistehen wird!"

Nach einem schnell und glücklich vorübergegangenen Jahre machten wir im Sommer 1833 einen Besuch im Steinthal und verlebten dort glückliche Tage. Pfarrer Le Grand, der sich nun schon auf sein Filial hatte flüchten müssen, kam auch mit seiner lieben Frau, und ich kutschirte nun in seinem Einspänner allein nach Basel, um dort den Missions-Festen beizuwohnen, wohin die Lieben auch noch nachkommen wollten. In Basel traf ich, außer den lieben alten Freunden, noch mehrere andere, die zum Theil aus fernen Gegenden gekommen waren und sich besonders traulich in Beuggen zusammenfanden, wo es zwischen vertriebenen Geistlichen aus Basellandschaft und ihren getreuen Gemeindegliedern, denen mit Gewalt der geliebte Seelsorger entrissen worden war, die rührendsten Auftritte gab. Herr Inspector Zeller hielt eine gehaltreiche Rede, in welcher er das revolutionäre Treiben nach seinem bösen Ursprung, verderblichem Wirken und gottlosem Ziele darstellte und Mittel angab, sich und Andere dagegen zu bewahren und in der Stunde der Versuchung Glauben zu behalten. Nach ihm traten mehrere Andere auf, z. B. Hoffmann, Vorsteher von Kornthal und Dr. Barth, welche von den Kindern der Anstalten in Kornthal und Stammheim an die in Beuggen herzliche Grüße bestellten und belehrende und erweckliche Geschichten erzählten.

Die vorhergehenden Tage waren in Basel schon viele Reden gehalten worden. Professor Spleiß von Schaffhausen, der, was er sagte, immer mimisch darstellte und oft die sonderbarsten Gesichter und Stellungen machte, trat auch auf. Um seine Reden recht zu genießen, und mich durch nichts stören zu lassen, wollte ich nicht auf die Kanzel sehen. Auf einmal aber sagte er: „Ja, lieben Basler, damit ist's nicht gethan, damit ist's nicht gethan!" Da mir die Sache nicht deutlich war, sah ich hinauf und siehe da: Er machte rings um die Kanzel herum mit den Fingern eine Bewegung, wie beim Geldzählen und erst zuletzt fügte er bei: „Die Mission verlangt ein Herz für die Sache des Herrn, Liebe und Gebet!"

Nach acht gesegneten Tagen kehrte ich mit Herrn Le Grand wieder in's Steinthal zurück und blieb vergnügt noch vierzehn Tage, in welchen wir manche schöne Ausflüge machten; dann zog ich mit meinem Albert wieder nach Kirchheim. Es ging im alten Geleise weiter, nur, daß ich auch regelmäßig mit ihm turnte. Einmal klemmte ich mir dabei durch eine ungeschickte Bewegung das Rückenmark ein, daß es, ohne baldige Wiederherstellung, meinen Tod herbeigeführt hätte. Eiskalter Schweiß lag auf meiner Stirne, und furchtbare Schmerzen hinderten jede Bewegung. Noch lange nachher fühlte ich, besonders beim Reiten, einen Schmerz im Rückgrad. Oberamtsarzt Dr. Abele erklärte, daß die Natur mir selber zur Wiederherstellung die ganz zusammengekrümmte stille Haltung geboten habe. Meinem lieben Albert wollte es längere Zeit nicht gelingen, die höchste Spitze des Kletterbaums zu erreichen. Da kam einst die Rede auf Spanferkel, wovon er ein Liebhaber war, und der selige Dr. Bahnmaier setzte einen Preis aus, wenn er die höchste Spitze erreiche. Richtig gelang es gleich darauf, und es wurde nun ein gemüthliches Turnfest mit Spanferkeln gefeiert, wozu auch das liebe Knapp'sche Haus eingeladen wurde, und wobei es gar heiter und aufgeweckt herging.

Ich war nun schon mehrere Jahre von der Universität weg, ohne eigentlich Candidat zu sein, denn ich war noch von keiner Behörde examinirt und für fähig erklärt worden. Bei meiner eigenthümlichen Stellung aber war es in jedem Fall sehr wünschenswerth, daß es geschehen möchte. Daher suchte ich beim Consistorium um die Erlaubniß nach, bei der nächsten Candidatenprüfung auch mit erscheinen zu dürfen. Es wurde mir freundlich gestattet; ich bereitete mich, so gut ich konnte, vor und bestand mit zehn Andern die Prüfung vom 8. — 11. April 1834 im Consistorio zu Stuttgart, von welchem ich ein Zeugniß mit dem Prädikat „gut" bekam. So war nun auch mit Gottes Hülfe dieses überstanden, ob ich gleich damit noch nicht in den Württembergischen Clerus aufgenommen war; vielmehr wankte und schwankte ich ungewiß umher, was ich weiter thun sollte. Es war der Wunsch des Herrn Le Grand, daß sein Sohn bis auf den Herbst in ein Geschäft eintreten und sich zum Fabrikanten weiter ausbilden sollte. Ich hielt es daher für ganz gewiß, daß mein bisheriger Beruf zu Ende gehen würde. Bald dachte ich an Jena, um so in mein Vaterland zu kommen, bald an Berlin, um, meinem früheren

Vorsatze gemäß, dort noch ein Jahr zu studieren, bald an Bonn, um den viel gerühmten Professor Nitzsch zu hören und von ihm zu lernen, bald gar wieder an Tübingen, um noch einige Vorlesungen zu hören und neben lehrreichem Umgang noch eine zeitlang ruhig und ungehindert meinen Studien obzuliegen und endlich war ich, auf Zureden meines lieben Herrn Dr. Bahnmaier und des lieben Herrn Oberhelfers Knapp so ziemlich entschlossen, vorläufig den nächsten Winter über noch in Kirchheim zu bleiben. Da ich seit längerer Zeit körperlich zu leiden hatte, ging ich, nach dem Rath des Arztes und der liebreichen Aufforderung des Herrn Le Grand am 7. August 1834 in's Cannstädter Bad, von wo aus ich ganz aus dem ungewissen schwankenden Zustande heraus, in welchem ich mich befand, offen, wie ich es immer thun durfte, dem lieben Herrn Le Grand schrieb. Kaum war mein Brief abgegangen, so erhielt ich einen solchen von Herrn Le Grand, in welchem er mich ersuchte, ich möchte doch mit seinem Sohne ins Wupperthal reisen, wo sein Bruder Daniel Le Grand bei Kaufmann Wolff in Barmen meinem Albert einen Platz ausgemacht hatte. Um mich desto eher dazu zu bestimmen, stellte er die Sache namentlich auch von der Seite dar, daß ich dort das rege religiöse Leben kennen lernen und mit vielen vortrefflichen Männern Umgang haben könne, während auch Bonn so nahe sei, daß ich nach einem halben Jahr leicht dorthin gehen könne, wenn ich wolle.

In diesen Vorschlag ging ich sogleich ein, und war so auf einmal von meiner Ungewißheit befreit. Es mußte nun wieder, nach einem für mich und den mir Anvertrauten reich gesegneten Aufenthalt von zweieinhalb Jahren an einen Abschied gedacht werden. Gedanken, Gefühle, Entschließungen, Hoffnungen und Wünsche, die schon früher so oft, wo ich auch von lieben theuren Menschen immer wieder nach einiger Zeit Abschied nehmen mußte, meine Seele erfüllt und in einen schwer zu beschreibenden Zustand versetzt hatten, bemächtigten sich meiner stärker als je. Wie konnte es anders sein, als daß ein seit zwölf Jahren nur gar zu oft aufgewecktes Gefühl der Fremdlingschaft mein Gemüth in eine wehmüthige Stimmung versetzte, ähnlich dem Zustand derer, die am Heimweh krank sind! Und das umsomehr, je länger und je lieber ich an einem Ort gewesen war, jemehr Erinnerungen an die tausendfältigen Wohlthaten des Herrn sich an einen solchen Aufenthalt knüpften. Und wo wäre dieß mehr der Fall gewesen, als gerade hier! Freilich zweifelte ich auch jetzt durchaus nicht, daß nicht der Herr, wie bisher, auch ferner, um seiner ewigen Treue und Barmherzigkeit willen, mein Führer und Freund sein werde, aber demungeachtet konnte ich ein natürliches Gefühl nicht gänzlich unterdrücken, wie der Tod oft dem besten Christen schwer werden kann, ob er gleich des Sieges gewiß ist.

Am 25. October speisten wir mit dem lieben Herrn Dr. Bahnmaier noch einmal im Knapp'schen

Hause zu Nacht, in welchem ich viele glückliche Stunden verlebt und mit dessen lieben Bewohnern ich stets in der innigsten Gemeinschaft des Geistes gestanden hatte. Noch war ja die theure Frau Oberhelferin, die ich schon nach einem Jahre nicht mehr sehen konnte, mit holdseligen Blicken unter uns. Sonntag den 26. Oktober 1834 gingen wir noch zum heiligen Abendmahl und am Abend war Knapp, seine liebe Frau und ihre Schwester Sophie v. Beulwitz in unserem Hause zum letzten Male versammelt. Schwer lag der bevorstehende Abschied auf mir und meinem Albert. Der Abend verging in freundlichen Gesprächen! Endlich wurden beide noch, sowohl vom lieben Herrn Dr. Bahnmaier als von Knapp mit freundlichen Abschiedsgedichten beschenkt; wir sangen einige schöne Verse aus dem Liede, das mir seitdem so lieb und theuer geworden ist:

„Gott ist getreu, Sein Herz u. s. w.," dann sprach der liebe Herr Doctor noch ein Gebet, und so schieden wir, schon jetzt nicht ohne viele Thränen.

Das Gedicht vom seligen Dr. Bahnmaier lautet:

Meinem lieben Johannes Denner zum Abschied am 27. Oktober 1834.
Ueber Steinthal ins Wupperthal.

Dich rückt, geliebter Freund! von unserm Herzen
Der Herr in seine weite Welt hinaus.
Es sei! zu oft schon ließ aus Saat der Schmerzen
Er Lust mir blühn und Sieg aus Kampf und Strauß,
Als daß ich nicht mit kindlich heit'rem Glauben
Hinaus sollt' blicken nach dem Ziel der Bahn,
Die er Dich führt! nichts soll den Muth mir rauben:
Der geht mit Dir, Der Dich nicht lassen kann.

Nichts war berechnet, nichts bestimmt, geleitet
Von schwacher Menschen Klugheit oder Macht.
Des Höchsten Hand hat Dir den Weg bereitet,
Der Dich durch Müh' und Lust hieher gebracht.
Oft schlossen Dornen Deine Bahn und Nächte
Den Himmel Dir, — da faßte Deine Hand
Des Führers Deiner Jugend starke Rechte,
Und führt' ins Freie Dich, — von Land zu Land.

Der Vater starb. Du fandst den ewgen Vater,
Der Mutter Trost in ihrer Einsamkeit.
Nie ließ Dich hülflos er, Dein Schutz und Rather
Auch da nicht in des tiefsten Schmerzens Zeit,
Als er den zweiten Vater Dir entrückte,
Den edlen Falk, in der Vollendung Land,
Was er geglaubt, ward Dir, — wie selig blickte
Der Herrliche auf sein gesichert Pfand!

Im holden Steinthal hast Du wieder funden
Falk's Lieb' im Bunde mit des Glaubens Kraft —
Mit einem Band, das niemals reißt, umwunden.
Zieh fröhlich hin den Pfad der Pilgrimschaft!
Uns werd' die Lust, das Werk des Herrn zu schaun
In Deines Lebens sichrem festem Schritt.
Drum soll mir, vor der Trennung Schmerz nicht graun,
Wohin es geht — der Vater ziehet mit.

Ob wir dein Angesicht hie wieder sehen,
Ob wir auch schaun, wo er Dein Haus Dir baut,
Ich weiß es nicht. — Der Alten Scheitel grauen, —
Oft warnt die Uhr zum Schlag der Stunde laut!
Auf — auf mein Geist — daß wir das Ziel erringen,
Von dem man fröhlich auf die Seinen blickt, —
Dann kommt, mag's hier noch — mag's erst dort gelingen
Ein Wiedersehn, das ewig uns beglückt.

Das Gedicht von Herrn Knapp, welches auch in seinen Gedichten abgedruckt ist, lautet:

Unserem vielgeliebten Freunde Johannes Denner zum Abschiede von Kirchheim den 27. Oktober 1834.

Zeuch hin! — Wir möchten Dich halten, —
Wir hatten ja Liebe genug.
Doch ist's ein höheres Walten,
Das fordert Trennung und Zug.

Zeuch hin! — Du nimmst ja die Herzen
Der dankenden Freunde doch mit,
Die still, nach thränenden Schmerzen,
Begleiten des Wanderers Schritt.

Zeuch hin! — Du bleibst doch zurücke,
Stets unser trauter Genoß,
Deß Geist sich mit liebendem Blicke
In unsere Geister ergoß.

Die Wasser mögen versiegen,
Doch Du verschwindest uns nicht;
Die Wolken mögen verfliegen:
Dein Bild bleibt lieblich und licht!

Wir haben uns kindlich gefunden,
Wir haben uns gründlich erkannt;
Es haben innig verbunden
Der Herzen Feuer gebrannt.

Wir haben uns nicht gekränket,
Wir waren täglich uns hold,
Und haben die Meinung gelenket,
Bis wir das Rechte gewollt.

Wir haben am Quelle getrunken,
Der in die Ewigkeit fließt,
Und betend niedergesunken
Den Herrn gemeinsam begrüßt.

Wir wollen von Abrahams Saamen,
Von Christi Geschlecht nur sein,
Und rufen ein hoffendes Amen
In Gottes Himmel hinein.

Und Er, der ewig lebend'ge,
Sprech auch sein Amen dazu!
Und Er, der selig', beständ'ge,
Durchström' uns mit Frieden und Ruh!

Er zähl' uns zu den Seinen,
Erhalt' uns mit heiliger Hand!
Er woll' auch droben vereinen,
Was Er hienieden verband!

Zeuch hin! — Er wird Dich umfassen,
Wie Er Dich von Alters umfaßt;
Wird Heimath finden Dich lassen,
Nachdem Du gewesen ein Gast.

Er wird es göttlich vollenden,
Was unvollendet noch ist! —
Zeuch hin! — wir wollen's nicht wenden, —
Zeuch hin mit Jesus Christ!

Montag den 27. Oktober reisten wir, begleitet von der lieben Frau Doctorin, nach Stuttgart, von wo aus wir unsere Reise nach Straßburg weiter fortsetzten. Im Steinthal blieben wir einige Wochen, dann verabschiedeten wir uns auch da, gingen nach Carlsruhe zurück, wo wir einen Sonntag zubrachten und auch den Prälaten Oberhofprediger Hüffel hörten, der den verlornen Sohn zum Texte hatte und über die drei wichtigsten Thatsachen des Bewußtseins predigte: Erstens: der Sünde, zweitens: der Buße, drittens: der Gnade. Von da gingen wir nach Frankfurt a. M. und dann den Rhein hinunter nach Elberfeld.

Albert kam zu Herrn Peter Wolff, der dasselbe Geschäft hatte, wie die Herren Gebrüder Le Grand, nämlich eine Bandfabrik. Bei diesem Herrn Wolff hatte ich vor zehn Jahren, auf meiner Reise fürs Falk'sche Institut eine zeitlang gewohnt; ich war demnach nicht fremd. Albert gewöhnte sich schwerer an; er vermißte das gemüthliche Familienleben, wie wir es in Württemberg gehabt hatten und fand sich schwer zurecht in dem Geschäft, daher ich sehr an ihm aufzurichten hatte. Ich wohnte in einem andern Hause, kam anfangs zu Herrn Peter Wolff zum Mittagessen und gab meinem bisherigen Zögling noch täglich einige Stunden. Bald nach meiner Ankunft wurde ich aber von Herrn Pastor Feldhoff ersucht, entweder immer oder abwechselnd bei ihm zu speisen. Bei diesem lieben theuren Manne verlebte ich die ganze Dauer meines Aufenthaltes hindurch die glücklichsten Stunden. Nachdem aber kaum vier Wochen dort verflossen waren, und Albert sich einigermaßen angewöhnt hatte, erhielt ich einen Brief von meinem Bruder, worin er mir meldete, daß meine Mutter schon lange krank sei und sich sehr nach mir sehne. Der Brief war vorher in Württemberg gewesen und daher schon älter; ich wußte nicht, ob meine Mutter noch leben würde, und da es ohnedieß im neunten Jahre war, daß ich sie nicht mehr gesehen hatte, und ich jetzt leichter abkommen konnte, entschloß ich mich, mit Zustimmung aller meiner dortigen lieben Freunde, so eilig als möglich in meine Heimath zu reisen.

Ich fuhr über Cassel und hatte von da über den Thüringer Wald einen sehr beschwerlichen Weg, so daß ich zuletzt zu Fuß reiste, da der Schnee zu tief war. Als ich die heimathlichen Berge, nach einem so großen Zwischenraume, mancherlei Erfahrungen und innern und äußern Veränderungen, wieder erblickte, klopfte mir das Herz. Nach eingezogenen Erkundigungen erfuhr ich, daß meine Mutter, wiewohl in einem beklagenswerthen Zustande, doch noch lebe. Zuerst begab ich mich nach Neidhartshausen, wo der Pfarrer wohnt, merkte aber an einer Ehrenpforte, daß auch hier ein Wechsel stattgefunden hatte, und ein neuer Geistlicher, den ich nicht kannte, aufgezogen war. Mein alter guter Pfarrer Theuer war gestorben. Ich wurde von Pfarrer Leutbecher und seiner jungen Frau, die aus Jena war, mit großer Freundlichkeit aufgenommen. Er hatte erst kurz vorher meiner Mutter das heilige Abendmahl gereicht; und da er gerade an einem Freitag in meinem Geburtsorte Gottesdienst zu halten hatte, so gingen wir zusammen. Da kannte mich Niemand mehr, und Niemand hatte mich erwartet; man ging, da ich in einen großen Mantel gehüllt war, an mir, als an einer fremden Person, vor welcher man den Hut abzog, vorüber. Da ich mich aber dem aus alten Zeiten her sogenannten Lindemanns Haus zuwandte, entstand bald eine Bewegung und die Kunde erscholl von einem Ende des Dörfchens zum andern.

Als ich — und mit welchem Herzen! — in die alte Wohnung getreten war, und meiner Mutter zugerufen wurde: es ist unser Johannes! erlebte ich einen Auftritt, der zu den ergreifendsten meines Lebens gehört. Die gute Mutter, die nun die Hoffnung ziemlich aufgegeben hatte, ihren Sohn noch einmal in diesem Leben zu sehen, da ein Brief verloren gegangen und mein Leben selbst bezweifelt worden war, daliegend, ohne sich rühren, noch ohne große Schmerzen bewegen zu können, wollte es anfangs gar nicht glauben, und fragte, unter einem Strom von Thränen, einmal um das anderemal, ob ich denn es auch wirklich sei! Die Freude war unbeschreiblich und es kam, so zu sagen, neues Leben in ihr schon halb erstorbenes Gebein. Wie ein Lauffeuer war die Sage herumgegangen, und bald war das kleine Haus voll Menschen, die mich von oben bis unten beschauten und bald mich, bald meine kranke Mutter neugierig fragten, wie es uns denn gewesen sei. Ich sorgte nun für einige Bequemlichkeiten und Erquickungen meiner Mutter und hielt mich vier Wochen auf. Da gerade viele Feiertage in diese Zeit fielen, so war es dem Herrn Pfarrer lieb, wenn ich für ihn in meinem Geburtsort die Predigten übernehmen würde; was denn natürlich alle Leute wünschten. Ich predigte daher im Ganzen acht bis zehn mal, und am Christfest, wo die beiden Gemeinden und viele Fremde versammel[t] waren, war ein solches Gedränge, daß man keine[n] Platz mehr fand. Den ergreifendsten Auftritt hatt[e] ich Sonntag zuvor in einer Mittagspredigt erlebt Selbst in meinem Gemüth aufs tiefste bewegt und in Andenken an die wunderbaren Wege des Herrn vo[n] Dank und Anbetung ergriffen und von Schaam tie[f] darniedergebeugt, mußte ich schon in der Sakriste[i] hören, wie in der Kirche ein allgemeines Schluchze[n] und Weinen entstanden war, aus Rührung nämlic[h] und Theilnahme, daß einer aus ihrer Mitte, nu[n] bereits vierzehn Jahre von ihnen entfernt, in de[r] nämlichen Kirche predigen wolle, in welcher er getau[f] war. Als ich auf die Kanzel kam, war wohl Nie mand mehr, der nicht Thränen in seinen Augen geha[b]t hätte; als ich aber anfing zu reden, wurde alles Oh[r] und auch ich konnte mich fassen. Ich predigte einfac[h] herzlich und freimüthig, nach dem Maaß der Gnade, di[e] mir gegeben war, und trotz des sehr schlechten Wetter[s] kamen viele Leute aus benachbarten Ortschaften, dene[n] freilich zum Theil meine Art zu predigen als etwa[s] Neues und Außerordentliches erscheinen mochte.

In diesem allem fand ich nur einen um so stär keren Grund zur tiefsten Demüthigung vor Dem, d[er] was krumm ist gerad', was schwach ist stark und wa[s] da Nichts ist zu Etwas machen kann, und vor welche[m] ich nicht die geringste Ursache zum Rühmen, wo[hl] aber sehr große zur Beschämung hatte.

Nachdem ich vier Wochen zugebracht und der Zustand meiner Mutter sich während dieser Zeit schon um etwas gebessert hatte, reiste ich nach Eisenach, wo ich mich beim Herrn Generalsuperintendenten Nebe meldete, der mich freundlich aufnahm und mir die dortigen Verhältnisse auseinandersetzte. Ich fand bald, daß da nichts für mich zu hoffen stand, daß ich erst beim Großherzog um Zulassung und Aufnahme einkommen müsse, da ich in meinem Vaterland weder auf einer Schule, noch auf einer Universität gewesen sei, dann nach einem neuen Examen in die Reihe der Candidaten eingetragen werde, nicht nach meinem Alter, sondern nach meiner Meldung, wo ich mir etwa in zehn Jahren auf eine Anstellung Hoffnung machen könne, weil eine so große Menge von Candidaten vor mir sei.

Meinem Fleische nach fühlte ich mich nie zu meinem Vaterlande, um dort eine Stelle zu bekleiden, hingezogen, aber aus Unterwürfigkeit gegen den Herrn, aus Pflicht würde ich mich selbst in eine sehr schwierige Lage begeben haben. Da aber die Hindernisse so groß waren, so war ich in meinem Gewissen ruhig. Ueber Erfurt wanderte ich nach Weimar, wo ich bei der lieben verwittweten Frau Legationsräthin Falk acht Tage blieb. Der Gedanke an meine frühere Zeit, an meine vergeblichen Hoffnungen auf eine schönere Blüthe der Anstalt war mir mitunter schmerzlich, wenn ich das Haus vermiethet dachte, um die Zinsen für's aufgenommene Capital zu decken, in welchem einst arme Kinder wohnten, und nach dem letzten Wunsch und Willen des seligen Falk für immer wohnen sollten. Der Ueberrest der Anstalt ist vor dem Thore und gar Vieles fehlt ihr. Schmerzliche Eindrücke für mich, der ich früher für die Sache so begeistert war. Zudem ließ das Kreuz in der Falkschen Familie nicht nach. Edmund war sehr schwächlich, Bernhard, sonst ein prächtiger blühender Knabe, durch Gichter sprachlos geworden und lag als ein Jammerbild da. Nachdem ich einige Jugendfreunde besucht, welche längst Pfarrer geworden waren, setzte ich den Wanderstab weiter. Ich konnte es aber nicht über mich gewinnen über Eisenach nach Cassel zu reisen, ohne meine Mutter noch einmal gesehen zu haben. Es war auch noch eine große überraschende Freude, da ich förmlich Abschied genommen hatte. Ich fand sie außer Bett, und sie suchte sich durch die Stube zu helfen; ich predigte noch einmal, empfahl mich und die Meinigen in den Schutz des Herrn und reiste wieder ins Wupperthal, nachdem ich in Cassel einige christliche Freunde besucht hatte.

In Barmen wurde ich mit viel Freude und Liebe wieder empfangen; besonders war mein lieber Albert, der mir einige Christtagsgeschenke gerüstet hatte, sehr vergnügt. Seinetwegen war ich während meiner Abwesenheit oft in Sorgen gewesen und machte mir Vorwürfe, daß ich nicht oft und eifrig genug für ihn gebetet hatte. Wenn ich aber etwas zu bitten hatte, war er mir sonst immer der Nächste. Ich fand übrigens, daß die Verhältnisse für Albert nicht die günstigsten waren; so entschloß sich der Vater auf einen Brief von mir, denselben in Zukunft unter seine eigene Hand zu nehmen und in's Geschäft einzuleiten. Ueber diesen Entschluß freute ich mich sehr; denn nun erst konnte ich mit Ruhe von dem meiner Leitung seit vier Jahren anvertrauten Freunde scheiden.

Den Sommer 1835 über lernte ich noch manche liebe Christen kennen und erlebte bei Pastor Feldhoff und Sander glückliche Stunden. Den Zusammenkünften der Geistlichen in der Farbmühle wohnte ich regelmäßig bei und predigte mitunter in Elberfeld, in Barmen, Schwelm und andern Orten. Fritz Krummacher war während meiner Abwesenheit nach Elberfeld gekommen. Ich besuchte ihn noch oft, aß mit ihm und ging sehr gern mit ihm um. Niemals bearbeitete er mich für die calvinische Erwählungslehre, aber auf der Kanzel trieb er es manchmal bis auf's Aeußerste, besonders in den Predigten über Röm. 9. Zuletzt band ich einmal selbst mit ihm an und hatte dann einen langen Streit, nach welchem er bei seiner und ich bei meiner Ansicht blieb. Seine Predigten sind, was die Kunst und Kraft des Vortrags und die geistreiche Darstellung betrifft, unnachahmlich; der Inhalt ist vortrefflich, doch fehlt es auch nicht an poetischen Uebertreibungen, namentlich auch in Beziehung auf die Prädestinationslehre. Letztere Lehre ist dort das Schiboleth der Reformirten und wird von denen welche zur strengen Farbe gehören, für unentbehrli zur Seligkeit gehalten, wie mir eines der Häupt selbst versicherte, daß jeder, der selig werde, wenigsten noch vor seinem Sterben, mit welchem ein in al Ewigkeiten unwiederrufliche Entscheidung gegeben is zur Ueberzeugung von der Wahrheit derselben gelang Das andere Extrem bilden die Kollenbuschianer, weld die menschliche Seite in der Aneignung der Erlösun stark hervorheben und leicht in Eigengerechtigkeit ve: fallen. Eine Art Pelagianismus. Zwischen dies beiden Aeußersten finden aber noch allerlei Schatt rungen statt. Auch Pastor Feldhoff, der liebe theu Mann, hat ein eigenthümliches System, mit vollstä: diger Wiederbringung. Bindel, der liebe ehrwürdi Papa, scheint dem Gichtelianismus zugethan. I Ganzen ist das kirchliche und religiöse Leben im Wu perthal von sehr lebhaftem Character; das Volk zum Dogmatisiren geneigt, und der Pastor ist ei sehr wichtige Person. Während meiner Anwesenh wurde Pastor Roffhak an Krummachers Stelle gewäh bei seinem Einzug waren in die achtzig Kutschen u über zweihundert Reiter. — —

Wir bestimmten unsere Abreise auf den 20. O tober. Nachdem ich in diesem Jahr mancherlei erfa ren hatte, wovon tiefe Eindrücke geblieben sind, hof ich von Neuem, daß am Ende Alles zum Besten d nen müsse. Längere Zeit war ich unentschlossen, w ch thun sollte und zuletzt, wenn das Stuttgarter Consistorium die Bitte des lieben Herrn Dr. Bahnmaier, mich zum Vikar nehmen zu dürfen, abschlagen würde, bereit, in Diensten der Rheinischen Missionsgesellschaft nach Borneo zu gehen, wo sich ein neues Arbeitsfeld aufgethan hatte und eine Sprache erlernt werden mußte, um die Bibel in dieselbe zu übersetzen. Ich bat Gott inständig, alles nach seinem weisen Rathe zu leiten und mir durch eine abschlägige Antwort des Consistoriums einen sichern Wink zu geben, wenn ich Missionar werden sollte. Doch, es kam ein Rescript, nach welchem ich als Stadtpfarrgehülfe für Kirchheim bestimmt wurde. Nun war ich ruhig und wußte, was zu thun war. In Bonn besuchte ich noch Pastor Wichelhausen, der froh war, nicht mehr in Elberfeld sein zu müssen, und Professor Nitzsch, der über das Bekenntniß Christi eine schöne Predigt hielt.

Am 25. October 1835 kamen wir wieder in Fouday an. Die Reise war nicht sehr angenehm, und ich war sehr ernst gestimmt. Doch im Steinthal wurde mir mein Herz bald wieder leicht, und die düstere Stimmung verlor sich allmählig. Ich blieb acht Tage, sprach viel mit dem Herrn Le Grand über das Wupperthal, hob seine Licht- und Schattenseiten heraus und mußte besonders mit Herrn Daniel Le Grand kämpfen, der noch allzusehr begeistert war.

Am 4. November traf ich wieder in Kirchheim ein. Im heimathlichen Hause fand ich weiter keine

Veränderung, da die liebe Frau Doctorin während meiner Abwesenheit zwar todtkrank gewesen, nun aber wieder völlig gesund war. Ins liebe Knappsche Haus trat ich mit tiefem Schmerz, denn Knapps vortreffliche Gattin, geb. v. Beulwitz, war seitdem von hinnen geschieden. Oft noch nachher kam es mir sehr verödet vor, und oft wurde ich von stiller Wehmuth ergriffen. Zur besondern Freude dagegen gereichte es mir, hier den lieben Freund Eyth mit seiner Frau und Familie als Oberpräceptor zu treffen, der mit mir bei Dr. Steudel logirte und nun auch auf gleichem Glaubensgrunde mit mir stand. Unser inniger Umgang setzte sich fort und ich war in der Familie stets herzlich willkommen geheißen.

VIII.

Mein dritter Aufenthalt als Vicar im Decanathause zu Kirchheim u. T.

Viel, sehr viel war gewonnen, wofür ich auch zum demüthigsten und tiefsten Danke gegen Gott mich auf ewig verpflichtet fühlte. In dem nämlichen Hause, wo ich gegen das Ende des Jahres 1826 als ein Fremdling Aufnahme gefunden hatte, um als A-B-C-schüler die Anfangsgründe der alten Sprachen zu erlernen, durfte ich gegen das Ende des Jahres 1835 wie in einem Vaterhause das Amt eines Stadtpfarrgehülfen antreten; in der nämlichen Stadt, wo ich damals unter kleinen Knaben gesessen war, durfte ich jetzt das Evangelium öffentlich lehren und predigen; und mühselige Arbeiten, mancherlei Sorgen, Anfechtungen und Kämpfe lagen bereits hinter mir. So groß aber auch meine Freude und Dankbarkeit gegen Gott und Menschen sein mußte, so lag doch noch immer meine Zukunft dunkel genug vor mir, und am

15. November 1835 an einem Sonntage schrieb ich folgendes nieder, woraus meine damalige Stimmung deutlich genug hervorleuchtet:

Am 4. November 1835 traf ich durch Gottes gnädige Hand geführt, wieder hier ein. Aus dem Wupperthale mit meinem Albert zurückgekehrt, brachte ich im Steinthal 8 Tage zu, wo ich mit großer Liebe aufgenommen wurde. Der Abschied in Fouday wurde mir schwer, wie noch nie, besonders unter dem Gebet des lieben Pfarrers Le Grand. Es demüthigte mich in den tiefsten Staub vor Gott, als er in demselben meiner Arbeit gedachte und mir dafür den reichen Segen des Herrn erflehte. Ich fühlte es zu tief: Ich bin nicht werth aller Barmherzigkeit und Treue, die der Herr an mir gethan hat! Ach, daß doch diese Eindrücke und das Gelübde gänzlicher Hingabe an den Herrn, der mich mit seinem eignen Blut erkauft und errettet hat, ewig unvergeßlich, lebendig und wirksam in meiner Seele bleiben möchten!

Seit mehreren Monaten habe ich oft mein Angesicht verhüllt und meine Kniee gebeugt und bald Thränen der Buße, der Freude und des Dankes mit völligem Ausschütten meines Herzens geweint, bald aus der tiefsten Tiefe meines Herzens gefleht um Gnade und Kraft, um starken, festen, lebendigen, freudigen und in der Liebe thätigen Glauben; um eine unerschütterliche Hoffnung und Weisheit und Verstand, um Demuth und völlige Unterordnung unter die ewi gen Rathschlüsse des Herrn, um Treue, Geduld und Ausdauer in meinem Berufe; um eine immer vollkommenere Heiligung des Herzens, um die Gnade, daß endlich Alles mir und andern zum Segen und Heil der Seele dienen möge. Am 10. November schrieb ich: „Was der Herr eigentlich will mit mir, weiß ich nicht; ich will mich aber seinem Willen in Allem unterwerfen. Ach Herr! Dein Wille nur geschehe in und an mir und durch mich immer und ewig, nämlich, wie er denn nicht anders ist, dein gnadenvoller heilger Wille! Höre mein Gebet! Du hast mich nun seit so vielen Jahren durch alle Nöthe und Verlegenheiten hindurch geführt, wirst Du es fernerhin nicht thun? Du hast so oft mein schwaches Gebet erhört, wirst Du nun mein durch deines heiligen Geistes Kraft viel stärkeres und brünstigeres nicht hören? Bist du ein Heiland der Sünder, so beweise dich als einen solchen auch an mir und an Allen, die nach Deiner vollen Gnade seufzen. Alle meine eigene Gerechtigkeit hast Du mir bei allem Ringen, Beten und Geloben bis auf den letzten Fetzen ausgezogen und zu Schanden gemacht; und ich würde zerlumpt, ja, gar entblößt dastehen, wenn der Mantel Deiner Barmherzigkeit mich nicht deckte, wenn Deine Gerechtigkeit, durch Dein Blut auch mir erworben, mich nicht kleidete! Aber es ist mir nicht genug, daß ich Dir auf den Knieen für alle Beweise Deiner unendlichen Gnade und Barmherzigkeit danke und um Fortsetzung derselben flehe;

es ist mir nicht genug, daß Du mich allein rettest und selig machest; es ist mir auch nicht genug, daß ich meine einfache und vereinzelte Bitte vor Dein heilig Angesicht bringe: nein, ich bin nicht allein, ich schließe mich an alle deine Heiligen an, die auch einst den Kampf des Glaubens kämpften und nun ewig gerettet und selig vor deinem Throne dir danken, oder die noch mit mir in gleicher Lage sich finden, ja, mit ihnen vereint, bitte ich vorerst für diejenigen, die mir im Leben nahe gestanden sind, und denen ich hätte mehr sein, auf die ich segensreicher hätte wirken sollen, ja nimm dich besonders meines Albert an! Erforsche und prüfe mein Herz, und siehe, wie ich es meine! Alles, was ich für mich bitte, lebendige Erkenntniß der Sünde, unerschütterliche Gewißheit deiner vergebenden Gnade, Friede des Herzens und Freudigkeit des Glaubens, unumstößliche Hoffnung des ewigen Lebens in dir, das bitte ich für Alle, die mir am Herzen liegen. Wo ich etwa, wenn auch in großer Schwachheit ein gutes Saatkörnlein ausstreute, oder noch ausstreuen werde, da laß es fröhlich aufgehen und Frucht schaffen für's ewige Leben; wo ich aber irgend Etwas verkehrt gemacht habe, das laß, o ewiger Hohepriester, versöhnt und getilgt sein mit deinem Blute und streue du als der rechte Säemann deinen himmlischen Samen in die Herzen, der hundertfältige Frucht bringt. Dann laß mich dir ewig danken und dienen Tag und Nacht in deinem heiligen Tempel mit allen deinen rlösten. Ja, danken möchte ich dir gern nnd dienen, ;er es geht immer noch so schwach und jämmerlich :r, daß ich neben den Dank hundert Bitten stellen nd neben dem Dienst mich hundertmal der Untreue :züchtigen muß. Darum lege ich mein Herz mit llen Wechseln und Veränderungen, meine Schicksale ιit allen Leiden und Freuden in deine Hand mit der nzigen Bitte, daß du selbst Etwas Ganzes, Vollendetes und Seliges daraus machen möchtest. Und diese inzige Bitte dehne ich aus, weil es dir Eins ist, auf lle, die mir auf dem Herzen liegen und will, wenn icht hier, noch einst dort sehen, was du kannst, wenn in Herz mit allen Mängeln und Gebrechen, mit allen Vünschen und Begehrungen sich deiner allmächtigen :ur anvertraut und für seine Mitgenossen an der 'rübsal, am Kampfe und an deinem ewigen Reiche ittet. Ach Herr, verzeihe mir, daß ich, der ich doch Staub und Asche und ein großer Sünder bin, so Großes wage! Aber du verschmähst, verwirfst nicht, ;as aus redlichem, gedemüthigtem, und an deine ewige Barmherzigkeit glaubendem Herzen kommt. Nimm ıeine Bitte auf aus Gnaden, ja nimm mein ganzes Herz, und sei ihm ein Hohepriester, der bittet, ein König, der regieret und herrschet, ein Prophet, der es ehret den Weg des Friedens und der Seligkeit zu candeln" u. s. w. Am Schlusse des Jahres den 31. December 1835 schrieb ich: „Jetzt erst habe ich mehr Freudigkeit, nachdem ich dir liebsten Neigungen eines

freilich verdorbenen Herzens am Fuße des Kreu
niedergelegt und auf die liebsten Wünsche verzich
habe, wenn es der Herr also haben will. Nun en
Treuer! Decke den Abgrund aller meiner Sünde du
den Abgrund deiner ewigen Barmherzigkeit zu u
schaffe du selber ein Neues, das dir wohlgefällig s
kann. Herr und Heiland, ich lege alle Diejenig
welche mir nahe stehen, auf dein hohepriesterliches He
sorge für sie, indem du ihnen Kräfte deiner himm
schen Welt zu genießen giebst; meinen lieben Alb
laß dir empfohlen sein und alle Lieben hier und in
Ferne! Gieße Ströme deines erleuchtenden und be
benden Geistes auf uns. Laß jedes erfahren, daß m
nur jenem Herrn dienen kann, und daß du dieser G
Herr und Heiland bist" u. s. w.

Solche und ähnliche Gebete finde ich noch v
aufgezeichnet. Ihr Inhalt ist Bitte und Abbi
Fürbitte, Gebet und Danksagung. In dieser Beziehu
war meine Vikariatszeit eine ausserordentlich re
und fruchtbare Zeit. Meine Spaziergänge gingen
der herrlichen Gegend um Kirchheim am liebsten
einsame Wälder und Felder, und ich führte ein
erhöhtes, oft seliges, oft ringendes Geistesleben.
ich in dem theuren Hause, in dem herrlichen un
reich mit Liebe gewürzten Familienkreise unaussprec
viel Freude und Segen in allen Beziehungen ge
werde ich bis an mein Ende mit dem freudig
Danke bekennen, und dem edlen Manne, den ich,

nst Falk aus innerstem Herzensgrunde als meinen
·eusten väterlichen Freund und Wohlthäter liebe und
erehre, hoffe ich noch in der Ewigkeit, da ihn un-
:rdessen der Herr von seinem Gnadenthrone erquicken
nöge, die Hand zu drücken. Daneben machte ich die
Bekanntschaft vieler theurer Männer, denn das liebe
Decanathaus war ein gar gastliches Haus, und eine
eistliche Herberge, in welcher alte Einfachheit, Einfalt
und treue Liebe herrschte. Das apostolische „Herberget
gerne!“ war hier an der Tagesordnung, und ich kann
s nicht beschreiben, wie vieler edlen und seltnen Ge-
nüsse ich hier theilhaftig wurde. Ich hatte in erhöh-
em Grade, da ich es jetzt besser verstand, was ich in
Weimar gehabt hatte. Da kamen fürstliche Personen,
:a kam der herzliche, gelehrte, heitere, mit mehreren
hohen Aemtern geschmückte, fromme Direktor und Prälat
Flatt; da kam ein ehemaliger Minister Weishaar, da
kamen die Professoren Schrader, oder Steudel von
Tübingen, ein Klaiber, später Oberconsistorialrath und
Prälat, der grundgelehrte und scharfsinnige und viel
angefochtene Zionswächter der württembergischen evangelischen Kirche; da kamen Decane und Pfarrer aus
dem Inland und Ausland, ein Hoffacker, ein Krummacher, ein Spittler, Zeller v. Beuggen, Barth, Har-
nisch und viele berühmte Theologen und Pädagogen,
die ich nicht alle nennen kann; kurz, es war ein ge-
suchter und beneideter Aufenthalt. Ueberdieß hatte ich
noch bis zum 20. Juli 1836 den theuren Knapp, mit

dem ich früher als Hofmeister, ehe er in die Schriftstellerei kam, fast täglich Mozart'sche und andere Stücke vierhändig spielte, Oberpräceptor, jetzt Professor Eyth, den theuren Hausgenossen und Freund von Tübingen her, später den Nachfolger Knapp's, jetzigen Decan Weitzel, der mir gar lieb wurde, und viele andere gute Freunde und Freundinnen, so daß meine Stellung eine ganz auserlesene und bevorzugte war, und von der Achtung, welche das theure Haus mit Fug und Recht genoß, auch Etwas auf mich überging.

Mein Geschäft als Vikar wurde mir im Ganzen leicht, und die vielen Krankenbesuche, welche ich auf Auftrag des theuren Herrn Dr. Bahnmaier bei Vornehmen und Geringen, bei Gläubigen und Ungläubigen in der Stadt herum machen mußte, waren nicht nur sehr lehrreich, sondern halfen auch, daß ich meist als ein im Geist Betender in der Stadt herum wandelte. Man sollte denken, ich sei jetzt einer der bevorzugtesten und glücklichsten Menschen auf Erden gewesen, den Gott aus einem armen Knaben zum Stadtpfarrgehülfen beim aller Welt bekannten und entweder geliebten, oder gehaßten Decan Bahnmaier in Kirchheim u. T. gemacht hatte. Ich wäre es ohne Zweifel gewesen, wenn mich mein Gott entweder zu einem Engel geschaffen, oder plötzlich umgewandelt hätte. Allein ich mußte durch Irr-, Fehl- und Mißgänge eines sündigen Erdenbewohners hindurch, und wurde mit unwiderstehlicher Gewalt in einen Kampf, Streit und

Widerstreit hineingeworfen, den ich so gerne vermieden hätte. Alles war darauf berechnet, meinen, wie ich oft rühmen hörte, starken Willen zu brechen, und mich in der frischen Kraft des kräftigsten Jünglingsalters sterben zu lehren. Mehr als einmal wäre mir der Tod bei weitem lieber gewesen, als das Leben, trotzdem, daß ich in meiner Glückseligkeit von Vielen beneidet wurde. Es hatte sich nämlich seit Jahren eine stille Neigung zu einer nahestehenden Jungfrau bei mir festgesetzt, welche, obgleich augenscheinlich nicht erwiedert, dennoch von mir mit unglückseliger Beharrlichkeit festgehalten wurde und mir fortwährend einen höchst unnöthigen und überflüssigen Gemüthskampf verursachte, bis der Gegenstand meiner geheimen Liebe die Gattin eines lieben Freundes wurde, dem ich selber dazu gerathen, und ich endlich als Sieger und Besiegter zugleich an der fröhlichen Hochzeittafel saß. Wenn ich zurückdenke, so kann ich mich über die große Thorheit meiner langen Selbstquälerei nicht genug verwundern, und doch — ich war nicht im Stande, damals ohne großen Kampf loszukommen. Resignation, vollständige Resignation, sagte ich mir mit herbem Gefühl, ist, bei der Ungewißheit deiner Lage, deine fortwährende Aufgabe; aber dieß Kräutlein kam mir so bitter vor, daß mein alter Mensch sich gewaltig dagegen sträubte, wenn ich auch immer und immer wieder mir vorhielt, daß in allen Dingen nur der Wille des Herrn geschehen müsse. Da hieß es auch: Wollen habe ich wohl, aber Vollbringen des Guten finde ich nicht.

Dazu kam ein anderes schweres Leiden, das mich im Stillen viele Thränen und Seufzer gekostet und beinahe krank gemacht hat, zumal ich auch noch häufig mit Magen- und Unterleibsbeschwerden heimgesucht war, die ich mir allmählig durch allzu große Geistesanstrengung zugezogen hatte. Ich gerieth nämlich wer sollte es glauben! in der jugendlichen Schroffheit und Hitze, und lebendig angeregt im Wupperthal, in die heftigsten theologischen Disputationen mit meinem so innig und dankbar geliebten und verehrten väterlichen Freund und Wohlthäter, dem seligen Decan Dr. Bahnmaier. Seine ganze Anschauungsweise aus der alten Storr'schen Schule her stimmte in vielen Punkten gar nicht mit der meinigen überein, die ich durch das Leben und die fortgeschrittene Wissenschaft gewonnen hatte und nach meinem sonstigen Charakter mir durchaus nicht nehmen ließ. Wollte mich nun der ehemalige Professor und Dr. der Theologie gleichsam mit Gewalt niederdisputiren und von der Richtigkeit seiner Ansicht in irgend einem Punkt überführen, so wehrte ich mich auf Leben und Tod und wollte im jugendlichen Eifer ebenso wenig um ein Jota weichen, als mein theurer, väterlicher Freund. Seine ganze Anschauungsweise war mir zu äußerlich, trocken und pelagianisch, während er doch ein von Herzen frommer Mann und Christ war, was ich auch sein wollte; so befestigte sich allmählig eine gewisse Kluft, die uns innerlich nicht recht zusammenkommen ließ, während die alte Liebe immer wieder siegte und eben dadurch nicht wenig geübt wurde. So oft ich mir auch vornahm, ich wolle das Disputiren vermeiden, so oft wurde ich doch unvermuthet wieder hineingezogen und habe es noch später tief beklagt. Ich kann übrigens den theuren Mann von aller Schuld nicht freisprechen, wenn auch meine Unbeugsamkeit, wo ich glaubte, Recht zu haben, und meine rücksichtslose, schneidende Entschiedenheit das Meiste verschuldete. Später bekam ich immer mehr ein gewisses Grausen vor dem leidigen Disputiren und urtheilte immer milder über dergleichen Verschiedenheiten, die nun einmal, wenn man Charaktere will, und keine geistigen Marionetten, nicht zu vermeiden sind und durch die Verschiedenheit der Naturanlage, Lebensführung und Erfahrung, Schule und Bildungszeit immer aufs Neue hervorgerufen werden. Es ist aber, wie wenn der arme Mensch, wo Gott ihm kein Kreuz auferlegt, sich selber immer ein solches, als einen Pfahl ins Fleisch, schaffen müsse, um durch die selbstgeschaffene Noth beten und sich demüthigen zu lernen. Dazu diente mir dieß Alles in hohem Grade, und ich habe aus dem theuren Hause nichts als lauter Heil und Segen mitgenommen.

Eine Hauptobliegenheit waren die Krankenbesuche, die ich, wie schon bemerkt, besonders im Sommer, in der Stadt herum zu machen hatte; da gab es Gelegenheit, wichtige Erfahrungen zu machen und immer wieder in die rechte Gemüthsstimmung versetzt zu werden. Meine Predigten dienten mir auch zur Demüthigung; nicht als hätte man mir in der Stadt, was Inhalt und Form betraf, nicht alle Gerechtigkeit widerfahren lassen: allein etwas Besonderes und Ausgezeichnetes, was ich wegen meines besondern Lebensganges erwartet hatte, war es nun eben doch gerade nicht. Ich war immer wie halb in der Angst, predigte mit hoher, monotoner Stimme im übergroßen Eifer entsetzlich lang, daß ich weder bei den Weltleuten noch bei den frommen Leuten ein Lieblingsprediger wurde, und fast immer mit mir selber unzufrieden war und dachte: ach, warum habe ich doch so hartnäckig nach einem Ziele gestrebt, das ich nur mit den größten Anstrengungen und Entsagungen erreichen konnte, um die Zahl, wenn nicht gerade der schlechten, doch der mittelmäßigen Prediger zu vermehren? Warum habe ich nicht etwas Anderes viel leichter Erreichbares ergriffen! Jetzt danke ich Gott auch für diesen Demüthigungsweg, und bin gewiß, daß er der allerbeste für mich gewesen ist. Die jungen Herrn Vikare haben in der Regel wenig Nutzen davon, wenn man sie in den Himmel erhebt und alle Welt ihnen nachläuft. Ich habe mit Gottes Hülfe später noch besser den rechten Ton und Takt der Popularität getroffen, wiewohl eine gewisse Schüchternheit, die man nach einem wechselvollen Lebensgang nicht erwarten sollte, mir immer noch lange nachgegangen ist und sich noch immer zumeist einstellt, wenn ich, körperlich angegriffen, an einem fremden Ort auftreten soll. An Steckenbleiben darf man hiebei nicht denken, sondern an übertriebene Lebhaftigkeit, welche die Verlegenheit verräth. Meine Dispositionsmethode war immer einfach, kurz, präcis und einleuchtend, wie noch immer der alte Kirchenkalender in Kirchheim, wenn er noch vorhanden ist, beweisen wird. Alles Schleppende, Schwerfällige, Ungreifbare, Verwickelte in der Disposition, in Thema und Theilen war mir von jeher zuwider. So lange ich noch nicht württembergischer Staatsbürger und in die Zahl der Candidaten aufgenommen worden war, schwebte ich noch immer in größter Ungewißheit, ob ich wirklich Pfarrer oder zuletzt doch noch Missionar werden würde, In Beziehung auf den Missionsberuf aber wartete ich, wie früher so auch jetzt, um so bestimmter auf einen für mich unzweideutigen Wink von oben, als meine sehr häufigen und lästigen Magen- und Unterleibsbeschwerden mich bedenklich machen mußten, in einen solchen Beruf mich zu wagen. Was wäre dem Reiche Gottes mit einem kränklichen Missionar geholfen gewesen, während ich hoffen durfte, in der Heimath eher Etwas nützen zu können. Doch erhielt dieser Zustand der Ungewißheit Geist und Gemüth immer in einer gewissen Spannung. „Rein ab der Welt und Christo an!" wovon mir der theure Herr Le Grand mehr als einmal schrieb, wurde in so weit erreicht, als ich bei fortgesetzter

Resignation die ganze Welt für Nichts hielt, und sich in mein Urtheil beinahe etwas Herbes und Schroffes mischte.

Unterdessen nahm ich innigen Antheil an den Leiden und Freuden des theuren Hauses, und stand fortwährend mit Eyth und Weitzel in den freundlichsten Verhältnissen. Seit dem 8. November 1836 kränkelte die theure Frau Doktorin, die edle, theure Mutter und Gattin, die sorgfältige, verständig ruhige Hausfrau, die auch gegen mich von jeher eine mütterliche Freundin gewesen war. Endlich am 28/29. März 1837 standen und knieten wir an ihrem Sterbelager. Inbrünstige Gebete stiegen zum ewigen Gnadenthrone empor, und die theure, sterbende Mutter konnte nur noch beten: „O Jesu erbarme dich mein!" Am 29. März 1837 Morgens $\frac{3}{4}$ auf 8 Uhr entschlief sie sanft, wo wir zuerst mit Schmerz, wie es an Sterbelagern der Fall ist, dann aber auch mit Freudigkeit und kindlicher Hingabe in den Willen des Herrn uns unterhielten. Samstag den 1. April, Mittags 2 Uhr, war das Begräbniß. Weitzel hielt die Rede, ich ein Gebet, darin ich unter anderem auch meinen kindlichen Dank für die einem Fremdling erwiesene große Liebe ausdrückte, und ein kleines Gedicht über die Kraft des Namens Jesu im Sterben hinzufügte, in welchem sich die Worte finden:

O Jesu! rief die Seele noch
In letzter tiefster Noth,
Komm bald, hilf und erlöse doch
Mach' Leben aus dem Tod!

Du kommst und Friede kommt mit Dir,
Im Sterben sanfte Ruh;
Und freudig sprechen nun auch wir
O Jesu! groß bist Du! —

Daß es mir nach so schweren Erlebnissen ein rechtes Herzensanliegen war, dem innig geliebten und durch den Verlust der treusten Gattin tiefgebeugten, väterlichen Freund alles zu Gefallen zu thun und ihn ja durch Nichts zu betrüben: daran ist mir kein Zweifel, und der ins Innerste siehet, weiß es. Dennoch gerieth ich mit dem Theuren nach Verlauf einiger Zeit wieder in einen heftigen Streit über die Lehre von Sünde und Gnade, in welchen ich bei einem Kränzchen, das wir — im Wesentlichen Gleichgesinnte — oft mit vielem Segen in der Post miteinander hielten, wieder hineingezogen worden war, was mir den größten Kummer verursachte. Als nun der theure Herr Dr., welcher eine Reise in die Schweiz zu machen beabsichtigte, mir am 18. Mai 1837 die Eröffnung machte, ich solle während seiner Abwesenheit Amtsverweser in Ochsenwang werden, und mein Freund Hausmann solle meine Stelle in Kirchheim versehen, fühlte ich mich aufs Tiefste gekränkt, hielt es für eine Art Mißtrauensvotum, und plagte mich ganz unnöthig, während der Theure aus Weisheit also gehandelt hatte. Einmal dachte er, weil mehrere Jungfrauen, auch eine Schwester meiner jetzigen lieben Frau im Hause waren, Hausmann, der schon länger eine Braut hatte, sei geeigneter, und zum Andern sei es für mich lehrreich, eine Pfarrei allein zu verwalten. Zugleich war mein Freund Hausmann in Registraturgeschäften bewanderter, als ich. Der theure väterliche Freund mochte meines Herzens Gedanken, die ich nie sehr verbergen konnte, bemerkt haben und that Alles, was zu meiner Beruhigung geeignet war. Er forderte mich nicht nur auf, damit Jedermann sähe, daß kein Mißverhältniß zwischen uns stattfinde, am Dreieinigkeitsfest Morgens die Festpredigt für ihn zu halten, was ich erst nach einigem Zögern annahm, sondern er gab mir auch noch beim Abschied das silberne Besteck der theuren seligen Frau Doktorin zum Andenken. So war ich nun ungefähr ein Vierteljahr Amtsverweser in Ochsenwang auf der Alb, von woher auf dem $\frac{1}{4}$ Stunde entfernten Breitenstein sich die großartigste Aussicht in eine reizende Landschaft findet. Eine alte Magd besorgte mir das Nöthigste, und mein Leben war das vollständigste Einsiedlerleben, so ernst und zurückgezogen, als je ein Mönch es geführt haben mag. Einsam am liebsten wanderte ich auf den hohen Bergen herum, und tausend Gebete stiegen empor. Einer meiner Lieblingsspaziergänge war bei der untergehenden Sonne der auf den hohen Breitenstein, den ungeheuren Felsen, von wo aus sich die weiteste Aussicht darbietet, und ich ungestört in der stillen Einsamkeit meine Gedanken und Gebete in die Ewigkeit hinaussenden, ja hinausschreien konnte. Es war eine Zeit großer Demüthigung, es war ein

Zeit großen Segens. Der Herr sei dafür gelobt! Während meines Aufenthalts in Ochsenwang kam die theure Familie Le Grand aus dem Steinthal in's Bad nach Cannstadt, ich brachte glückliche Tage bei ihr zu und begleitete sie bis Nagold zurück. Dem theuren Herrn Le Grand offenbarte ich mein ganzes Inneres und erhielt von ihm eben sowohl weise Zurechtweisung als Aufmunterung und Erquickung. Durch seine thätige Mitwirkung, da er mir einen von der Basler Regierung legalisirten Capitalbrief von 1500 Fl. geschickt hatte, war ich bereits am 9. Februar 1837 Bürger der Stadt Kirchheim und württembergischer Staatsbürger geworden, und hatte nachher um Einreihung in die Candidatenliste gebeten. Bald darauf wurde ich auch völlig unerwartet und ungesucht von der edlen Herrschaft von Wöllwarth zum Pfarrer in Lauterburg auf dem sehr romantischen Aalbuch nominirt und schien demnach zum letzten und höchsten Ziele nur noch einen kleinen Schritt zu haben. Allein noch einmal mußte ich in die tiefste Tiefe eingetaucht und gleichsam wie vernichtet werden.

Auf Lauterburg wurde ich bei einem Spaziergang mit dem lieben Herrn Dr. Bahnmaier ganz zufällig aufmerksam gemacht. Er kannte die Familie und forderte mich gleich auf, Schritte zu thun. Nie hatte ich nachgefragt, wo etwa Patronatspfarreien seien, sondern ich überließ es gänzlich dem Zufall, besser zu sagen dem, der bis dahin mich geleitet hatte. Liebe Freunde und Freundinnen wandten sich sogleich an verschieden[e] Glieder der edlen Familie von Wöllwarth, und ich wurde zu einem Besuche in Essingen bei Aalen veranlaßt, um die persönliche Bekanntschaft des dort wohnenden Rittmeisters Freiherrn von Wöllwarth zu machen. Am 4. Oktober 1837 nahm ich mir einen Einspänner und kutschirte über den Hohenstaufen und Gmünd nach Essingen, wo ich mich im Schloß anmelden ließ. Frau von Wöllwarth ließ sagen: ihr Mann sei zwar nicht zu Hause, sie aber werde es freuen, wenn ich kommen wolle. Ich wurde sehr freundlich aufgenommen und traf bei ihr noch die vortreffliche Mutter, Gräfin Scheeler mit ihren Töchtern. Ich unterhielt mich sehr lange und lebhaft mit den edlen Damen und wurde zum Abendessen eingeladen, wo ich nun auch die Bekanntschaft des gar freundlichen stattlichen Herrn von Wöllwarth machte. Die Unterhaltung war sehr beleb[t] und in der Uebereilung nannte Herr von Wöllwarth schon Lauterburg meine Pfarrei, die ich doch auch sehen werde; worüber die Damen herzlich lachten, und wa[s] sie für ein gutes Vorzeichen gehalten wissen wollten. Wirklich wäre es auch schon gewiß gewesen, wenn nich[t] General von Wöllwarth in Stuttgart und Ober-Regierungsrath von Wöllwarth in Bayern Hauptstimme gehabt hätten. An diese aber wollte Herr von Wöllwarth Empfehlungsbriefe schreiben. Des andern Morgens in aller Frühe wanderte ich durch ein stilles Th[al] den hohen Berg hinauf Lauterburg zu. Es war m eigen zu Muthe, und ich bat Gott inständig, Alles nach seinem heiligen Willen zu lenken, als ich im letzten Gehölz den Gedanken erwog, daß ich vielleicht bald da oben in dem rauhen Clima auf dem Aalbuch Pfarer sein werde. Sonst sprach ich mit Niemandem, ging auch nicht ins Pfarrhaus, sondern nur ins alte Schloß, um die herrliche Aussicht zu genießen. Dort im alten Gemäuer stand eine Haselstaude, auf welcher ich eine Nuß fand, die ich zum Andenken mit nach Kirchheim nahm, wo der liebe Herr Dr. Bahnmaier scherzend eine Probe damit machte, ob ich Pfarrer von Lauterburg werde oder nicht. Er wollte es darnach entscheiden, ob sie leer sei, oder einen Kern habe, und siehe, sie hatte einen schönen vollen Kern. „Sie sind Pfarrer von Lauterburg" hieß es! In stille Betrachtungen versunken, kehrte ich nach Essingen zurück, wo unterdessen die Empfehlungsbriefe für mich an den Herrn General von Wöllwarth geschrieben worden waren, und wo ich auch wieder zum Mittagessen eingeladen worden war.

Nicht nur die Nacht, wo ich nicht recht schlafen konnte, sondern auch auf meiner Morgenwanderung hatte mich der Gedanke beunruhigt, ob der Eindruck, den meine Erscheinung gemacht hatte, nicht allzugünstig für mich sei, und ob es nicht meine Pflicht wäre, eine Art Glaubensbekenntniß abzulegen, damit sich Niemand später beschwere, daß man sich in mir getäuscht habe. Mit dem Entschluß, mich über meine Gesinnung und die Art meiner künftigen Wirksamkeit, auch auf die Gefahr hin, daß ich mißfallen und dadurch meiner Hoffnung verlustig würde, entschieden und unzweideutig auszusprechen, ging ich ins Schloß, wo ich aufs freundlichste aufgenommen wurde. Wir setzten uns noch vor dem Mittagessen an einem Tisch herum, und hier machte ich meinen nach menschlicher Ansicht unnöthigen Gewissensscrupeln Luft. Am meisten wurde der edle Herr von Wöllwarth durch meine Rede betroffen. Er sei, sagte er kein Freund der Pietisten und wünsche keine Secte in Lauterburg; die Pietisten verdammen unschuldige Freuden und treiben das Aergste im Geheimen, haben einen Schein der Frömmigkeit, aber eben nur diesen, um unter dieser Maske nur noch mehr Böses zu thun. Ich versicherte, daß ich eine solche Art von Frömmigkeit von Herzen verabscheue und niemals hegen noch pflegen werde. Mit dem Namen „Pietist" sei es aber eine mißliche Sache, indem man häufig jeden offenbarungsgläubigen evangelischen Christen mit diesem Namen belege. Ich führte die naheliegenden Beispiele von meinen Freunden Bahnmaier und Knapp an, und fragte, ob er denn diese Männer für so schlechte Leute halte? Das wollte er nicht; doch sagte er, gelte der Dr. Bahnmaier im ganzen Lande für einen großen Pietisten. Ich sagte, daß dieß wunderlich genug sei, da viele der sogenannten Pietisten ihn wegen seiner Freimüthigkeit und natürlichen Art nicht recht leiden mögen. Hierauf redete der edle Freiherr noch von dem frömmelnden und kopfhängerischen Wesen, das ihm zuwider sei. Fromm solle man wohl sein, aber nicht gar zu fromm. Ich erwiderte, daß man zu fromm eigentlich nicht sein könne, wenn Frömmigkeit etwas Gutes sei, und daß wir ja eigentlich immer frömmer werden sollten; ich meine hier freilich keinen bloßen äußeren Anstrich, der mir zu wider sei; etwas Kopfhängerisches werde er bei mir auch nicht gerade bemerken; mir sei es immer und überall um wahre christliche Frömmigkeit zu thun. Ja, antwortete er, wahre Frömmigkeit, das sei etwas Anderes. Er müsse sagen, daß er etwas von Pietismus bei mir befürchtet habe, sehe aber, daß es nicht so sei und dergleichen. Frau v. Wöllwarth und Gräfin Scheeler stimmten dem, was ich sagte, meistentheils bei. Brachte Herr v. Wöllwarth irgend etwas Fehlerhaftes an der Frömmigkeit vor, so verwarf ich es sogleich, wie er auch; es zeigte sich deutlich, daß er unter Pietisten die Scheinheiligen verstand, welche jener Benennung der wahren Frommen sehr schaden. Er hatte offenbar noch keinen wahren Pietisten kennen gelernt und theilte noch das Vorurtheil, das auf dem Namen Pietisten überhaupt ruht. Trotzdem nun, daß wir in Verwerfung des falschen Scheines einig waren, schien er mir doch etwas bedenklich geworden zu sein und er war beim Mittagessen weniger gesprächig. Indessen erhielt ich meinen Empfehlungsbrief an Herrn General v. Wöllwarth und wurde sehr freundlich entlassen. Beim Abschied sagte ich kurzweg: Wenn Gott will, daß ich Pfarrer in Lauterburg werde, so werde ich es werden; wo nicht, so will ich auch nicht; worüber später die Frau v. Wöllwarth noch lachte, als ich in diesem wahrhaft edlen Kreise so viele genußreiche Stunden zubringen durfte.

Mit meinem Brief reiste ich zum General v. Wöllwarth, wo ich sehr freundlich aufgenommen wurde, und sogleich bestimmte Zusage erhielt, weil unter allen Bewerbern keiner einen so interessanten Lebensgang gehabt habe. Nun kehrte ich nach dem lieben Kirchheim zurück, wo man auf meinen Reisebericht sehr begierig war. Alle lieben Freunde freuten sich herzlich des günstigen Berichtes und weissagten mir glücklichen Ausgang. Während ich nun aber so alle Hoffnung hatte, das schwererrungene und immer mehr ersehnte Ziel bald zu erreichen, wie ich denn wirklich bald darauf von den Herrn v. Wöllwarth einstimmig auf die Pfarrei Lauterburg ernannt wurde, kam ein neues Ungewitter, das mir den schönen Hoffnungshimmel gänzlich umwölkte und meine Seele umdüsterte. Würtembergischer Staatsbürger war ich, auch seit beinahe drei Jahren als Stadtpfarrgehülfe vom Consistorium in Kirchheim angestellt, allein der Herr Minister v. Schlayer wußte noch Nichts von mir, und in die Candidatenliste war ich noch nicht eingereiht. Als nun die Präsentationsurkunde anlangte, versagte der Minister die Bestätigung, zürnte dem Consistorium, das mich angestellt hatte, wollte das Devolutionsrecht eintreten lassen, zog die Gültigkeit meines Consistorialexamens in Zweifel, legte mir alle Prüfungen auf bis herunter aufs Gymnasium und gab es unzweideutig zu verstehen, daß ich nicht Pfarrer in Lauterburg werden solle. Zum Schaden hatte ich mich denn auch noch zu schämen, sowohl vor der Herrschaft v. Wöllwarth als auch vor andern Leuten, die mich schon als Pfarrer betrachtet und titulirt hatten. Ersterer drückte ich mein Bedauern aus, und bat von mir abzustehen; allein der edle Herr v. Wöllwarth brach sein Wort nicht und wehrte sich ritterlich für mich. Um den Herrn Minister Schlayer womöglich günstiger für mich zu stimmen, entschloß ich mich, selber zu ihm zu gehen und ihm meine Verhältnisse auseinander zu setzen. Als ich aber dem seligen Direktor Flatt etwas davon sagte, äußerte er gegen mich: „Sie können es, wenn Sie sich wollen vom Herrn Minister recht anfahren lassen!“ „Ei, antwortete ich, es wird doch nicht gefährlich sein“ und ging in eine Audienz. Richtig fuhr der Herr Minister ziemlich barsch auf mich zu; da ich mich dadurch aber nicht irre machen ließ, sondern mich bestimmt und deutlich aussprach, wurde er immer freundlicher. Ich erklärte unter anderem daß nirgends ein angelegter Plan stattgefunden, daß meine besondere Lebensführung mich nach Württemberg gebracht habe, daß ich Württemberg gewiß nicht mehr würde betreten haben, wenn ich nur im Geringsten von den mir jetzt in den Weg gelegten Hindernissen eine Ahnung gehabt hätte. Besonders auffallend und kränkend sei es mir, daß ich, nachdem ich seit sieben Jahren die Universität verlassen, ein Examen beim Consistorium erstanden, mehrere Jahre die Stadtpfarrgehülfenstelle in Kirchheim versehen, von allen Seiten her befriedigende Zeugnisse habe, und schon über einunddreißig Jahre alt sei, sogar wieder aufs Gymnasium zu einem Examen zurück solle. Worauf der Herr Minister auf der Ferse herumfuhr und das Consistorium heftig tadelte. Ich aber erklärte, daß ich dafür Nichts könne, wenn das Consistorium einen Fehler gemacht habe, was er sogleich mit den Worten: „ja Sie sind unschuldig," zugab, und worauf er mich sehr freundlich durch die Thüre begleitete, ohne jedoch eine bestimmte Zusicherung ertheilt zu haben. Der Herr Minister mochte vermuthen, daß ich eine Tochter vom seligen Decan Bahnmaier, den er von Tübingen her nicht wohl leiden mochte, heirathen solle, und daß alles eine von diesem angelegte Sache sei, was freilich ein großer Irrthum war.

Unterdessen gerieth ich in einen nicht geringen Kampf mit mir selber. Sollte ich diese unerwartete Wendung, durch welche mir das Ziel scheinbar wieder ferner, als je gerückt war, für einen Wink ansehen, daß ich denn doch noch von Gott zum Missionsberuf bestimmt sei? Sollte ich Württemberg sogleich verlassen, um mich der Rheinländischen Missionsgesellschaft in Elberfeld und Barmen zuzuwenden, die gerne einen Theologen nach Borneo geschickt hätte, und welcher ich halb und halb zugesagt hatte, falls ich mich zum Missionsdienst noch entschließen würde, — oder was sollte ich thun? In der ersten Aufregung hätte ich das Land sogleich verlassen, wenn nicht sanftmüthige liebe Freunde und Freundinnen mich besänftigt hätten. Ueberdieß aber schien ich es meinen Wohlthätern und Gönnern schuldig zu sein, den Minister nicht etwa in der Meinung zu bestärken, ich sei nur durch pietistische Umtriebe eingeschmuggelt worden und habe das Examen zu fürchten, deßwegen habe ich mich jetzt davon gemacht. So entschloß ich mich denn zum Bleiben und meldete mich um zwei Examina auf einmal, nämlich um die theologische Fakultätsprüfung in Tübingen, und das Universitäts-Examen auf dem Gymnasium in Stuttgart, welche in der Art auf einander folgten, daß die Tübinger Prüfung zuerst war und darnach das Gymnasialexamen, so, daß ich alle meine Prüfungen der Reihe nach rücklings erstanden hätte, was ein ordentlicher Schwabenstreich gewesen wäre. Das Gymnasialexamen war mir das bitterste. Ich war seit beinahe acht Jahren von der Philologie weg, hatte Realien nur nebenher getrieben und sollte nun abermal als einunddreißiger unter jungen Leute sitzen. Doch, ich mußte in den sauren Apfel beißen und machte mich frisch ans Werk, wie wenn ich jetzt wieder von vorne anzufangen hätte. Von nun an arbeitete ich wieder Nacht und Tag, machte weder irgend einen Spaziergang noch Besuch und genoß meist nur ein wenig Suppe, um durch meinen schwachen Magen nicht beschwert zu werden. Ich machte insbesondere griechische und hebräische Exercitien, da ich im Lateinischen ordentlich beschlagen war, weil ich fortwährend lateinische Schriftsteller gelesen hatte. Daneben trieb ich Geschichte, Geographie, Arithmetik u. dgl. was man von abgehenden Gymnasiasten fordert. In allem stand mir treulich bei mein treuer Freund Eyth, der mir meine Exercitien corrigirte und als ein vortrefflicher Philolog auf den Sprung half.

So kam allmählig die Zeit immer näher, wo ich in das Läuterungsfeuer eines zwiefachen Examens unbarmherzig halsüberkopf geworfen werden sollte, wobei der alte Knabe leicht Hals, Arm oder Beine hätte brechen mögen. An meinem Geburtstag, den 29. November 1837 ließ ich unten in der Stube laut werden, daß es an demselben keine Blumen mehr gebe, sondern blos rauhe Winde, Stürme und finstere Wolken; überhaupt sei mir die ganze Welt um einen Pfenning feil. Da war aber nun seit einiger Zeit ein junges Wesen im Dekanathause, Freundin und Gehülfin der Töchter des Hauses, die verdroß die trotzige und harte Rede, ging still in den Garten, fand in dem gefrornen Boden noch etliche hübsche Blümlein, befeuchtete sie, steckte sie in ein Schächtelchen und legte folgenden Zauberspruch bei:

Ihr lieben Blümlein zart und fein,
Wer schließt euch denn so grausam ein
In dieß Versteck der Nacht?
Müßt ihr denn scheun des Tages Licht,
Mit Vorsicht streng bewacht?

So schuldlos blicket ihr mich an,
Ihr habt in Wahrheit Nichts gethan,
Das einer Strafe werth!
Und doch! — o bleibet zart und still
Bis euer wird begehrt!

Und wollt ihr welken, Blümchen schön,
Mag ich es nicht gern sehn.
Doch — welket ihr auch immerhin,
Im Herzen bleibet frisch und grün,
Treu, Lieb' und zarter Sinn!

Von diesem Geheimniß wußte ich freilich Nichts. Wohl begegnete mir an meinem Geburtstage, als ich im Kirchenrocke aus der Kirche kam, auf der Treppe meine nachmalige vielgeliebte Braut und Gattin, Sophie Vögelen, Tochter des Präceptors in Weilheim u. T. und grüßte mich freundlich; an etwas weiteres aber konnte ich kaum denken. Bei Präceptor Vögelen war ich zum erstenmale in meinem Leben zur Weinlese eingeladen gewesen, besuchte ihn auch sonst hie und da, indem wir Violine mit einander spielten, ohne daß ich jedoch meine nachmalige liebe Braut und Gattin welche eine Reihe von Jahren in Schwäbisch-Hall bei einem Verwandten — Major von Gaupp zubrachte, so viel ich mich erinnere, jemals gesehen hätte. Indessen hatte ich einen Bund mit meinen Augen gemacht, daß ich keine Jungfrau recht ansehen wolle, außer, wenn ich einmal die Absicht, sie wirklich zu heirathen, haben könne, d. h. ich wollte mich vor leeren Liebschaften möglichst in Acht nehmen. Nun hatte ich zwar den lieben Präceptor Bögelen in Weilheim von jeher als einen treuherzigen Mann und erfahrenen Schulmann und Christen geliebt, auch seine Tochter, als eine edle und stille Jungfrau geschätzt, so lange sie im Dekanathause war, aber so zu sagen, doch nie recht angesehen. Da war am 11. December ihr Geburtstag. Emma, die edle Tochter des Hauses, erzählte nun ganz zufällig eine ihr auffallende Aeußerung der Sophie, die gesagt habe, sie sei allemal vergnügt und freue sich, wenn wieder ein Jahr vorüber sei; warum man sich nicht freuen solle, wenn man dem Himmel immer näher komme u. dgl. „Aber die Sünde?“ Die vergibt der Heiland, war die kecke Antwort. Dieß gefiel mir, und nun besah ich mir die Sophie genauer, und sie gefiel mir auch. Doch wollte ich auch jetzt bei dem bösen Stand der Dinge, da mir die Anstellung wieder ungewiß geworden war, mir alle Heirathsgedanken aus dem Sinn schlagen. Doch am 22. Dezember Abends ließ mich der theure Herr Doktor Bahnmaier auf sein Zimmer kommen, frägte mich aus, und sagte, wegen meiner Anstellung dürfe ich ruhig sein und dürfe mich deßwegen wohl verloben. Sogleich ließ er auch die Sophie kommen.

ch fragte sie, ob sie es wage, und auch zufrieden n wolle, wenn ich durchaus nicht Pfarrer in Lauterrg werde, oder durchs Examen falle, oder als issionar nach Indien gehe? Und als sie das bejahte, lugen wir ein, gaben uns den ersten Kuß als Unterand, und unser väterlicher Freund führte vergnügt n unerwartet beglücktes Brautpaar in die untere tube. Noch an diesem Abend wurde auch das häcktelchen mit den Blumen geöffnet und siehe da! hatten sich bis zur Stunde unseres Verspruchs nz herrlich erhalten! So war ich mitten in meinen orgen ein überaus glücklicher Bräutigam geworden, m seine Braut mit jedem Tag besser gefiel, je geuer er sie betrachtete und auch dem Geiste nach nnen lernte. Am Christfest 1837 fuhren wir nach eilheim und waren beide über unser „Christkindle," ofür wir gegenseitig uns betrachteten, unaussprechlich ücklich. Wir waren beide völlig überzeugt, daß der Bille des Herrn geschehen sei, und überließen ihm geost die Zukunft.

Meine düstere Stimmung war nun verscheucht; vischen meine Vorbereitungsarbeiten auf zwei Examina nein, hatte ich eine Erquickung, indem ich gewöhnlich onntags nach dem nahem Weilheim ging, wo meine ebe Braut in's elterliche Haus zurückgekehrt war, um re Aussteuer zu rüsten. So blieb der Geist frischer nd bequemte sich leichter zu griechischen, hebräischen nd andern Exercitien die ich nun einmal durchmachen mußte, da ich mich um das Gymnasialexamen gemeldet hatte. Endlich erschien am 14. März 1838 ein Rescript, durch welches ich von der Vorprüfung dispensirt, zur Fakultätsprüfung aber in Tübingen citirt wurde, wohin ich gleich am 15. März reiste. Am 16. war schriftliche Prüfung von Morgens 6 — 1 Uhr, am darauffolgenden Tage, einem Samstag abermal, sowie am Montag; am Donnerstag Kinderlehre, am Freitag Vor- und Nachmittags mündliche Prüfung und am Sonntage hatten wir in der Schloßkirche zu predigen. Ich hatte den herrlichen Text Römer 8, 28 — 29. und wählte zum Thema „die selige Gewißheit, daß denen, die Gott lieben, alle Dinge zum Besten dienen." Da ich diese Wahrheit so oft an mir selbst erfahren hatte, so trug auch meine sehr lebendig Predigt das Gepräge des Erlebten und Erfahrenen und ich bekam in derselben erste Classe. Mein Logi hatte ich bei dem Herrn Professor v. Schrader, einem guten Juristen und noch bessern Christen. Obgleic ich mich auf die theologische Prüfung nur wenig hatt vorbereiten können, ging es mir, da ich früher imme fleißig fortstudirt hatte, doch mit Gottes Hülfe gu Montag, den 21. März umlagerten wir die Aula un warteten auf unser Urtheil. Ich konnte insoweit de Bescheid ruhig entgegensehen, als ich wußte, daß nicht ganz schlecht ausfallen werde. Manche ab meiner Miteraminirten waren voll Furcht und Wa ten der Dinge, die da kommen sollten. Endlich wu den wir in den Saal gerufen, wo uns unser Urtheil in Gegenwart des Königlichen Commissairs publicirt wurde. Ich erhielt unter den dreizehn dießmal examinirten Candidaten die erste Nummer und wurde dadurch innerlich ebensowohl tief beschämt, als zum innigsten Danke gegen meinen getreuen Gott und Heiland aufgefordert, der mich so oft aus vielen und großen Nöthen errettet und aus dem tiefen Schlamm wieder ins Freie gezogen hatte. Ich erkannte Alles als lautere Gnade, beugte mich vor dem ewigen Gnadenthrone, gelobte Alles, soweit es einem schwachen sündigen Menschenkinde nur immer zusteht, und war noch hundertmal glücklicher, wenn ich an meine innig geliebte Braut dachte, die, wie ich wohl wußte, im Geiste Alles mit mir durchmachte. Ich will nicht ungerecht sein, aber vielleicht war es keinem der miterxaminirten Candidaten, wie mir; es hatte auch Keiner ähnliche Lebenserfahrungen machen müssen, und ich war um ein Gutes älter, als sie alle. Alle meine Freunde hatten eine herzliche Freude, und der seitdem entschlafene Dr. Kern meinte, jetzt werde der Herr Minister doch auch günstiger gestimmt werden und mir meine Pfarrei weiter nicht streitig machen. Das Alles empfahl ich Gott, der meine mühselige Arbeit bis dahin gesegnet hatte. Ich stand doch nicht da als ein Ignorant, den man aus unlautern Absichten nur so eingeschmuggelt habe, und meine Wohlthäter und Gönner, besonders Dr. Bahnmaier waren auch gerechtfertigt. Es war und sollte nicht sein etwas Glänzendes, aber es war viel und übergenug, wenn ich an meinen Lebens- und Studiengang zurück dachte. Im einundzwanzigsten Jahre fing ich wie ein Knabe, Alles von vorn an; ich konnte weder Lateinisch, noch Griechisch, noch Hebräisch, war überhaupt nicht geschult, wußte nicht einmal die biblische Geschichte, wie sie heutzutage jeder ordentliche Confirmand inne hat, ebensowenig etwas von Realien und hatte überdieß nicht die Mittel, mir Privatunterricht ertheilen zu lassen, sondern mußte das Meiste, ja fast Alles, und zwar mit ungeheurer Anstrengung, meist immer auf mich selber verwiesen, mir selber überlassen, nachholen. Wie viel weiter wäre ich in wissenschaftlicher Beziehung gekommen, wenn ich nach Bedürfniß Privatunterricht hätte nehmen können. Und dennoch hatte ich zwei Examina ehrenvoll, mit dem Prädikat „gut", bestanden, und mußte mich oft wundern, wenn ich bemerkte, wie die von Kindesbeinen an fort und fort geschulten Candidaten mich nicht immer gerade glänzend überstrahlten. Ich wende nun daher auch bei meinen Kindern den Grundsatz an, sie nicht als Treibhauspflanzen zu frühe zu steigern, daß sie nicht verkrüppeln, sondern körperlich und geistig sich allmählig entwickeln und wirkliche Personen werden, die wissen, was sie wollen und sollen, und mit Gottes Hülfe am Ende es auch können.

Am 27. März kehrte ich nach Kirchheim zurück und am 28. ging ich nach der Betstunde gen Weilheim. Meine liebe Braut kam mir halbwegs entgegen, und wir freuten uns herzlich, daß wieder etwas hinter uns lag, und dankten Dem dafür, aus dessen treuer Hand wir Alles hinnahmen. Meine liebe Braut hatte noch zwei Schwestern, welche zu gleicher Zeit auch Bräute waren, eine mit einem Pfarramtsverweser, die andere mit einem Revierförster. Waren es glückliche Tage gewesen, als wir drei Brautpaare im Februar die silberne Hochzeit der Eltern festlich in Weilheim begingen, so waren die jetzt folgenden Tage darum noch glücklicher, weil ich die widrige Examenslast vom Halse hatte und überdieß vom edlen Herrn v. Wöllwarth in Essingen die wiederholte Versicherung erhielt, daß meine Nomination Gültigkeit behalten und ich Pfarrer in Lauterburg werden müsse. Da machten wir manchen Ausflug auf die nahen herrlichen Berge, da fanden sich die Seelen immerhin in dem einen ewigen Urgrunde zusammen, da brachten wir Bitte, Gebet, Fürbitte und Danksagung vor den ewigen Gnadenthron, da ging uns immer mehr der Mai des Lebens in seiner ganzen bräutlichen Herrlichkeit auf, wenn wir unter den lieblich duftenden Blumen und Blüthen des Wonnemonats hinwanderten, und die guten dienstbaren Geister Gottes auf allen Wegen und Stegen unsere freundlichen Leiter und Begleiter waren. Ein Hauch der himmlischen Welt durchwehte unsere Seelen; heller brannte die Flamme bräutlicher Liebe; in freundlicherem Licht glänzte die

Sonne über unsern Häuptern; schöner leuchteten die Sterne; milder wehten die Lüfte, und die Erde erschien wie verklärt; kurz, wir befanden uns, wie in einer andern Welt. Ich kann nicht umhin, hier die Beschreibung eines schönen Ausfluges aus dem Tagebuch meiner lieben Braut, das ich kürzlich in die Hand bekam, einzuschalten.

Weilheim, den 8. Mai 1838.

Ich habe das Heimweh so sehr nach Dir, mein geliebter Johannes, deßhalb muß ich die Feder ergreifen und mich schriftlich mit Dir unterhalten. Wir waren gestern so glücklich mit einander, gewiß! es war der schönste Maientag unseres Lebens! Alles war vereinigt, den Tag lieblich und herrlich zu machen. Gern möchte ich Dich wieder an alle die schönen Punkte erinnern, wo wir, erhaben über Alles, den herrlichsten Anblick der weit um uns blühenden Schöpfung unseres Gottes genießen durften. Ach, wie waren wir so glücklich Eines an des Andern Seite! Die Liebe ist es, welche Alles noch schöner machte, und auch alle Beschwerlichkeiten auf unserm Gang leicht ertragen ließ. Und wenn ich an die gefährlichen Stellen auf unserem Wege denke, wie fühle ich mich so sicher an Deiner Hand! Darf ich es kühn wagen, aus diesem ersten Gang, welchen wir ungestört miteinander an einem lieben, langen Tag machen durften, mir ein Bild für den kommenden Gang unsers Lebens zu machen? Es sei! Ich wage es in Gottes Namen! Ohne zu leben in hohen Idealen und Phantasien, weiß ich, daß treue, wahre Liebe diesem Leben ein freundliches Licht giebt, welches aus dem ewigen Lichte, das auch nur Liebe ist, quillt. Nun, wenn mir Gott noch längere Jahre des Lebens schenken will, und ich in diesen auch wieder lebhaft mich des glücklichen Brautstandes erinnere, werde ich schon zum Theil mir sagen können, ob meine Ansichten des häuslichen Friedens und Glücks wirklich auf dem ächt christlichen Fundamente ruhten, und auf diesem ihre Bewährung gefunden haben. Laß mich noch einmal, mein lieber Johannes, unsere Wanderung durchgehn mit Dir und Allem, das uns begegnete, eine Bedeutung für unser künftiges Leben geben! Doch ist es gut, daß Du es nicht so bald zum Lesen bekömmst, denn Du könntest mich auch noch der Schwärmerei beschuldigen; nenne es deßhalb später lieber eine Kinderei, welche meinem Gemüthe von früher Jugend an eigenthümlich war und allem Bedeutungslosen eine tiefere Bedeutung erst gab, und dem gewöhnlichen Leben einen andern höhern Schein verlieh. Ist denn auch das Leben nur, wie wir es mit unsern leiblichen Augen sehen? Hat nicht alles Kleine eine tiefe, ewige Bedeutsamkeit? Das Leben des Geistes mit seinen geheimen Verbindungen bleibt nur solchen ungeahnt und unfühlbar, die unter der Herrschaft des Fleisches stehen, deren Geist immer enger zurückgedrängt und unzugänglich für alle Ansprache der geistigen Welt bleibt.

In einer etwas gedrückten Stimmung war ich, als wir das elterliche Haus verließen; doch bald wurde es mir in der freien herrlichen Natur, an Deiner Seite und unter erhebenden Gesprächen, leichter um's Herz. Wir gingen ziemlich schnell, und ein starker, die Hitze des Tages mildernder, Wind trieb uns noch mehr vorwärts. Nach einer Stunde kamen wir an einen hohen Berg, die Teck. Wir machten uns so leicht als möglich, und erstiegen frischen Muthes eine bedeutende Anhöhe, suchten dann ein Plätzchen, an welchem wir vom Wind gesichert ausruhen konnten, und ließen uns auch die erste Ruhe so wohl gefallen, als hätten wir für den ganzen Tag nimmer weiter zu gehen. Nichts störte uns und unsere stillen Freuden, mir war es, als käme ein Bote vom freundlichen blauen Himmel herab, mit dem Gruß: „Friede sei mit Euch!“ Ja, der Friede Gottes war in uns und waltete überall um uns herum. Nachdem wir lange so im Frieden geruht hatten, trieb es uns selbst wieder, den höchsten Gipfel des Berges zu erreichen; noch leichter als zuvor ging es nun wieder rasch aufwärts, nur manchmal mußten wir uns umschauen und den Herrn preisen, der so Herrliches um uns geschaffen hatte. Endlich erreichten wir ohne Müdigkeit, ohne Hunger und Durst die Höhe des Berges und konnten nun nicht satt werden im Genusse alles des Schönen und Beseligenden, womit unsere Seelen gespeist wurden. Nicht mehr so lange setzten wir uns an einer lieblichen Stelle nieder, weil wir noch vor Mittag in das Thal zurück wollten. Du, mein lieber Freund, kanntest nun schon einen gar schmalen Pfad durch Dornen, Felsen und Abhänge, aber es ging immer auf der Anhöhe des Berges dahin, und wir übersahen dabei die Gegend immer wieder von einer neuen schönen Seite. Hoher, freudiger Glaube, der Du uns dem Himmel am nächsten bringst, erhalte uns auch auf dem schmalen Wege, durch Alles hindurch immer nahe, dem einigen Trost und der höchsten Freude unsers Lebens, und, o mein Vater! erhalte mir für mein ganzes Leben den treuen und sichern Führer zur Seite, die Stütze meiner weiblichen Schwachheit! Unverdrossen kamen wir auf uns'rem Pfade weiter und erreichten am Ende desselben einen Felsen, welcher mir wie ein Tempel unsers großen Gottes erschien. Es war so abgeschieden von der Welt, ein heiliger Ernst wohnte um uns, ich hätte niederfallen mögen auf mein Angesicht und im Heiligthum, das um uns und in uns sich fühlbar machte, mich, uns als Eins, dem Herrn zum Opfer darbringen. Wir waren ihm nahe, er ging nicht, ohne uns zu segnen. Ungern nur verließ ich diese hehre Stätte, um den Weg in das vor uns liegende Thal anzutreten; doch Du, mein Geliebter, mahntest mich, und ich folgte Deinem Rufe, weil Du mit der Zeit weise und vorsichtig überein=

zustimmen wußtest, auch war mir der Weg unbekannt, und ich mußte mich ganz Deiner Führung anvertrauen, fragte deßhalb auch: „Werden wir nicht verirren?“ Doch beruhigtest Du mich mit der Versicherung, daß wir bald den rechten Weg finden werden. Dieß fand ich auch alsobald bestätiget, und obwohl es nun sehr steil abwärts ging, mein Fuß manchmal ausgleitete und die Dornen uns oft nicht weiter lassen wollten, kamen wir doch wohlbehalten am Fuße des Berges an. Du hattest mir treulich geholfen und meine ungewissen Tritte sicher gemacht. Eine Zeit lang ging es noch über einen recht dürren, steinigten Boden, doch sahen wir schon vor uns den lieblichen Weg, durch die frischgrünenden Wiesen und blühenden Bäume. Wenn auch einmal zur Mittagszeit des Lebens wir von den Höhen jugendlicher Begeisterung herabgestiegen sind, und eine Geistestrockenheit uns über eine dürre und kahle Ebene führt, so wird auch unserem Auge sich wieder ein angenehmer, lieblicher Weg öffnen, auf dem wir froh im Thale weiter gehen können. Wir fühlten nun auch beide ein Bedürfniß nach Speise und Trank, und freuten uns, im naheliegenden Dorfe zu finden, was wir bedürftig waren. Wirklich hatten wir uns auch nicht getäuscht, denn, obwohl unsere Mahlzeit sehr einfach war, so schmeckte es uns doch ganz vortrefflich, und ich hätte mir nichts Besseres zu wünschen gewußt. So wird der Herr auch im Leiblichen uns einen guten und gesegneten Tisch bereiten und die köstliche Würze: Zufriedenheit darauf streuen und jeden Trank mit dem süßen Zucker der Liebe versüßen.

Nachdem wir vollkommen gesättigt waren, besuchten wir einen lieben christlichen Freund, welcher immer noch um seine theure Gattin trauerte, die ihm in der Mitte des Lebens von der Seite genommen wurde, und durch die Mittheilung der Erfahrungen, welche er an dem Krankenbette eines seiner Kinder gemacht, trat der Ernst des Lebens in seiner ganzen Gestalt vor uns, doch nicht Furcht erregend, denn er war uns ja nicht mehr so fremd, wir kannten schon den edlen Geist, der in ihm wohnte, und wenn er einst auch in unserem Hause einkehren wird, wollen wir ihn walten lassen. Seine Spuren sind lauter Segen. Es war uns wohl im Herzen bei diesem Freund, doch mußten wir nach einigen Stunden aufbrechen, um bei einer frommen alten Frau in einem entfernten Orte einen Besuch zu machen. Wir hatten dahin eine angenehme Landstraße und sahen über uns den Berg und die Felsen, auf welchen wir gewesen waren, erfreuten uns an ihrer Erinnerung, waren aber zugleich froh, daß unser Weg nun eben am Berge dahin ging. Die alte fromme Freundin trafen wir in einem freundlichen Garten, mitten unter Frühlingsblumen und fröhlichen Kindern, ihren Urenkeln, doch das leibliche Auge hatte nicht mehr viel Sinn für ihre Schönheiten, das geistige richtete sich nach der Schönheit des Himmels, und ihr Ohr wollte nur hören Worte des ewigen Lebens. Stilles, ruhiges Alter werde auch uns zu Theil, um durch Alles zu reifen für die Ewigkeit! Du hast eine Würde in dem wieder klein und schwach gewordenen Menschen, denn der fromme Geist des Alters spricht ohne Worte mehr, als die lebendigste Sprache der Jugend. — Es wurde Abend, und wir mußten uns zum Heimgang bereit machen. Wir nahmen Abschied, und da wir gerade in meinem Geburtsort waren, gingen wir an dem Haus vorüber, in welchem ich zuerst das Tageslicht erblickte, und alle unschuldig frohen Spiele der Kindheit tauchten in lebhafter Erinnerung auf in meiner Seele, und Dank, Lob und Preis mußte ich im Stillen bringen Dem, der schon so viel Gutes an mir gethan und meine Wege so freundlich geleitet hatte. Auf dem Heimgang kamen wir noch durch ein Dorf, in welchem wir einen Freund besuchten. Er war alt und müde; doch seinem Geist schienen die Pforten der Ewigkeit nicht so freundlich nahe. Der Geist war im Leben immer reich und wurde nun immer ärmer. Möge Gott am Ende des Lebens uns das vollkommene Armsein in uns selbst schenken, damit wir den vollen Reichthum Jesu Christi dahin nehmen können! Der Abend war so mild und ruhig, wir liebten uns so innig, waren ganz Eins. Die Sonne war untergegangen, aber der Mond leuchtete uns am blauen, heitern Himmel. Friede hatte uns von Anfang begleitet, Friede war mit uns bis ins stille Schlafkämmerlein. Herr, schenke ein seliges Auferstehn, und laß uns mit dem Chor der Engel und allen Frommen singen: „Hallelujah! Hallelujah! Ehr' und Preis von Ewigkeit zu Ewigkeit sei Dem, der auf dem Stuhl sitzt, dem Lamm, das erwürgt war. Amen!"

Kein Wunder, daß auch in bedeutungsvollen Träumen die guten Geister Gottes sich uns nahten. Am 5. Juli 1838 besuchte mich meine liebe Braut in Kirchheim und erzählte mir folgenden Traum. Sie war in der Kirche zu Kirchheim; da vernahm sie, wenn ein Feuer am Himmel stehe, so werde ich nicht Pfarrer in Lauterburg, wenn aber ein Licht erscheine, so werde ich es. Auf das Eine, wie das Andere wohl gefaßt, sah sie plötzlich ein Feuer, das unbestimmt hin- und herflackerte, auf einmal aber sich in's hellste und herrlichste Licht verklärte, indem die Worte, an welchen Sophie aufwachte, dazu ertönten: „Dein Thun ist lauter Segen, dein Gang ist lauter Licht!"

Da ich nie viel auf Träume achtete, ließ ich auch diesen unbeachtet, und erst am Abend, als spät noch in einem Briefe die Nachricht an mich gelangte, ich sei als Pfarrer bestätigt, fiel er mir wieder ein; meine liebe Braut aber war ihrer Sache so gewiß, daß sie am andern Morgen gleich wußte, warum ich so früh nach Weilheim komme, noch ehe ich ein Wort geredet hatte. Von allen Seiten wurden wir nun beglückwünscht. Der theure Knapp schrieb unter Anderem an einen Freund:

„Daß Denner länger nicht gebannt,
„Vielmehr zum Pastor ist ernannt,
„Darob wird sein sein Mund voll Lachen,
„Und auch die edelwerthe Braut
„Wird gar kein sauer G'sichtlein machen,
„Wenn sie nun einen Pastor schaut,
„Der schon als harrender Vikar
„Ihr Apfel in den Augen war.
„Gott aber sehe gnädig drein,
„Daß Bräutigam und Bräutelein
„Nun bald gen Lauterburg heimziehen,
„Und dort vor ihm als Palmen blühen! —
„Ich hab's vom Consistorium,
„Daß Denner Pfarrer ist um und um, u. s. w.
„Von Wöllwarth" heißet der Patron,
„Der Nomen hier und Omen hat;
„Vom Warten war der liebe Sohn
„Mit seinem Bräutlein ziemlich matt,
„Doch, wenn wir „wöllen warten" geht's
„Zum guten Ziele dennoch stets.
„Drum führt der Herr Die „wöllen warten,"
„Zum Wöllwarth in den Pfarrersgarten." —

Nun gab es vielerlei zu besorgen und Besuche zu machen. Wieder über Hohenstaufen reiste ich auch nach Essingen, wo ich im Schloß äußerst freundlich aufgenommen und zum Mittagessen eingeladen wurde. Dann machte ich dem Herrn Decan Goes in Aalen meine Aufwartung, fuhr nach Lauterburg, sah dort Alles ein und blieb über Nacht. Jetzt war es mir anders, als das erste mal; ich wußte, daß ich auf dieser romantischen Höhe Pfarrer sei, und das Pfarrhaus gefiel mir deßwegen so wohl, weil man aus demselben die herrlichste und weiteste Aussicht genießt. Wir machten uns auch einen Brautbesuch in Hall, und unser Hochzeitstag rückte immer näher herbei. Mit herzlichem Gebet und Beugen und Geloben gingen wir dem wichtigen Tage, der uns am 31. Juli 1838 aufging, entgegen. Die Trauung wollte und sollte natürlich mein väterlicher Freund Dr. Bahnmaier in Kirchheim vornehmen. Meine liebe Braut kam deßwegen von Weilheim, und am 31. Juli Morgens standen wir vor dem Altare. Es hatten sich viele theilnehmende Freunde eingefunden, und die Lehrer der Stadt führten einen schönen Chorgesang mit Musik auf. Alles hatte sich vereinigt, um unsern Hochzeitstag zu einem freundlichen und schönen Tage zu machen. Der theure, väterliche Freund redete Worte der herzlichen Liebe zu uns. Mein Ja sagte ich mit so läuter Stimme, daß alle Anwesenden merken konnten, es gehe dem Bräutigam von Herzen, und meine liebe Braut war tief ergriffen. Nach der Copulation hielten wir in der Post ein einfaches Frühstück. Alle unsere lieben Freunde und Freundinnen nahmen daran Antheil, und da wir unserem vielgeliebten väterlichen Freund natürlich den Ehrenplatz zugedacht hatten, verweigerte er es und sagte: „Nein, der ist für Ihren Vater Falk, welcher heute, wenn es ihm vergönnt ist, gewiß mit Wohlgefallen aus jener Welt herüberschaut! Auch mehrere liebliche Trinksprüche wurden gebracht, bis wir uns unter Thränen mit den lieben Eltern in ein bekränztes Gefährt setzten und nach Stuttgart fuhren, wo wir bei der lieben Tante Walz das Mittagsmahl hielten. Zugegen waren der liebe Onkel mit der lieben Tante, Pfarrer Handel v. Stammheim, der liebe Onkel v. Sindelfingen, Präceptor Vögelen und Oberhelfer Knapp v. Stuttgart, der theure alte Freund und der andere Knapp, gegenwärtig Decan und Stadtpfarrer in Eßlingen. Das Tischgespräch war heiter und ernst, lieblich und mit Salz gewürzt.

Nachher übergab der liebe Knapp folgendes Hochzeitsgedicht:

„Einst bist Du ein Fremdling gewesen,
O Bräutigam arm und klein;
Nun hat Dich Christus erlesen,
Ein Mann und Pfarrer zu sein;
Und du, liebwerthes Bräutchen,
Vordem so wenig laut,
Stehst nun vor jauchzenden Leutchen
Als eine Pfarrersbraut.

Ja, was wir prophezeiet,
Traf ein mit voller Macht!
Seht, wie sich der Bräutigam freuet!
Seht, wie das Bräutlein lacht!
Nicht in der Ferne da draußen
Geht nun des Fremdlings Steg;
Anstatt gen Brunhardshausen,
Geht Lauterburg zu der Weg!

O Bräutigam! sieh', wie den Samen
Verschleift ein Vögelein,

Daß er in Gottes Namen
Aufblüht im Felsgestein;
Schau, wie gesalzene Fische
Darkommen vom nordischen Meer,
So führt dich in lieblicher Frische
Dein Gott nach Württemberg her!

Da sollst Du wirken im Frieden,
Im Tempel stehen des Herrn;
Da sollst Du, ohn' Ermüden
Für ihn, den Morgenstern,
All' Deine Kraft verzehren,
So viel er irgend gab;
Da sollst Du einst in Ehren
Hinsinken in Dein Grab.

Wohlan! Du bist willkommen
Sollst ganz Dein Bräutchen han,
Und in dem Kreis der Frommen
Als Württemberger stahn;
Sollst innig Dich verschmelzen
Mit unsrem Kirchenleib; —
Ja, helfet die Noth abwälzen,
Herr Pfarrer und sein Weib!

Es ist noch viel zu schaffen
In dieser armen Zeit.
Dazu stehn heil'ge Waffen
Für Eure Hände bereit.
So schaffet, helfet, ringet,
Daß ihr gewinnet den Tag,
Bevor die Nacht eindringet,
Da Niemand wirken mag.

Ihr habet gelernet zu beten!
Das ist wohl göttliche Kunst;

Ihr wisset vor Gott zu treten,
Zu fliehn des Weltsinns Dunst.
Laßt solche Kunst nur dauern
In Eurem Hause stets!
Denn Pfarrer welken, versauern
Ohne den Geist des Gebets.

Ihr habt gelernet zu wachen
In Christi Gnadenschein:
Drum richtet all' Eure Sachen
Nur täglich wachsam ein!
Der Satan will nicht schlafen,
Und wo ein Hirte schläft,
Da hat er bei den Schafen
Gar freies Mordgeschäft.

Ihr habt gelernet zu lieben,
In Demuth herzugehn.
O lernt's noch besser üben,
Denn viel noch muß geschehn!
Je tiefer ein Herz sich beuget,
Je besser bleibt's bewahrt,
Je Größeres d'rin erzeuget
Der Geist nach Gottes Art.

Seid Ihr ein Wunder der Gnade
An Eurem Hochzeitstag,
So zeiget auf Eurem Pfade
Auch ferner, was Gott vermag!
Noch ist viel Segen zurücke,
In seinen Tiefen still,
Den Euch zum ewigen Glücke
Der Heiland schenken will.

Zu viel der Miethlinge haben
Wir, ach! im weiten Land,

Die Seelen nur begraben
Im dürren Erdentand;
Ihr aber sollt als Hirten
Euch mühn, ermahnen, flehn,
Und keusch vor den Verirrten
Empor zum Himmel gehn!

Die Trübsal wird nicht schwächen
Der Herzen festen Bund;
Gott wird nur tiefer brechen
Dadurch den Seelengrund,
Damit die Höhen fallen
Im Geiste mancherlei,
Damit er Alles in Allen
Zuletzt den Seelen sei.

Grünt täglich ihm wie Palmen
Im frischen Himmelsglanz!
Erzeuget edle Halmen
Zum ew'gen Aehrenkranz;
Und wie Euch heut' ein Pfingsten
Steht im verklärten Sinn,
Stell' er mit seinen Geringsten
Euch einst zur Rechten hin!"

Auch mein theurer Freund Eyth in Kirchheim, dem christlichen Publikum als sinniger Dichter bekannt, hatte mich mit einem griechischen Gedichte beschenkt, dessen erste Hälfte in wörtlicher Uebersetzung lautet:

„Singen will ich, laut singen!
Die mir bisher neidische Muse
Verschloß die Saiten
Und weigert' sich immer

Ihre schöne und süße Stimme ertönen zu lassen;
Dieser göttliche Tag aber
Kam vom Himmel herab
Und bringt mit sich Gesang.
Lieber, Theurer, Süßkerniger!
Singen will ich, laut singen!
Dein Vater webete einst mit dädalischen Händen,
Gute Kleider verfertigte er,
Am starken Webebaum saß er;
Der Tod hat ihn entrissen.
Wer hat heute dieß herrliche
Hochzeitskleid Dir gefertigt
Und Dein Gewand Dir angethan?
Während alle sehen, wie es glänzt,
Ergreift sie tiefe Ehrfurcht im Herzen,
Denn Gott selbst in dem Himmel
Hat Dir's gewebet.

Darum Theuerster, singen will ich, laut singen.

Einst, o Homer! hast Du besungen
Des Odysseus abenteuerliche
Rückkehr nach Ithaca,
Und alle Gefahren
Der Gefährten und unheilvolles Geschick
Und die berüchtigte Kampfwuth.
Aber nun kommen auch wir
An einen Mann, gut und wacker,
Der alle Wege der Erde
Eines Unterolympischen durchlaufen
Und viele Städte gesehen
Und unermeßliche Meere,
Viele Kümmernisse duldete er,
Aber Gott hat ihn erhalten.

Was hab' ich mit Dir, Odysseus?
Mein Mann ist nicht geringer, den
Ich besingen will, laut besinge;
Er auch hat nun seine Wege vollendet,
Die harte Arbeit erduldet;
Wie Herkules sich abgemühet,
Als er den gewaltigen Drachen besiegte
Und dann ruhete vom Streit,
So hat nun auch er geendet,
Mein Freund, den Kampf,
Weil er stritt mit mächtigen
Königen und feindlichen
Dienern der Herrscher;

Darum, Theuerster, singen will ich, laut singen u. s. w.

Gegen Abend fuhren wir von Stuttgart mit dem lieben Onkel Vögelen nach Sindelfingen, wo unser Blumen, Kränze und Inschriften warteten, und wir mit Liebe und Liebesbeweisen gleich in den ersten Tagen unseres ehelichen Standes so zu sagen überschüttet wurden. Von da wollten wir noch weiter, nämlich ins liebe Steinthal. Wir blieben etliche Tage und reisten am 4. August von Leonberg nach Liebenzell zu. Unterwegs aber kam schon das liebe Kreuz über uns. Die junge Frau wurde unwohl, fast ohnmächtig, und ich hatte Todesängste ausgestanden, bis wir nach Liebenzell gekommen waren. Dort ließ ich gleich den Arzt rufen, einen alten Freund, und meine Frau mußte das Bett hüten; bald jedoch besserten sich die Umstände so, daß wir weiter ins Wildbad, wie wohl nicht ohne einige Sorgen, reisen konnten. Bis dorthin hatten wir daher von dem herrlichen Schwarzwald auch wenig Genuß. Von da an aber ging es besser, so daß wir ruhig weiter reisen konnten. Wir nahmen einen Träger, einen Esel und Eselsführer, und es ging dem Dobel zu, immer höher hinauf. Unterwegs überfiel uns ein starkes Gewitter; die Berge zitterten, die Blitze durchleuchteten die Nacht, denn es war schon spät, und der Regen kam in Strömen herab. Meine Frau hatte zum Glück einen Mantel und war auf ihrem Thier eigentlich vergnügt, denn das Gewitter war ihr auf dem hohen Schwarzwald ein interessantes und großartiges Schauspiel, das sie mehr anzog, als zurückschreckte. Ganz durchnäßt langten wir auf dem Dobel an. Die Reise ging nun weiter nach Baden-Baden am Schloß Eberstein vorüber. Die Witterung war günstig, und wir waren sehr vergnügt. Als wir in einem gemietheten Gefährt von Baden-Baden Straßburg zu fuhren, nahm der Kutscher noch unterwegs einen Mann in einer Blouse auf, wogegen wir anfangs protestirten; nachher aber freuten wir uns darüber, denn der Unbekannte, der schon zurücktreten wollte, war der evangelische Pfarrer Hennhöfer, der ehemalige katholische Caplan von Mühlhausen, mit dem wir eine gar anziehende Unterhaltung pflogen.

Am 8. August trafen wir im lieben Steintha ein und blieben dort bis zum 17. Die größte Lieb und Freundschaft kam uns in dem edlen Legrand'sche

Hause auf allen Seiten entgegen, und meine junge Frau erwarb sich bald die Liebe der theuren Familie, die uns unsern Aufenthalt auf alle Weise angenehm zu machen suchte. O, es waren schöne unvergeßliche Tage, die wir dort verlebten. Alles vereinigte sich, um uns nach Geist und Körper zu erquicken und aufzuheitern, die herzlichste Liebe, die freundlichste Witterung, die interessanteste Landschaft, in welcher uns besonders der Anblick der wellenförmigen, von der Morgen- oder Abendsonne beleuchteten, Vogesen immer aufs Neue anzog. Schon damals sprachen wir ein bei einem lieben alten Freund, Pfarrer Jondt in Rothau, dessen Bekanntschaft ich bei einer früheren Reise von Tübingen aus schon in Straßburg gemacht hatte, und in dessen lieben Hause wir auch bei unsern späteren Besuchen im Steinthal immer freundliche Stunden verlebten. Schon als Studenten, er zu Straßburg und ich zu Tübingen, in einem Grunde vereinigt, blieben wir es auch als Pfarrer.

Herr Le Grand begleitete uns zurück bis Straßburg. Sonntag den 19. August waren wir schon wieder in Stuttgart, und am 21. Abends trafen wir in unserm Lauterburg ein, wo mein lieber Schwiegervater mit meiner lieben Schwägerin und einer Pflegetochter die Haushaltung eingerichtet hatte. Wir fuhren im Eilwagen bis Mögglingen, wohin uns mein lieber Schwiegervater mit dem Gemeinderath von Lauterburg entgegengekommen war. Der selige Reiniger und andere Lehrer bewillkommten uns im Wirthshause in Mögglingen mit einigen lieblichen Versen, und unsere Wohnung in Lauterburg war mit Kränzen und Blumen geschmückt. Mit innigstem Danke erkannten wir die Gnade des Herrn und gaben für Alles ihm allein die Ehre. Schon am 24. August hielt ich unter Thränen die erste Predigt und gab dem Gemeinderath ein Essen, am 26. August 1838 aber war die Investitur. Am Samstag zuvor kam mein theurer väterlicher Freund Dr. Bahnmaier von Kirchheim mit seiner Tochter Emma. Er hatte eine herzliche Freude, als er nun das Werk am Ziele sah, wobei er in der Hand des Herrn ein so wichtiges Werkzeug gewesen war. Sonntag früh kam Decan Goes, Herr und Frau v. Wöllwarth, General v. Wöllwarth und Rentamtmann Wagner. Es war mir gegeben, in der Kirche ein gutes Zeugniß abzulegen, mein Lebenslauf erregte viel Interesse und tief gerührt war ich, als ich an das Dekanathaus in Kirchheim kam und den theuren väterlichen Freund mit Herrn v. Wöllwarth als Zeuge mir zur Seite stehen sah. Ja, der 26. August 1838 war ein schöner und gesegneter Tag. Jedermann war zufrieden und glücklich; der alte General-Lieutenant v. Wöllwarth ganz herzlich und der edle Herr v. Wöllwarth faßte eine freundliche Zuneinung zu dem verdächtigen Pietisten-Hauptmann Dr. Bahnmaier. Wir wurden auf den Montag miteinander ins Schloß Hohenroden eingeladen, wo man eine herrliche Aussicht genießt, und der theure väterliche Freund war so glücklich, daß er versprach, wieder zu uns zu kommen. Die romantische Gegend sprach ihn ungemein an, und die edle Herrschaft v. Wöllwarth, die noch oft mit Liebe und Achtung von ihm redete, hatte einen nicht minder günstigen Eindruck auf ihn gemacht. Unsere Liebe aber war längst wieder ganz neu, wir stunden beide als Kinder seinem Herzen ganz nahe, wiewohl es bei ihm zu einem Besuche in Lauterburg nicht mehr kam.

IX.

Pfarrleben in Lauterburg.

Bald waren die jungen Pfarrleute sich selbst überlassen und hatten Gelegenheit ihren Glauben zu beweisen mit ihren Werken. Es lag mir sehr daran in meiner Gemeinde Etwas zu wirken und kein fauler und unnützer Knecht zu sein, der sein Pfund vergrabe. Den Herbst über konnte etwas Besonderes nicht mehr geschehen und meine liebe Frau hatte auch bald viel zu leiden, was sie an Manchem hinderte. Den Winter über bestellte ich dreimal in der Woche die Männer ins Pfarrhaus, um so etwas wirken zu können. Ich sprach mit ihnen, las Etwas vor, erzählte u. s. w. Eine Bibelstunde in der Schule am Sonntag fand wenig Anklang, die Lauterburger schämten sich. Bald merkte ich, daß der Boden etwas rauh war, den ich bearbeiten sollte, und wenn ich oft mit der größten Lebhaftigkeit das Interessanteste vorbrachte, schlief ein guter Theil gleichgültig dabei ein, was mich allmählig in meinen Erwartungen herabstimmte. Ich versuchte Dieß und Jenes, und Nichts wollte gelingen.

Stumpfe Gleichgültigkeit und Trägheit standen im Wege. Zuletzt wurde ich ganz mißmüthig und dachte, wenn ich nur hier nicht mehr predigen dürfte. Dieß Volk will die Stimme des Herrn nicht hören, noch sich bekehren. Dazu erkannte ich immer tiefer den Schaden Josephs und wie schwer er zu heilen sei. Hoffnungs- und muthlos betrat ich eine Zeit lang die Kanzel, weil ich meinte, es sei hier Alles vergebens, bis ich mich an Krankenbetten eines Bessern überzeugte, einen andern Maßstab anlegte und später fröhlich auf Hoffnung säte, alles dem anheimstellend, der allein das Gedeihen geben kann. Mein Kirchlein wurde mir überaus lieb, und der bessere Theil der Gemeinde war mir sehr zugethan. Eine besondere Gnade von Gott war es, daß ich einen Lehrer bekam, mit welchem ich 7 Jahre lang in einem Geiste und in ungetrübter Liebe und Freundschaft zusammen wirkte. Auch mein lieber Herr Le Grand, mit dem ich in ununterbrochenem Briefwechsel stehe, ermahnte mich einst gar lieblich zur Geduld, indem er bemerkte, wie langsam die Bäumlein wachsen, und wie lang und sorgfältig sie der Gärtner pflegen müsse, bis sie Frucht bringen, und sprach mir Muth und Freudigkeit ein.

Durch die Schüler verbreitete ich eine Menge guter Schriften, die in den langen Winterabenden von vielen gelesen wurden und Schulmeister Rau stiftete einen Gesangverein, der dem Gassengeschrei entgegen wirken sollte. Auch mit dem Ortsvorstand war ich fortwährend in freundlichem Verhältniß. In den neunthalb Jahren, die ich in Lauterburg zubrachte, fand ich nie, weder im Kirchenconvent noch im Stiftungsrath je einen Widerstand, sondern alles war zuvorkommend und nur in der Ausführung dessen, was beschlossen war, fehlte es hie und da an Energie, die nun einmal dem lieben Schultheiß daselbst (Rieck) nicht gegeben war. Sonst waren lauter rechtschaffene und kirchlich gesinnte Männer im Gemeinderath, was ich bei den mancherlei bittern und niederschlagenden Erfahrungen immer mit Dank erkannte. Als ein junger Pfarrer, der gern Etwas wirken wollte, glaubte ich in der kleinen nur 6—700 Seelen starken Gemeinde Alles eben und gleich machen zu können, und kümmerte mich auch viel um die Polizei in Absicht auf Lichtkärze, Polizeistunde, Ruhe auf der Straße u. s. w. Und da ich auf den alten Polizeidiener wenig vertraute, ging ich oft des Abends selber im Dorf umher, und sah da und dort nach. Dieß war natürlich für Manche lästig und als ich einst auch noch nach zehn Uhr durch das Dorf ging, flog ein starker Prügel mir gerade vor die Füße. Ich sah den Thäter hinter einem Baum den Kopf hervorstrecken, um zu sehen, ob er mich getroffen, lief sogleich auf ihn zu, und es fehlte wenig, daß ich ihn festgehalten hätte. Ein anderesmal brachte ich die halbe Neujahrsnacht in tiefem Schnee zu, um namentlich den Wirthshausunfug abzuschneiden. Während ich so im Schnee um das Dorf herum ging, banden sie einen großen Hund an meine Hausglocke und warfen mit Prügeln u. s. w. nach ihm, damit er recht wild daran reiße. Das arme Thier aber kam wegen des ungewohnten Dings in Angst und ließ sich geduldig losbinden. Oft ermahnte ich den Ortsvorstand zur Strenge, um den eingerissenen Unordnungen zum Besten der Gemeinde Einhalt zu thun. Da in der Mainacht 1842 wieder eine arge Nachtschwärmerei und Unordnung stattgefunden hatte, worüber auch mehrere Gemeinderäthe klagten, so drang ich auf Bestrafung, und es wurden vierzehn Bursche auf einmal jeder um 3 fl. 15 kr. gestraft. Man wußte wohl, daß der Pfarrer von jeher gegen das unordentliche, wüste und verderbliche Wesen geeifert hatte, und auf ihn hauptsächlich warf sich jetzt der Haß. Am 5. Mai war das Himmelfahrtsfest, wo ich Abends mit meiner Frau beim Schultheißen einen Besuch machte und ihn aufmunterte, so mit Strenge fortzufahren, bis Ordnung da sei. Um zehn Uhr gingen wir nach Hause. Als wir aber an's Wirthshaus kamen, ging es in demselben so toll, wüst und wild her, daß ich nicht vorübergehen konnte, ohne hineinzugehen. Es waren Schlag- und Raufhändel, denen ich still ein wenig zusah, während meine hochschwangere Frau auf der Straße wartete. Ein Theil verlief sich, die Andern wurden ruhiger, einer aber fing an, auf mich zu fluchen, ohne mich zu nennen, sagte: der soll sich fortpacken u. s. w., worauf ich keine Sylbe erwiderte, sondern blos dachte, ich wolle am andern Tage die Bursche kommen lassen und fragen, ob dieß das Himmelfahrtsfest gefeiert heiße. Mit Abscheu und Entrüstung ging ich wieder ruhig die Treppe herunter. Als wir aber die Gasse hinuntergingen, flogen Steine hinter uns her, ohne uns zu treffen, bis an's Pfarrhaus. Endlich verfolgte uns noch ein Einziger, warf unausgesetzt an die Thüre, und endlich ins Fenster, so daß drei Scheiben zersprangen, und der eichene Rahmen einen tiefen Einschnitt bekommen hatte. Ich zeigte das Vorgefallene der Behörde an, einer, der das Maul gebraucht hatte, wurde gleich durch den Landjäger geholt, und alle wurden vorgeladen, endlich auch ich. Dieß war mir ein entsetzlich schwerer Gang und verursachte mir viel Kummer. Es wurde jedoch alles rein abgeläugnet; man wollte den Pfarrer gar nicht gesehen haben. Seitdem hielt ich mich aufs Fenstereinwerfen immer gefaßt, und wir stellten die Wiege so, daß wenigstens kein unschuldiges Kind getroffen werde. Ich blieb jedoch von nun an verschont; dagegen mußten Schultheiß und Bürgermeister wiederholt die gleiche Erfahrung machen.

Je länger ich aber Pfarrer war, je weniger kümmerte ich mich um die Polizei, als etwas rein Aeußerliches. Ich verließ mich ganz allein auf die nachhaltig wirkende Kraft des Wortes Gottes und suchte den Schaden von innen zu heilen. Ich durfte auch immermehr erfahren, daß das Wort lebendig und kräftig ist und schärfer, denn kein zweischneidig Schwert

Es kam auch zu einer gewissen Scheidung und Entscheidung; denn einige Unverbesserliche gingen mir zuletzt nicht mehr in die Kirche, während der bessere Theil und darunter wieder ein kleinerer in der lebendigen Erkenntniß Jesu Christi immer weiter gefördert wurde und mit großer Liebe mir ergeben blieb. Zuletzt konnte ich im Winter regelmäßige Versammlungen in der Schule halten, wo immer etwas Ernstes, Lehrreiches und Erbauliches gelesen und darüber gesprochen wurde, und Viele die regste Theilnahme zeigten, ja, Manche sagten, daß sie des Nachts nicht schlafen könnten vor den wichtigen Dingen, von welchen die Rede gewesen sei. Zuletzt mußte ich wieder dem Herrn danken, der meinen Kleinglauben beschämt hatte.

Unterdessen ging es in unserem häuslichen Leben auch nicht ohne Kreuz und Leiden ab; denn ein Christ kann ohne Kreuz nicht sein, damit die alte verderbte Natur daniedergehalten, immermehr gebrochen und der neue Mensch im Wachsthum gefördert werde, sintemal Noth beten lehrt und den stolzen, steifen Nacken daniederbeugt. Am 4. Februar 1839 starb die ältere Schwester meiner lieben Frau, Auguste, an der Auszehrung. Meine Frau in hoffnungsvollen Umständen redete mich um 1—2 Uhr Nachts an und sagte, sie habe Auguste sterben sehen, zu gleicher Zeit blieb auch die Wanduhr stehen, die noch aufgezogen war. Ich selber war kurz vorher vierzehn Tage an einem hitzigen Schleimfieber daniedergelegen, wo mir ein einfaches

Mittel, das wir, bei der Entfernung von Doktor und Apotheker glücklicherweise im Hause hatten, wieder zur Gesundheit half. Die meisten Fremden bekamen in Lauterburg das Nervenfieber und mein nächster Amtsvorgänger starb auch an demselben. Am 21. Mai 1839 wurde mir mein erstes Kind, ein kräftiger Sohn noch im Tode mir sprechend ähnlich, todtgeboren, und meine arme Frau von der dummen und rohen Hebamme dabei so übel behandelt, daß uns die schwersten und bittersten Leiden viele Jahre daraus hervorgingen, und die traurigen Folgen erst in der letzten Zeit sich allmählig verminderten.

Am 2. August desselben Jahres wurden wir sehr frühe nicht sowohl aufgeweckt, als aufgeschreckt: „Man hat eingebrochen bei uns," schrie die Magd, „und gestohlen!" Im Gastzimmer, wohin man, auch wegen eines Bauwesens die schwarze Wäsche gebracht hatte, war eine Riegelwand ausgehoben, und ein Diebstahl an Weißzeug von etwa hundert Thalern Werth verübt worden. Eine Heugabel und eine Pflugsäge waren als Waffen im Zimmer zurückgeblieben; überdieß war noch eine Leiter angelegt, um von oben hereinzusteigen, wenn es im Gastzimmer nicht gelungen wäre. Während wir bisher heimathlich und mit dem Gefühl der Sicherheit in unserer Wohnung gewesen waren, wurden wir von da an lange Zeit durch das geringste Geräusch beunruhigt, und ich habe noch oft um Mitternacht das Haus durchsucht. Dieses unheimliche Gefühl war uns so arg, als der Verlust. Wir sahen wohl, daß man auf diese Weise überall in unserem Hause einbrechen könne, da es nicht massiv gebaut war.

Im Frühling und Sommer 1840 litt meine Frau vor und nach der Entbindung mit unserer lieben Auguste an Heiserkeit, wie ihre verstorbene Schwester, und es schien die Auszehrung angesetzt zu haben, an welcher nun auch kürzlich die einzige noch übrige Schwester meiner lieben Frau, Nanele, unter denselben Umständen gestorben ist. Ich ließ den Oberamtsarzt von Gmünd kommen und es wurde medizinirt. Allein das Uebel verschlimmerte sich, und Jedermann, auch der Arzt, fürchtete die Auszehrung. Da half der Herr auf eine auffallende Weise. Freund Haußmann, damals Helfer im unfernen Lorch, hatte mir eine homöopatische Apotheke besorgt, die ich, aus Mangel an Neigung zur Sache, uneröffnet hatte liegen lassen. Da nun die Umstände meiner lieben Frau immer bedenklicher wurden, und die Heiserkeit eher zunahm, auch meine Frau keine Arznei mehr nehmen wollte, drang sie in mich, ihr aus meiner homöopatischen Apotheke etwas zu geben. Ich ließ mich bewegen, suchte in meinem Buche herum, fand den Zustand beschrieben, und wählte in Gottes Namen eines der angezeigten Mittel, das mir das passende schien. Und siehe, nach etlichen Tagen war es besser, und das Uebel verschwand allmählig ganz.

Unsere liebe Auguste, gerade am Osterfest den 19. April 1840 geboren, wurde mehrmals todtkrank und wir machten uns gefaßt, das damals einzige Kind zu verlieren; allein der Herr hat es bis heute erhalten. Im Jahr 1841 sahen wir ein liebes Söhnlein an fürchterlichen Krämpfen sterben. Am 8. Juli 1842 wurde unser lieber Wilhelm, Johannes, Friedrich, Theodor geboren. Am 12. Abends glaubte meine Frau das Kind sei nicht wohl, und wir schickten nach dem Arzt in Heubach. Ehe er aber kam, gab es Lärmen, und der Ruf: „Feuer! Feuer!“ ertönte. Ich eilte das Dorf hinauf und, o Schrecken! — das Feuer machte, da gerade ein lang anhaltende Dürre gewesen war, reissende Fortschritte. Die Straßen waren voll Vieh, Menschen liefen verzweiflungsvoll auf und ab, und mir rief man entgegen: o Herr Pfarrer, Lauterburg ist verloren, wenn unser Herr Gott nicht hilft! Die Häuser prasselten nur so zusammen, und da die Meisten mit Stroh gedeckt waren, und überdieß Wasser zum Löschen fehlte, auch der Luftzug anfangs ganz ungünstig war, so konnte allerdings in der nächsten Minute das Dorf auf allen Seiten brennen, und in wenigen Stunden ein Aschenhaufen sein. Die Zunge klebte mir buchstäblich am Gaumen, und ich eilte zu meiner Frau, bald zur Stätte der Noth, um vielleicht Etwas zu helfen. Ehe man sichs versah, sprang das Feuer über eine breite Straße, und ein großes massives Gebäude, in welchem sieben Wohnungen waren, stand im Augenblick in hellen Flammen, man sah das Feuer im eigentlichen Sinne am Dachstuhle hinlaufen und da der ganze Dachraum mit dürrem Holz angefüllt war, schlug die Flamme hoch in die Höhe, daß die naheliegenden Berge erleuchtet wurden, und der Kirchthurm um Mitternacht wie am hellen Mittag glänzte. Jedermann räumte aus und trieb das Vieh ins Freie. Es wäre auch wahrscheinlich Alles verloren gewesen, wenn nicht der Herr der Elemente einen andern Wind hätte wehen lassen, der das Feuer wegtrieb, als man schon das Aeusserste befürchtete. Unterdessen geschah, was möglich war, um dem Feuer Einhalt zu thun, bis Hülfe von auswärts erschien.

Meine liebe Frau stand auch auf, wir packten miteinander das Nöthigste zusammen und berathschlagten, was wir thun und wohin wir mit unsern Kindern fliehen wollten, wenn das Feuer bis zu uns käme. Aber, da war guter Rath theuer, wo Jedermann genug mit sich selber zu thun hatte. Während dieser unserer Rathlosigkeit trat plötzlich ein befreundeter Gutsbesitzer aus der Nähe in die Stube und erklärte, es komme gleich ein vierspänniger Wagen vor unser Haus, und er habe seine treuesten Leute mitgebracht, um Alles darauf zu packen, wir sollten nur ruhig sein. Dieß war uns eine wahre Engelsbotschaft. Bald kamen alle Bekannte und Freunde aus der Nachbarschaft, welche wußten, wie es bei uns stand, und unser Haus glich die Nacht über einem Gasthause an einem Jahrmarkt. Mit Gottes Hülfe wurde aber das Feuer gedämpft, nachdem siebenzehn Wohnungen und mehrere

Scheunen ein Raub der Flammen geworden waren, auch ein Mann den Tod gefunden hatte. Als das Feuer noch in seiner ganzen Gewalt war, hatte, wie ich nachher erfuhr, ein Lautenburger ausgerufen: „Das haben wir am Pfarrer verschuldet!“ Am andern Morgen sahen wir den Gräuel der Verwüstung. In den Gärten und Wiesen lag Alles bunt durcheinander, überall waren verstörte Gesichter. Viele rangen die Hände, kamen jammernd ins Pfarrhaus und riefen: „ach! es ist mir Alles verbrannt! Was soll ich doch anfangen!“ Dieser Jammer und der vorhergehende Schrecken setzten nach etlichen Tageu meiner lieben Frau so zu, daß sie durch eine Milchversetzung an den Rand des Grabes kam. Es war schon so weit, das wir Abschied von einander nahmen, und sie dann sprachlos als eine Sterbende dalag. Doch, auch aus dieser Noth errettete der Herr und segnete die angewandten Mittel. Den ganzen Sommer über hatte ich nun viel mit den Abgebrannten zu thun, und reichlich floßen von überall her die Beiträge, besonders unterstützte auch die edle Herrschaft v. Wöllwarth reichlich, und die meisten Häuser wurden noch in dem gleichen Sommer wieder aufgebaut. Gerade aber wegen der reichlichen Unterstützung war der gute Eindruck, den das Unglück hätte machen sollen, geringer, und Neid und Mißgunst stellten sich da und dort ein. Manche wünschten sogar, daß ihre Häuser auch mit abgebrannt sein möchten, damit sie auch so schöne neue bekämen! —

Schon öfter hatten wir miteinander davon geredet ob es nicht wohl möglich wäre, da man unten aus der Quelle unterhalb des alten Schloßes sehr mühsam das Wasser holen mußte, eine Quelle im Dorfe aufzufinden, vielleicht die nämliche, die unten am Berge herauskommt. Ich hatte auch schon mit dem obengenannten Gutsbesitzer (Horn) gesprochen, der versicherte, es gebe sogenannte Brunnenschmecker, welche die Quellen auffinden könnten. Da sich nun bei der Feuersbrunst deutlich genug herausgestellt hatte, welch ein großer Mangel der Wassermangel sei, redeten wir aufs Neue ernstlich davon, und meine liebe Frau meinte, man sollte doch einmal einen Versuch machen. Sehr gelegen erhielt ich nun gerade von der edlen Familie Le Grand im Steinthal in den Vogesen 150 fl., und wir bestimmten sogleich 100 fl. zu einem Versuche, ob nicht eine Quelle im Dorfe zu finden sei. Ich trug die Sache den Gemeinderath vor, der sogleich in meinen Vorschlag einging, und ich begab mich mit dem Schultheißen nach Wasseralfingen, um dort bei Sachverständigen Erkundigung einzuziehn, ob wohl Bohrversuche angewendet werden könnten. Die Kunde war aber wenig tröstlich. Herr Bergrath Faber sagte daß artesische Brunnen auf der Alb wegen der Zerklüftung der Kalkstein-Felsen unmöglich seien und ein einziger Versuch etwa 3—400 fl. kosten würde, worauf, im Fall des Gelingens, erst gegraben werden müsse. Da uns nun die Wissenschaft rathlos ließ, so suchte ich nach dem sogenannten Brunnenchristel, von dem man mir gesagt hatte. Bei meiner Zurückkunft aber von Oberböbingen traf ich bereits einen Brunnenschmecker in Lauterburg, der mit einer Wünschelruthe das Dorf durchzog, und behauptete, die unten am Berge herausfließende Quelle laufe durchs ganze Dorf. Er zeigte mit der Ruthe ihren Lauf, indem sich die äußerste Spitze auf einen gewissen Punkt neigte. Es war eine gabelförmige Haselruthe, und mehrere Leute wollten den Zug, den ich mir nur als Etwas Magnetisches denken konnte, fühlen. Der Mann versprach überall die Quelle zu treffen, und Nichts zu verlangen, bis sie gefunden sei. Sofort wurde ein Accord geschlossen, und etliche Männer fingen an zu graben. Diese versicherten, es habe dem Manne noch nie gefehlt, es sei noch immer da eine Quelle gewesen, wo er es gesagt habe. Da schon nach ungefähr einen Schuh Erde Felsen kamen, so mußte gleich mit Pulver gesprengt werden, das die Gemeinde zu liefern hatte Ein freier Platz unter einer schönen Linde, nahe an Pfarrhause war gewählt worden, und ich sah aus den Fenster die Steine oft in die Höhe fliegen. Es war eine zusammenhängende trockene Kalkmasse und mußt demnach alles herausgesprengt werden, was ebenso beschwerlich als gefährlich war. Doch die Leute arbeiteten unverdrossen und guter Hoffnung fort den Herbst und Winter, wenn es die Witterung erlaubte, und freiwilli gab ich ihnen hie und da etliche Gulden, weil es arm

Taglöhner waren. Im Frühling 1843 wurde das Geschäft fortgesetzt und so kam man nach und nach in die sechszig Fuß tief durch lauter harte Felsen, ohne einen Tropfen Wasser zu sehen. Unzähligemal ließ ich mich in einer Gölte herunter, und der Glaube fing an schwach zu werden. Gleich von Anfang an hatte es widerwärtige Menschen gegeben, welche das ganze Unternehmen tadelten; als aber so lange keine Quelle gefunden und nur ein mächtiger Steinhaufen herausgeholt worden war, der weggeschafft werden mußte, auch Pulver und Handwerkszeug viel kostete, ging es an ein Schimpfen und Lästern, und Einer äußerte sich: „Man sollte die Herren, die so Etwas angefangen haben, hinunter und den großen Steinhaufen auf sie werfen." Diese Sache trieb mich Nacht und Tag herum, und die Wenigsten dachten wohl daran, daß ich in derselben oft und viel betete. Die Arbeiter waren Familienväter, und wie leicht hätte ein Unglück entstehen können, wenn einmal eine Ladung ungeschickt losgegangen, ein Strick gebrochen, oder ein Stein hinuntergefallen wäre, und welche Vorwürfe hätte ich dann vollends hören müssen! Es war mir auch gegeben zu glauben, daß wie der Herr einst in der Wüste Wasser aus den Felsen gegeben habe, so könne er es noch heutiges Tags, und ich konnte bitten, er möchte eine Quelle *schaffen*, wenn keine da sei. Ich hatte nämlich bei dieser merkwürdigen Brunnengeschichte zugleich einen sittlichen Zweck im Auge. Die weite

Wanderung unten an den Berg war wie ein beständiger Lichtkarz*) und es wurde von ledigen Leuten viel Unfug getrieben, nebendem, daß Menschen und Vieh viel geplagt wurden. Dieß wollte ich abschneiden. Endlich rief mich einer der Arbeiter mit vergnügter Miene, ich ließ mich hinunter und siehe! deutlich hörte man im Felsen eine Quelle rieseln, ja, es kam schon ein wenig Wasser heraus. Mit welcher Freude dankte ich dem Herrn und wie verstummten die Lästermäuler, als sie von dieser That sich selber überzeugten! Da hieß es denn: „aber das hätte ich nimmermehr geglaubt!“ Lauterburg liegt nämlich bei zweitausend Fuß hoch, am nördlichen Abhang des Aalbuchs. Es gab nun zwar noch einen langen Kampf und viel Widerwärtigkeit, indem die Pumpe boshafter Weise oft verdorben wurde, auch mußte man noch etwas tiefer sprengen, allein der Gemeinderath hielt sich musterhaft, nahm die Sache immer aufs neue in Angriff und ich machte mir jetzt keine Anfechtung mehr, nachdem einmal die Quelle entdeckt war, indem ich voraussah, daß man sie schon benutzen werde. Wirklich steht nun da ein Brunnen am Abhang des Berges unter einer Linde, wo die Felsen auch in der größten Dürre unausgesetzt, ihr Wasser geben. Eigentlich aber hatte diese Quelle ihren

---

*) So heißen in Schwaben die an Winterabenden bei einem gemeinsamen Licht gehaltenen Zusammenkünfte alter und besonders junger Dorfleute, wobei viel Unfug vorfällt.

Ursprung im Steinthal in den Vogesen genommen. Gewiß würden jetzt die Lauterburger diesen Brunnen nicht um viel Geld hergeben wollen. Gott aber sei Dank, daß er auch heute noch Wasser aus dem Felsen sprudeln läßt. Die liebe Familie Le Grand konnte um so herzlicher Antheil nehmen, da sie uns am 11. September 1841 zu unserer Freude auf einige Tage in Lauterburg besucht hatte, nämlich Herrn Fritz Le Grand, Iselin aus Fouday, seine liebe Frau Nanette (Anna Margaretha) mein ehemaliger Zögling Albert und dessen Schwester Julie. Sie kannten also die Lage von Lauterburg.

Der Winter 1842/43 war sehr schwer, da theils die Kinder erkrankten, theils meine liebe Frau sehr leidend war. Am 6. April 1843 reiste sie mit Frau v. Wöllwarth nach Stuttgart, kam in Folge einer Erkältung in Weilheim zu frühe nieder und schwebte dort einmal zwischen Leben und Tod. Ein Kind (Auguste) hatte sie bei sich, und eines (Wilhelm) war bei mir. Ich schwebte immer in Furcht und Hoffnung. Am 21. Mai holte ich sie in Weilheim ab. Sie war jedoch sehr angegriffen, mußte mehrere Monate liegen, hatte weder Appetit noch Lebensfreudigkeit, noch Schlaf, und zehrte immer mehr ab. Ihr Leiden seit der ersten Geburt, setzte ihr, nach dem ärztlichen Versuch es zu heben, besonders zu, und Jedermann weissagte ihr den Tod durch Auszehrung. Da ich aber einen Besuch im Steinthal versprochen hatte, entstand in ihr der sehnsüchtige Wunsch, mich begleiten zu können; denn ihr Herz zog es gar sehr hin in die liebe Familie zwischen den lieblichen Bergen und Thälern hinter Straßburg. Der Arzt gab seine Einwilligung, da sie ja auf jeder Station bleiben könne, während Freunde und Nachbarn fürchteten, ich möchte sie nicht mehr lebendig nach Haus bringen. Doch der Herr schenkte günstige Witterung, Appetit und Schlaf stellten sich in den ersten Tagen der Reise ein. Wir übernachteten bei Freund Zenneck, damals Pfarrer in Gotteszell, bei Tante Walz in Stuttgart, bei Onkel Vögelin in Sindelfingen, blieben etliche Tage beim lieben Onkel Pfarrer Handel in Stammheim bei Calw, und fuhren in einem eigenen Gefährt beim herrlichsten Sonnenschein über den Schwarzwald. Da wir bei guter Zeit in Straßburg ankamen und uns nicht aufhalten wollten, fuhren wir den Nachmittag weiter dem Steinthal zu. Es ist eine große schöne Straße, und bei uns denkt in solchem Falle Niemand daran, daß man wegen eines Nachtquartiers in Verlegenheit kommen könnte. Uns aber begegnete es, trotzdem, daß wir in einer stattlichen Kutsche fuhren, in dem Frankogallisirten Elsaß. Wir fragten an mehreren Wirthshäusern an, und nirgends wollte man uns beherbergen, so, daß wir bis in die späte Nacht fortfahren mußten, um endlich in einem mir bekannten Wirthshause ein ordentliches Unterkommen zu finden, wo französische Prahlerei mit Unkultur vereinigt, einen widerlichen Eindruck machte

Ich schlief in einem finstern aber tapezirten Cabinet ohne Fenster. So oft ich durch das schöne Elsaß reiste, that es mir in der Seele weh, daß es durch Verbindung mit Frankreich und Bedrückung des Protestantismus eine so widerliche Zwittergestalt angenommen hat und auch äußerlich in Schmutz versunken ist.

Den 13. September langten wir mit Auguste glücklich im Steinthal an, wo uns die alte Liebe im reichsten Maaße begegnete, und meine liebe Frau wieder mehr und mehr aufzuleben anfing. Am 29. September trafen wir wieder in Lauterburg ein, und von da an erholte sich meine liebe Frau wieder. Uebrigens war doch das Jahr 1843 von Anfang bis zu Ende, wie es im Tagebuch heißt, ein schmerzens- und thränenreiches Jahr; 1844 aber konnten wir mit dem freudigsten Danke beschließen unter dem Sonnenschein der göttlichen Gnade. Nachdem wir schon früher Nachricht von der Verlobung meines lieben Albert erhalten hatten, bekamen wir im März 1844 die erfreuliche Mittheilung, daß er den 7. März 1844 mit Fräulein Mathilde Schaeffer von Straßburg, einer halben Württembergerin, Nichte vom Minister Weißhaar, Hochzeit haben werde. Dieses Ereigniß verursachte mir große Freude und verpflichtete mich zum innigsten Danke gegen Gott. Es war eine herrliche Wahl und augenscheinlich eine Führung vom Herrn, der so viele Gebete und Seufzer erhört hatte. Mein alter Freund Albert hat nun (1847) zwei liebenswürdige Kinder, welche zur Freude der Eltern und Großeltern sich aufs lieblichste entwickeln, und ist, wie früher als Jüngling, nun auch als überaus glücklicher Gatte und Vater in treuer, herzlicher Liebe mit mir verbunden. Am 21. April 1845 starb uns wieder nach längerem Leiden ein herziges Töchterlein Sophie, was meiner lieben Frau wieder sehr zusetzte, und, wie gewöhnlich bei starken Gemüthsbewegungen, heftiges Herzweh verursachte. Gegen das Ende des Jahres wurde uns dafür ein anderes Töchterlein, unsere noch jetzt muntere Rosalie, geschenkt, und zwar so unerwartet und leicht, daß Jedermann zu spät kam. Seitdem ging es bei meiner lieben Frau immer besser bis auf diese Stunde, wofür wir dem Herrn nicht genug danken können.

Vom 16. bis 20. Juni 1846 bestand ich das bis 1848 in der württembergischen Kirche eingeführte gebräuchliche, zu einer bessern Stelle befähigende Beförderungsexamen in Stuttgart und reiste mit Frau und Kindern (Auguste und Wilhelm) wieder ins Steinthal, von wo aus ich mit Herrn Le Grand auch zum Missionsfest nach Basel ging. Schon damals litt ich sehr an den Gehörnerven und war ziemlich angegriffen. Herr Le Grand wollte uns einmal die Freude bereiten, hoch auf den Bergen, in seinem Meierhofe, wo man eine herrliche Aussicht in die Vogesen hat, eine Nacht zuzubringen und dort den Aufgang und Untergang der Sonne zu genießen.

Auf der höchsten Höhe, wo ein zum Gute gehöriger alter Burgthurm sich befindet, übereilte uns ein schweres Gewitter und wir erreichten kaum noch den etwas tiefer liegenden Hof, wo wir unter Donner, Blitz, Sturm und Wetter eine schauerlich schöne Nacht durchlebten, was meiner lieben Frau nicht nur keinerlei Besorgniß verursachte, sondern ganz nach ihrem Geschmacke war.

Am 14. August langten wir unter einem gräßlichen Gewitter, an Abhängen und Abgründen vorüber, wieder wohlbehalten in Lauterburg an. Am 28. November Abends, an meinem vierzigsten Geburtstage, schrieb ich: „Bis hieher hat der Herr geholfen!" Ach, wie viel Ursache habe ich zum Beugen und Danken. Ich bin nicht werth aller Barmherzigkeit und Treue, die der Herr an mir gethan hat! Ging es in Haus und Amt oft schwer, so darf ich doch auch das viele Angenehme und die mancherlei Erquickungen nicht unerwähnt lassen, die uns fortwährend zu Theil wurden. Obgleich wir kein Vermögen zusammengebracht hatten, und bei meiner Anfangsbesoldung die Krankheiten von Frau und Kindern, die Geburts- und Todesfälle bedeutende Kosten verursachte, kamen wir doch, so oft uns auch das Geld ausgehen wollte, nie eigentlich in Noth, sondern zur rechten Zeit öffnete sich in der Ferne eine Quelle, die uns ihren Segen zuströmte. So konnte ich auch noch meine beiden Brüder unterstützen, von welchen jetzt einer in Nord-Amerika, der andere noch in Brunnhardshausen ist.

Die herrliche Aussicht aus unserer Wohnung gewährte uns immer neuen Genuß; ja, der rauhe Winter selber auf dem Gebirge zog mich an, da ich in einer rauhen Gegend geboren bin. Sobald es meine liebe Frau konnte, fürchtete auch sie sich nicht vor den rauhesten Wegen und Stegen, und wir nahmen es nicht eben schwer, im Winter eine Tour zu wagen, die Manche für gefährlich gehalten und unterlassen hätten.

Die ganze Nachbarschaft war außerordentlich freundlich; die isolirte Lage, die Abgeschiedenheit und Abgeschlossenheit in mancher Jahreszeit, die weitere Entfernung, sowie die Beschwerlichkeit der Wege förderte in den Sommermonaten ein edles, gefälliges Zusammenkommen. Sehr oft kamen wir nach Essingen, wo uns im Schloß, Pfarrhaus und Amthaus immer viele Liebe entgegenkam. Bei diesen Gelegenheiten kam die Unterredung immer auf ernste Gegenstände, die Unterhaltung war ungezwungen, lehr- und genußreich. Nicht selten wurde auch ein Choral angestimmt, ein, „Lobe den Herren," oder, „Eins ist Noth." Pfarrer Jordan, mein früherer Vorgänger in Lauterburg, war fortwährend sehr leidend, und kam daher gern auf etwas Ernstes, auf das Eine, was Noth ist; ebenso fehlte es auch im Schloß nicht an mannigfaltigen Erinnerungen an die Unbeständigkeit und Hinfälligkeit aller menschlichen Dinge. Wir unterhielten uns ganz ungezwungen, einfach und herzlich über göttliche und weltliche Dinge, wie es eben die Umstände mit sich brachten, es war ein herzliches und zutrauliches Zusammenkommen, und selten oder nie gingen wir leer oder unbefriedigt nach Hause. Die vortreffliche wahrhaft edle Herrschaft von Wöllwarth nahm an all' unsern Leiden und Freuden, ja, an dem Wohl und Weh der ganzen Gemeinde den herzlichsten Antheil. Gab es Arme, Nothleidende oder Unglückliche zu unterstützen, so fand ich immer theilnehmende Herzen und offene Hände. Darum hatte auch meine liebe Frau einen besondern Zug nach Essingen und sie wagte es oft mit mir, unter den beschwerlichsten Umständen im tiefsten Schnee den steilen Berg hinab und bei Nacht wieder heraufzusteigen.

Die Gegend bringt es mit sich, daß Freunde, Bekannte und Nachbarn sich in Sommerabenden an gewissen Tagen an einem dritten Orte treffen. Auch bei diesen Zusammenkünften konnte nie ein leichtfertiger Geist aufkommen, in welchem Falle wir uns würden bald zurückgezogen und auf uns beschränkt haben. Mehrere Jahre hindurch kam ich mit meinem alten Freunde, Pfarrer Zenneck von Gotteszell, zusammen, indem ein Jeder zwei Stunden Wegs zu machen hatte. Da theilten wir als alte Freunde von Tübingen und auf einem Glaubensgrunde stehend, uns unsere Erfahrungen im innern und äußern Leben mit und stärkten uns zum guten Kampfe des Glaubens. Da wir aber einander hie und da verfehlten, so traf es sich sehr glücklich, daß der neue Pfarrer Gros von Oberböbingen (jetzt Stadtpfarrer in Zavelstein) in unsern Freundschaftsbund trat, und in seinem lieben Pfarrhause haben wir nachmals oft mit unsern Frauen die glücklichsten Stunden verlebt, wo christlicher Ernst, Ungezwungenheit und Heiterkeit, herzliche Liebe und brüderliches Zutrauen in seltnem Grade herrschten, und wir theils durch Lektüre, theils durch Unterredung und gegenseitige Mittheilung von Lebens- und Amtserfahrungen, ein Jeder an seinem Theil, einander weiter förderten. Da ich einst bei Nacht, und oft in Sturm und Wetter auf meinen Berg zurückkehrte, mußte ich mir diesen Genuß und Segen christlicher Freundschaft und Liebe nicht selten mit Mühe und Anstrengung erkämpfen, weßwegen er aber nur um so mehr Werth zu haben schien. Einmal verirrte ich im dichten Nebel, anstatt nach Lauterburg zu kommen, kam ich nach Heubach; von da ging es über die Alb, wo ich zum zweitenmal verirrte und mit Mühe endlich in stockfinsterer Nacht Lauterburg erreichte.

Diese unsere Zusammenkünfte hatten eine ängstliche Form nicht, weder in wissenschaftlicher, noch in christlicher Beziehung. Da wir aber von Herzen an den einigen Herrn und Heiland glaubten, ihm in unseren Gemeinden dienen und sein Reich auf Erden an unserem Theile, ein jeder nach seiner Art und Stellung fördern wollten; da wir auch in wissenschaftlicher Beziehung nicht nachlässig und träge waren, so gab sich, so zu sagen, Alles von selber, und ein Jeder brachte vor, was ihm auf dem Herzen lag, oder theilte mit, was er in seinen Studien gewonnen hatte; kurz, es waltete der Geist, der in alle Wahrheit leitet, in unserer Mitte, und die großen Angelegenheiten des Reiches Gottes bewegten unsere Seelen. Von längsther schwebt ein Ideal christlicher Frömmigkeit vor meiner Seele, die alle Lebensverhältnisse durchdringt und ebenso fern ist von ängstlicher und pedantischer Gesetzlichkeit und Heiligkeit, als von fleischlicher Weltlichkeit und Freiheit. Ich möchte gerne, weil alles des Herrn ist, die Erde und was darin ist, der Erdboden und was darauf wohnet, daß alles, was wir thun, wir essen oder trinken, arbeiten oder ruhen, wachen oder schlafen in Traurigkeit und Freude, zur Ehre Gottes geschehe. Darum ist mir immer eine fade, gehalt- und haltungslose, leichtfertige, weltliche Freude und Lustbarkeit zum Ekel, Abscheu und Grausen; ebenso sehr aber ist mir zuwider eine Art Frömmigkeit, die mir von außen wie gewaltsam anklebt, anhängt und angezwängt erscheint, und nicht wirklich eine Aeußerung aus dem innern Grunde der Wahrheit ist, gute Frucht eines guten und gesunden Baumes. Ist aber Letzteres der Fall, so muß man einem Jeden seine besondere Art und Form lassen, wenn er nun einmal eine solche wählt, die einem andern weniger zusagt. Im Reiche Gottes kann und soll, so wenig als im Naturreiche, Alles nach einer Form und nach einem Maaß gemessen, oder über einen Kamm geschoren werden. Diejenige Freiheit, damit uns Christus der Herr befreiet hat, sollen wir uns nimmer nehmen, noch unter einem knechtischen Joch gefangen halten lassen. Der Gerechte wird seines Glaubens leben. Zu einer völligen Entschiedenheit aber muß es bei einem Jeden kommen; entweder muß er rechts oder links, mit Christus oder mit Belial. Ein Christenmensch ist nach Luther ein freier Mensch und ein Herr aller Dinge; und ein Christenmensch ist auch ein gebundener Mensch und ein Knecht und Diener aller Menschen in der Liebe. Ein Jeder steht und fällt seinem Herrn. Das innere verborgene Leben mit Christo in Gott muß der Grund von Allem sein, denn die wahre, christliche Frömmigkeit ist vor allen Dingen, und ehe sie etwas sein kann, etwas Inneres, ein innerer Zustand, eine innere Thätigkeit. Hiemit ist eben sowohl ein äußeres ganz oder halb erzwungenes Wesen, dem das Innere nicht entspricht, als Halbheit, Zweiächselträgerei und Indifferentismus abgeschnitten. Soviel aber ist gewiß, daß das Christenthum in seiner tiefen Wahrheit erfaßt, einen Menschen, trotz alles Kreuzes und Elendes dieser Erde, schon in dieser Welt verhältnißmäßig glücklich und zufrieden machen muß, weil Christus sonst am Kreuz vergeblich einst gestorben wäre. Das pietistische, ängstlich pedantische Wesen beruht entweder auf verkehrter Bildung und Erziehung, oder jedenfalls auf einem Mißverstand de[r] evangelischen Wahrheit. Freilich aber geht es noch oft durch eine Höllenfahrt der Buße zur Himmelfahrt des Glaubens, und ohne Heiligung wird Niemand den Herrn sehen können.

In Lauterburg selber hatten wir in den Wintermonaten auch noch eine besondere Zusammenkunft, die in den betreffenden Häusern abwechselte. Es wurden Missionsnachrichten und andere gute Schriften gelesen, und allerlei Gegenstände besprochen, die mir oder einem Andern gerade am Herzen lagen. Mitglieder waren Schullehrer, Schultheiß, Bürgermeister u. s. w. Auch diese Zusammenkünfte hatten ihren Nutzen, da ich immer auf Etwas Bedacht nahm, das dem Geiste eine Nahrung und Aufmunterung gewährte, oder nach oben ziehen konnte. Die Aufwartung in diesen engern Familienzusammenkünften bestand in Bier und Brod. So suchten wir auch hier uns eben sowohl nützlich zu machen, als die langen Winterabende in unserer isolirten Lage zu verschönern. Wirklich waren wir auch immer, bis auf das letzte Jahr gern in Lauterburg, trotz der mancherlei Nöthe, die ich in Amt und Haus zu überstehen hatte. Wohin wir gingen, hatten wir die herrlichste und weiteste Aussicht, einen Naturgenuß, den ich noch immer vermisse. Das Rauhe und Romantische hat ja eine besondere Anziehungskraft. Das wilde Tosen und Heulen des Sturmes, der Schnee, aus dem bisweilen die Leute sich herausgraben müssen, wie Maulwürfe aus der Erde, der lange Winter und die Schlittenbahn, das Alles kam unserm Sinn für das Romantische zu Statten.

Mit Ausnahme des ersten Jahres, wo ich des rauhen Klimas ungewohnt, durch Erkältung mir eine doch nicht lang anhaltende Krankheit zugezogen hatte, und später einigen auch schnell gehobenen Anfällen von Halsentzündungen, war ich selber in Lauterburg immer wohl gewesen. Im letzten Jahre litt ich jedoch sehr an den Gehörnerven, und an Schlaflosigkeit, besonders nach meiner Beförderungsprüfung. Ich hatte sehr fleißig studirt, wie in einer frühern Zeit, theils um meinen Wissenstrieb zu befriedigen und für mein Amt mich tüchtig zu machen, theils aber auch, um bei einer Prüfung nicht gerade schlecht zu bestehen, was ich meinen alten Gönnern und Freunden schuldig zu sein glaubte. Aber noch ehe ich ins Examen kam, fühlte ich mich äußerst angegriffen, und die fürchterliche Junihitze während der Prüfung in Stuttgart setzte mir so zu, daß mein Ohrenbrausen sich immer mehr verstärkte, und mir zuletzt fast Hören und Sehen verging. Mit Mühe setzte ich es durch und hielt meine Examenspredigt vor den Consistorialherren und den gänzlich leeren Stühlen mit großer Anstrengung. Es war etwas Peinliches und die Examenstube eine wahre Marterkammer für mich, da ich ohnehin von jeher mit Schüchternheit und Verlegenheit zu kämpfen hatte. Der schriftliche Theil war schwer, und manche Mitexaminanden kamen in Noth, während er bei mir gerade am besten ausfiel, weil ich, wie gesagt, überaus fleißig studirt hatte und hier wenig verlegen war. Kinderlehre und Predigt aber fielen um ein Gutes schlechter aus, als sonst gewöhnlich in Lauterburg, weil ich neben der Angegriffenheit auch noch befangen war; am schlechtesten bestand ich in der mündlichen Prüfung. Obgleich nun das Resultat und Prädikat „gut" war, so war ich selber doch nichts weniger als damit zufrieden, und es stellte sich mir als eine große Verkehrtheit heraus, Männer, die schon mehrmals examinirt worden sind, und ihr Amt eine Reihe von Jahren mit Gewissenhaftigkeit, und nicht ohne Segen verwaltet haben, aufs neue wieder, wie Schulknaben, auf die Examensbank setzen zu wollen. Ein wahres Grausen aber wandelt mich noch an, wenn ich an das Predigen vor leeren Kirchstühlen denke, welches ohne Zweifel auch ein Mißbrauch des Wortes Gottes ist und keinen sichern Maßstab für die Tüchtigkeit eines evangelischen Predigers, der eine Gemeinde anzureden gewohnt ist, abgeben kann. Gut, daß die Neuzeit diesen alten Zopf des Beförderungsexamens abgeschnitten hat.

Im Herbst 1846 verschlimmerte sich mein Uebel fortwährend; das geringste Geräusch that mir wehe, ich war am liebsten in der stillen Einsamkeit, und die Schlaflosigkeit nahm zu, während sich auch noch ein eigenthümlicher Husten dazu gesellte. Da traten mir meine beiden Amtsvorfahren vor die Seele, die im nämlichen Alter starben, und wir befürchteten, ein gleiches Loos möchte meiner warten, wenn ich nicht bald in eine mildere Gegend käme. So dachte ich nun mit Ernst ans Fortkommen. Als daher die Pfarrei Winzerhausen, in der Nähe von Marbach, ausgeschrieben wurde, so trieb meine liebe und besorgte Frau an mir, mich zu melden, obgleich es auch nur eine Anfangspfarrei mit 725 fl. war, während ich gerade darum ein Beförderungsexamen gemacht hatte, um mich verbessern zu können. Aus Rücksicht auf meine Gesundheit und die milde Gegend im rebenreichen Unterlande meldete ich mich mit etlichen Zeilen, ohne die Gemeinde im Mindesten zu kennen, oder das Pfarrhaus eingesehen zu haben. Wirklich wurde ich auch zum Pfarrer in Winzerhausen ernannt, wo ich schon am 26. Januar 1847 aufziehen sollte. Da aber meine liebe Frau am 4. Januar mit einem Söhnlein, Theodor, erst niedergekommen war, erhielt ich Aufschub bis zum 2. März. Mittlerweile verbesserte sich mein körperlicher Zustand hauptsächlich durch Hülfe des 46er Weines, der mich von meiner Schlaflosigkeit und Angegriffenheit nach und nach befreite, so, daß ich hoffen konnte, in einer neuen Gemeinde wieder mit frischer und erneuter Kraft mein Amt verwalten zu können. Von Winzerhausen hörte ich unterdessen nicht viel Tröstliches. Aus Grundsatz hatte ich vorher von der Gemeinde Nichts wissen wollen, sondern an einen Freund geschrieben, die ganze Menschheit sei krank, das wisse ich, und ich bringe den rechten Arzt und die beste Arzenei mit. Nehme die Gemeinde das Evangelium an, so werde es allmählig besser werden; wo nicht, so stehe mir ja das Land wieder offen. Dennoch verursachte mir die Nachricht eine schlaflose Nacht, und ich konnte mich nur durch die feste Ueberzeugung beruhigen, daß nichts Anderes, als der Wille des Herrn, dem wir von Anfang Alles in die Hand gegeben hatten, in dieser meiner Berufung geschehen sei. Ihm übergaben wir unser ganzes Schicksal aufs neue und sahen der Veränderung mit Glaubensmuth und Freudigkeit entgegen.

Sobald die Lauterburger meine Ernennung erfuhren, wurden vieler Herzen Gedanken offenbar. Ein allgemeines Bedauern über mein Fortkommen wurde laut; Manche konnten ihre Thränen nicht zurückhalten, ja, von nun sah ich fast in jeder Predigt, um von der letzten zu schweigen, da und dort verweinte Augen. Einer, der nicht gerade zu den Reichsten gehörte, sagte, er hätte lieber alle Jahre funfzig Gulden geben wollen. Um dieser Liebe und Anhänglichkeit willen, und weil wir in Lauterburg, meiner ersten Gemeinde, in einem Zeitraum von mehr als neunthalb Jahren, Freud und Leid in reichem Maaße erfahren hatten, wurde uns der Abschied recht schwer. Es war mir, als ich am 1. März von vielen lieben Lauterburgern begleitet, mit Frau, drei älteren Kindern, Auguste, Wilhelm, Rosalie, dem Säugling Theodor, meiner

13**

vieljährigen Magd und einer Kindsmagd langsam den steilen Berg herunterfuhren, als wenn ich einer lieben Braut oder Gattin zur Leiche gehen müßte. Da es sehr hart gefroren, und die Straße mit Eis bedeckt war, war es den jähen Berg herab sehr gefährlich zu fahren, und die am Tage zuvor abgegangenen schweren Wägen hatten von vielen Männern gehalten werden müssen, wobei das größte Unglück leicht hätte geschehen können, da sie eigentlich auf dem Eise hin und her tanzten. Es lief jedoch, Gott sei Dank, Alles glücklich ab. In Lautern kehrte der größte Theil der Lauterburger zurück, einige Wägen fuhren mit bis Unterböbingen und hier nahmen wir zum letztenmale Abschied und zogen allein weiter unsere Straße. Wilhelms guter Freund, der redliche Bürgermeister Barth, legte ihm unter Thränen die Hand aufs Haupt und sagte: „Nun, der Herr segne Dich, lieber Wilhelm!" In Winnenden übernachteten wir und trafen den 2. März 1847 in Winzerhausen wohlbehalten ein.

X.

Leben in Amt und Haus zu Winzerhausen.

Alles Entgegenkommen hatte ich mir verbeten und in meinem Schreiben an den Gemeinderath den Wunsch ausgesprochen, daß man mir dafür während meiner Amtsführung immer freundlich entgegenkommen möge. Dieß hatte beinahe beleidigt, da man daraus schließen mochte, ich habe ungünstige Nachrichten erhalten und komme mit Mißtrauen, Mißmuth und Verstimmung, ein Vorurtheil, das jedoch bald beseitigt wurde, als ich mich persönlich erklärte. Im Pfarrhaus war bereits das Nöthigste eingerichtet. Das Haus selber jedoch machte einen üblen Eindruck, den wir mit Mühe zurückhielten, wenn man uns befragte. Mein lieber Schwiegervater und der Pfarrer Elsäßer von Botenheim suchten uns zu beruhigen. Am 7. März, Sonntag Oculi war die Investitur, welche Decan Schelling aus Marbach, ein Bruder des Philosophen, verrichtete. Die schöne große Kirche war mit Menschen angefüllt. Ich hatte den Text Lucas 10, 2. ausgewählt: „Die Ernte ist groß, der Arbeiter aber wenig, darum bittet den Herrn der Ernte" 2c. 2c. Der Herr schenkte mir gleich das erste Mal die Gnade, offen zu geöffneten Herzen reden zu können. Der Eindruck war der allergünstigste; meine Worte fielen wie Regen auf das Dürre, und in der Gemeinde entstand eine allgemeine Freude. War vorher, wie ich hörte, das Haus Gottes halb verödet gewesen, so entstand jetzt ein allgemeiner Eifer, Gottes Wort zu hören, Niemand wollte zurückbleiben, alle meine Gottesdienste wurden auf's zahlreichste besucht. Mit meiner lieben Frau machte ich Besuche von Haus zu Haus, und überall kam uns Liebe und Freundlichkeit entgegen. Daß aber Manche nur geschwind das Sonntagkleid anzogen, und ihr Werktagskleid versteckten, läßt sich denken, und wir merkten es hie und da gar wohl; es saß Mancher hinter dem Gebetbuch, der sonst wohl wo anders gesessen wäre. Doch wurden wir vielfach auch innerlich recht erfreut und unserer Sache nur noch gewisser, daß der Herr mich in diese Gemeinde gerufen habe, wenn ich vielleicht etwas später auch noch eine weit bessere Besoldung hätte bekommen können; kurz, wir fühlten uns äußerst glücklich und zufrieden und konnten Gott recht herzlich für seine gnädige Führung danken. Da ich so viel Begierde nach Gottes Wort bemerkte, fing ich einen dritten Gottesdienst am Sonntag an, den ich am Abend spät hielt, und der beinahe so zahlreich als der Vormittags-Gottesdienst besucht wurde. Dieß Alles war natürlich eine große Aufmunterung für mich, und ich konnte mit freudigem Aufthun meines Mundes kund machen das Geheimniß des Evangeliums von Jesu Christo. Anfangs hatte ich mich darauf gefaßt gemacht, der Eifer werde, wenn einmal die Neugierde befriedigt sei, erkalten; derselbe ist jedoch so ziemlich gleich geblieben.

Wegen des schlechten Zustandes meiner Wohnung wendete ich mich dringend an die Hofkammer, welche noch in gleichem Sommer 1847 eine bedeutende Veränderung des Hauses mit einem Kostenaufwand von 1400 fl. vornehmen ließ. Dieß war uns auf der einen Seite zwar erwünscht, auf der andern aber verursachte es uns auch die größte Unlust und Beschwerde. Wir konnten fast nicht im Hause bleiben, da kein einziges Zimmer von dem durchgreifenden Bauwesen verschont blieb, das ganze Haus ringsum offen stand, und wir einige Zeit auf einer Leiter auf- und absteigen mußten. So groß auch diese Unlust war, mußten wir uns doch darein zu schicken, in Hoffnung, daß wir später um so angenehmer wohnen würden. Im November aber selbigen Jahres kehrte aufs Neue Trübsal bei uns ein. Unser innig geliebter Theodor, ein herrlicher Knabe, der besonders auch dem lieben Mütterlein allzutief ins Herz gewachsen war, wurde krank. Die Umstände wurden immer bedenklicher, und am 11. December, am Geburtstage meiner lieben Frau, wollte diese ihm schon die Augen zudrücken, worauf er aber wiederum erwachte und noch bis zum 17. December lebte. Dieser Tod schnitt uns sehr tief ein, und meine Frau hatte er so angegriffen, daß sie von da an wieder leidend wurde. Der liebe Schwiegervater schrieb da folgenden Trostbrief, der zur Charakterisirung des edeln Mannes hier eingefügt sei.

Weilheim den 22. December 1847.

Tiefgebeugte Kinder!

An Alles hätten wir leichter und lieber gedacht, als an die gestern erhaltene Nachricht von dem unerwarteten Tode Eures seelenguten, heitern und freundlichen Theodor. Ich meinte, er heiße Johannes, denn so hätte er eigentlich heißen sollen, er hatte eine eigentliche Johannesseele und Gestalt, nicht des Johannes in der Wüste, sondern des Johannes, der an der Brust Jesu lag, Jesu Liebling. An dieses gedachte ich wirklich, da ich bei der kleinen Christbescheerung jenes Bild ihm zutheilte, welche Ihr nur mit Wehmuth erhalten und angeschaut haben werdet. Nun liegt er an der Brust Jesu, nnd ihm ist wohl; was liegt an der kurzen Zeit seiner Leiden; er genießt nicht nur einen ewigen Christtag, sondern er ging als Christkindle in das bessere Leben. Ewig wohl ihm! Die liebe Mutter sagte kürzlich an einem Morgen, es sei ihr beim Erwachen so schwer geworden, und habe gedacht, wenn nur der Sophie nichts geschehen sei, und sie hätte nur den Theodor mögen zu sich nehmen, das habe sie auch schon im Herbst gedacht. Auf diese traurige Nachricht sind ihr jene Herzensgedanken schmerzlich neu geworden, und sie gaben reichen Stoff heute zur Morgenandacht. Ich kann's nicht aussprechen, wie sehr Ihr uns dauert, und es bestätigt sich abermal meine Ansicht, daß Ihr immer auf schwerem Weg Euren Lebensgang werdet führen müssen. Ich hatte geglaubt, Winzerhausen sollte Euch wenigstens einige Zeit eine Erholung gewähren, und nun kommt unversehens ein Schlag, der auch uns tief verwundet, und nur Gott kann uns göttlich trösten. Das wolle er thun, und namentlich die liebe Mutter auch wegen dem Kinde, das sie unter dem Herzen trägt, göttlich stärken.

Ich weiß es noch von meiner Mutter, und es bleibt mir immer lebhaft gegenwärtig, wie es eine Mutter schmerzt, wenn ihr die Lieblinge vom Herzen gerissen werden; sahe aber auch, wie ihr Glaube über den Gemüthssturm siegte, und wie er den Wellen gebieten konnte, daß sie verstummten. Möge es auch der Enkeltochter gegeben werden — oder besser — gegeben sein, also den Sturm zu bedräuen. Und sollte sie es nicht können, so möge es der Herr thun, wenn gleich die demüthigende Frage: Wo ist euer Glaube? dabei in die Seele fiele. Ja, Er solls thun, und wirds thun, weil wir bei ihm im Schiffe sind, und er es befahl, daß das Schiff vom Lande stieß. So ziemt es sich, daß wir uns untereinander christlich trösten. Der gutmüthige Wilhelm soll eben jetzt mehr bei der Mutter zu Hause bleiben, da sie an ihm wieder den einzigen Sohn hat. Sein öfteres von Hause weggehen gefällt dem Großvater nicht recht. Dadurch wird sein gutes Gemüth mehr geschont, und sein Herz wird kein Weg. Das elterliche Haus ist ein Tempel, von dem der Knabe Jesus sagt: Ich muß sein in dem, das meines Vaters ist, und so nahm er zu an Alter, Weisheit und Gnade bei Gott und den Menschen. Er war seinen Eltern unterthan. Mach's auch so, lieber Wilhelm, und folge Deinem Großvater, der Dich mehr liebt, als Du weißt, und dem gerade Dein jetziges Alter als eines der wichtigsten erscheint. Für einen Knaben hat in unserer letzten betrübten Zeit der Großvater die größte Sorge, und seine vielen Schülerknaben liegen ihm ebenfalls schwer auf dem Herzen.

Und nun ihr lieben Kinder, seid stark in dem Herrn und in der Macht seiner Stärke, Er bewahre Eure Herzen in dem Frieden, welcher höher ist als alle Vernunft. Im Gefühl dieses Friedens grüßen Euch schmerzlich theilnehmend,

Eure

treuen Eltern Vögelen.

Am 21. März 1848 wurde uns zum Ersatz für unsern Theodor abermals ein Söhnlein geschenkt, unser lieber Johannes, der bis jetzt zu unserer Freude ohne Anstoß gedeiht.

In diesem Frühjahr bekamen wir auch die sogenannten Märzerrungenschaften. Den Winter über hatte ich dreimal wöchentlich sehr zahlreiche Versammlungen in der Schule gehalten. Sonntag Abend eine Bibelstunde für die Weiber und Töchter und zweimal in der Woche für Männer und Söhne. Die eine Stunde für die Männer war nicht ausschließlicher Natur. Es wurde dieß und das vorgelesen, unter Anderem auch das Leben Wilhelms III. von Preussen, das die Versammlung ungemein anzog. Dem Revolutionsgeist war hierdurch entgegengearbeitet worden; doch wünschte ein großer Theil und zwar der besten Bürger, daß ein anderer Schultheiß und Gemeinderath eingesetzt werde, und die alten Herren abdanken möchten. Diese Stimmung benutzte ein kleiner, der Revolution nicht abgeneigter Theil, und machte Miene Gewalt zu gebrauchen. Ich trat aufs entschiedenste entgegen, wurde nun aber bald von dieser, bald von anderer Seite mit Deputationen heimgesucht, welche nur die örtlichen Uebelstände im grellsten Lichte darstellten. Um nun Unfug zu vermeiden und vor allem den, wie es schien, gerechten Forderungen des bessern Theiles zu genügen, konnte und durfte ich mich nicht zurückziehen, sondern mußte ganz wider meine Meinung die Sache in die Hand nehmen, um einen möglichst guten Ausgang herbeizuführen. So bestimmte ich selber Schultheiß und Gemeinderath abzudanken, was auch geschah. Dadurch wurde diese ganze Revolutionszeit über jeder Skandal vermieden, und die Gemeinde hielt sich fortwährend ruhig unter allen Stürmen, da die Wenigen, welche etwa zu Schlechtigkeiten fähig gewesen wären, sich nicht zu regen wagen durften.

Wir alle wirkten im schönen Verein zusammen; Pfarrer, Schultheiß, Schulmeister Hohl und Provisor Spahr und viele wackere Bürger. Die beiden Lehrer wohnten in der Regel den Versammlungen bei und unterstützten mich mit Vorlesen. Auch im Winter 1848—49 hielt ich Abendversammlungen und zog jetzt auch die Politik herein.

Die Adresse, daß der König sein „Von Gottes Gnaden" behalten solle, wurde fast von Allen unterschrieben, und ich hatte Ursache, Gott zu danken, daß ich so mit dieser leicht aufgeregten Gemeinde glücklich durch die Gefahr hindurch kam. Bedenkt man, wie in dieser Zeit die Leute auf Gassen und Straßen, auf Jahrmärkten und in Wirthshäusern bearbeitet, wie sie gegen alle Beamte und Geistliche aufgehetzt und mißtrauisch gemacht wurden, wie sehr die Leute von Schulden gedrückt, vom Presser bedroht waren und wie schwer dem größten Theil das Fortkommen ward, so sage ich nur die Wahrheit, wenn ich behaupte, daß nur das Wort Gottes, daß nur die im Gewissen offenbare Macht der Religion die Geister in Schranken gehalten hat. Furcht vor der gesetzlichen Gewalt war längere Zeit gar nicht mehr vorhanden; es schien, es habe Jedermann Narrenfreiheit. Was konnte nun die Leute anders zurückhalten, als eine geheime Macht, die im Gewissen sich geltend machte und die rohen fleischlichen Gelüste daniederhielt! Daher stützte ich mich auch auf Nichts mehr, als auf die Macht der Wahrheit des Wortes Gottes, die sich kräftig an den Gewissen der Menschen von jeher bezeugte und auch hier ihre Wirkung nicht verfehlte. Möchten unsere Hohen und Gebildeten doch einmal zu der Einsicht kommen, daß die Völker weder durch neue Verfassungen und Gesetze, noch durch Bajonette auf die Dauer in Schranken gehalten und glücklich werden können, sondern daß hierzu nach aller Geschichte und Erfahrung, Religion und Sittlichkeit gehören und ohne sie, nur ein allgemeiner Untergang zu gewarten steht. Möchten sie alle umkehren und, wie ihrer Viele bisher oft das Gegentheil gethan haben, mit einem guten Exempel vorangehen! Doch die letzte Zeit hat ohne Zweifel Manchen aus seinen süßen Träumen aufgeschreckt, da er sich in seinen Herrlichkeiten und Reichthümern hinlänglich geschützt glaubte. Stolz und Selbstsucht müssen gebrochen, das Kreuz Christi des Heilandes aller Sünder, muß wieder in die Herzen gepflanzt und die Liebe Christi die mächtige Triebfeder werden, die von jeher die herrlichsten Werke hervorgebracht und die Menschen zur wahren Menschenliebe begeistert hat, wie zum Tragen, Dulden, Leiden und Hoffen. —

Das Jahr 1848 brachte uns auch wieder ein schweres häusliches Leiden. Meine liebe Frau lag fast ein ganzes Vierteljahr an einem weiblichen Uebel darnieder, welches durch ärztliche Mittel nicht mehr gehoben werden zu können schien. Immer mehr schwanden die Kräfte, immer hoffnungsloser wurde der Zustand und meine liebe Frau mußte sich wieder aufs Sterben gefaßt machen. Mehrmals erklärte sie mir dieß, und nahm mir blos übel, daß ich noch immer nicht alle Hoffnung auf Stillung des Uebels aufgeben wollte. Sie sei, sagte sie glaubensfreudig, für ihre Person gefaßt, nur das mache es ihr schwer, wenn ich mir immer noch Hoffnung mache und mich dann doch getäuscht sehe. Da gab es freilich wieder schwere Stunden, Tage und Nächte, und es ist nicht zu verwundern, daß man es mir ansehen konnte. Am 30. November, am Andreasfeiertage predigte ich und taufte nachher ein Kind, wobei ein Weib v. Prevorst Gevatterin war. Beim Taufschmause kam auch die Rede auf den Herrn Pfarrer, und das Weib fragte, ob er denn kränklich sei, weil er so übel aussehe? Nein, hieß es, aber die Frau liege schon lange danieder und helfe ihr Alles Nichts, was bisher Doktor und Chirurg angewendet haben. Als sie nun auch erfuhr, welcher Art das Leiden sei, sagte sie, daß es ein Kräutlein gebe, welches bei ihr einer Frau geholfen habe, nachdem sie verschiedene Aerzte gebraucht hatte, und gewiß auch in den hiesigen Weinbergen zu finden sei. Sofort machten sich etliche

Taufgäste mit auf zum Suchen, und, siehe da, sie fanden es in Menge. Man brachte das Kraut schüchtern in's Haus, meine Frau ließ sich eine Tasse Thee davon machen, und o Wunder! sie hatte noch nicht eine halbe Tasse getrunken, als sie die zusammenziehende Kraft spürte und in etlichen Tagen war das Leiden gänzlich gehoben, und blieb nur noch einige Zeit die Schwäche zurück. So wunderbar und durch ein so geringes Mittel hatte Gott abermal vom Tode geholfen. Es ist dem Herrn einerlei durch viel oder wenig helfen. Das edle Kräutlein heißt auf Deutsch Erdrauch (herba fumaria) und ist sehr leicht fast überall zu haben, mit schönen, rothen Blüthen. Soweit bin ich nun mit Gottes Hülfe den 21. October 1849 gekommen und muß mit tiefer Demuth, Beugung und Beschämung, Dankbarkeit und Lob ein Ebenezer aufrichten und bekennen: Bis hieher hat der Herr geholfen! Ich bin nicht werth aller Barmherzigkeit und Treue, die der Herr an mir gethan hat! Ja, es ist, wie ein gar lieber, an Auszehrung schon längst entschlafener Universitätsfreund (Hummel von Cannstadt) mich erinnerte: „Ich hatte Nichts als einen Stab, da ich über den Jordan zog und siehe, nun bin ich zwei Heere geworden!" Es freut mich auch, da ich so schwer und ungern ans Schreiben komme, daß ich die einfältige Erzählung der Wunderwege des Herrn bis hieher gebracht habe. Dem Herrn, der mich und die Meinen unter großer Barmherzigkeit und Geduld, bis hieher gebracht hat, will ich ferner meine Wege anbefehlen. Alle meine Bitten aber und Wünsche fasse ich in den wenigen Worten zusammen:

„Ich will in dieser Zeit und in der Ewigkeit Nichts als Gnade! Mein Herze schließt in Jesu Christ, der aller Gnade Urquell ist!“ An mir und meinem Leben ist Nichts auf dieser Erd; Was Christus mir gegeben, das ist der Rede Werth!

Ich sehe in der nächsten Zeit einer Niederkunft meiner lieben Frau abermals entgegen. Sie schien unter den drei Schwestern die schwächste zu sein, und hat nun doch nicht nur am meisten durchgemacht und überdauert, sondern ich hoffe auch, daß sie noch ferner meine treue Gattin, besorgte Hausfrau und zärtliche Mutter meiner Kinder sein werde. Die großen Gebrechen meiner lieben Gemeinde kenne ich nun schon genauer, vertraue aber dennoch, wie von Anfang der heilenden und rettenden Kraft des Evangeliums und der Wundermacht dessen, der auch Todte und Verwesende wieder zum neuen Leben auferwecken kann und schon manchen Lazarus aus seiner Todtengruft hervorgerufen hat.

Da meine liebe Schwiegermutter nach langem Leiden im Frühjahr gestorben, mein lieber Schwiegervater sehr niedergebeugt nun in seinen alten Tagen verlassen dastand; da endlich im September auch die einzige Schwester meiner lieben Frau im Vaterhause in Weilheim, wo ihr vom treuen Vater noch die zärtlichste Pflege zu Theil wurde, der Mutter nachfolgte und ihrem Gatten, Revierförster Gantz fünf unmündige Kinder hinterließ, so wurde meine Frau durch dieß alles sehr erschüttert und von Stund an wieder leidend. Am 1. November 1849 beunruhigte sie mich am frühen Morgen mit dem sehr trüben Gedanken, daß es dießmal wohl übel gehen und ohne künstliche Hülfe keine Geburt folgen werde. Ich suchte sie nun zwar zu beruhigen und zur Geduld zu verweisen, war aber doch im Stillen innerlich nicht wenig angefochten und in großen Sorgen. Doch schon um sieben Uhr Morgens war die Besorgniß vorüber und um halb acht Uhr glücklich ein liebes Töchterlein geboren, das gar heiter und freundlich in die Welt hineinblickte. Am 14. November 1849 brachten wir es zur heiligen Taufe, wobei anwesend war, Pfarrer Elsäßer von Botenheim, und Helfer Spring von Groß Bottwar mit seiner lieben Frau. Das Kindlein gedeiht bis heute den 6. August 1850 und auch die liebe Mutter blieb immer ganz wohl. Dieses jüngste Töchterlein heißt: Anna Sophie Mathilde. In diesem Jahre 1850 hatten wir die große Freude, daß die ganze liebe Familie Le Grand aus dem Steinthal nach Cannstadt ins Bad kam, und Herr und Frau Le Grand uns besuchten. Wir gingen ebenfalls nach Cannstadt, ich auf einige Tage, meine liebe Frau auf vierzehn Tage, da die Lieben ihr ein Stübchen offen behalten hatten. Am 31. August kam Herr Le Grand allein zum zweiten Male und blieb über den Sonntag am 1. September bei uns. Ich hatte das herrliche Evangelium vom verborgenen Schatz im Acker, dem Kaufmann, der gute Perlen suchte, dem Netze, das in's Meer geworfen wird, und Herr Le Grand lebte mit uns, wie wir es gewohnt waren den ganzen Sonntag durch, Morgens, Mittags und Abends in den drei Gottesdiensten, und freute sich über die zahlreichen Versammlungen. Es war ein lieblicher Tag, und der Herr war in unserer Mitte.

Vom 10. bis 14. war der Kirchentag in Stuttgart, wo so viele gläubige Männer sich versammelt hatten. Es waren von Anfang bis zu Ende reich gesegnete Tage. Schien es auch anfangs, es sollten theologische Streitigkeiten heraufbeschworen werden, so bekam doch bald die aus dem Glauben stammende Liebe die Oberhand, und die Verhandlungen wurden mit steigendem Interesse geführt. Die Geister erkannten sich im Glauben an den einigen Heiland mehr und mehr als eine zusammengehörige Schaar, und der Abschied am Samstag den 14. September ging nicht ohne Thränen vorüber. Es waren herrliche Segenstage mit den lieben Brüdern aus Nord und West. Die Stuttgarter hatten den fremden Gästen überall einen freundlichen Empfang bereitet. Man dachte nicht daran, daß bald Brüder gegen deutsche Brüder ausrücken müßten, wie es leider heute, den 8. November 1850 der Fall ist. Ein heiliger Geist der Einheit wehte durch die Versammlung vom ersten bis zum letzten Tag. Das Gefühl der Einheit aller die in der evangelischen Kirche an den einigen Herrn und Heiland glauben, regte sich stärker als je und machte sich in den herzlichsten Liebesbezeugungen und Erweisungen Luft. Natürlich fanden sich auch viele alte lang getrennte Freunde hier wieder zusammen, und drückten sich herzlich die Hand. Auch mir wurde diese Freude reichlich zu Theil. Es waren da die Brüder Le Grand, Fritz, Daniel und Wilhelm, und ein Universitätsfreund; Pfarrer Pajec aus Schaffhausen in der Schweiz suchte unter den vielen Gästen lange nach mir, wie ich nach ihm. Krummacher von Berlin und Sander von Elberfeld traf ich noch auf der Eisenbahn, und erneuerte die alte Bekanntschaft. Mein alter Freund, der treue, liebenswürdige Dorner, Professor und Consistorial-Rath in Bonn (jetzt in Göttingen) hatte sich auch eingefunden, und es erneuerte sich der alte Freundschaftsbund. Noch viele andere Bekannte traf man im Vorübergehen, mit denen man nur wenige Worte wechseln konnte, da Versammlungen auf Versammlungen sich folgten. Am 20. September wurden Abends rhythmische Choräle in der Stiftskirche aufgeführt, welche einen großen und tiefen Eindruck machten. Mittwoch Abends den 21. September wurde Händels Messias aufgeführt, wobei ein ungeheures Gedränge in der großen Kirche stattfand. Alle Ecken und Winkel waren angefüllt. Ich hatte einen erhöhten Platz an einer Säule erwischt, wo ich stehend alles gut hören konnte. Ein Freund der meiner ansichtig wurde, bemerkte bei einer Pause, daß ich, wie es scheine, ein Säulenheiliger geworden sei. Der liebe Professor Schrader aber von Tübingen, der auch in der Nähe ein enges Plätzchen gefunden hatte, bemerkte, daß ich immerhin noch einen bessern Stand, als die alten Styliten habe. Mein Logis hatte ich dießmal bei Herrn Gottlob Spring, Gebrüder Spring, Kaufmann in der Königsstraße, wo ich mit einem wackern Candidaten Weiß aus Königsberg auf einem Zimmer wohnte, da noch mehrere Gäste im gleichen lieben Hause gastliche Aufnahme gefunden hatten. Möchten die vielen Anregungen und guten Eindrücke die reichlich nach allen Seiten hinausgetragen wurden auch überall reiche Frucht schaffen für das Reich Gottes. Das walte der Herr, der so fühlbar mit seinem Geiste in den großen Versammlungen waltete! —

Das Jahr 1851, in welchem am 15. Februar unsere Anna Christiane geboren wurde, und in welchem Herr Le Grand aus dem Steinthal wieder mehrmals bei uns war, ging ohne Anstoß vorüber, bis meine liebe Frau wieder zum Schlusse beinahe ein Vierteljahr an einem besondern Uebel zu leiden hatte. — Schon im Spätherbst dachte ich wegen des gänzlichen Mißrathens der Kartoffeln und der auch sonst geringen Erndte oft mit schwerem Herzen und bangen Besorgnissen an die vorauszusehende Noth. Ich drang deßhalb auf Abbestellung des Kirchweihunfugs und ermahnte zur Sparsamkeit. Oft aber mußte ich tief und schwer aufseufzen, wenn ich an das bevorstehende Elend dachte, und meine liebe Frau wies mich darüber nicht ohne Grund zurecht, daß ich es viel schwerer nehme als die Leute selber. So kam das gefürchtete Jahr 1852. Im Vorwinter that es sich zur Noth, wiewohl die fast täglichen Kundgebungen des Amtsdieners nicht sehr tröstlicher Art waren. Immer näher aber rückte der Mangel gleich in den ersten Monaten des Jahres und immer häufiger und dringender wurden die Klagen und Ansprüche auf Unterstützung. Hiezu kam nun die gänzliche Erschöpfung aller Cassen, die Rathlosigkeit auf dem Rathhause und meine eigene. Da standen die Leute, klagten und jammerten und gingen nicht von der Stelle. Endlich konnte man auf Kosten der Stiftungskasse eine neue Fuhre Waizen kaufen, mahlen lassen und wöchentlich Mehl vertheilen. Vorher aber hatte schon der Gemeinderath auf Arbeit von Seiten der Gemeinde angetragen, worüber viele Vermöglichen sehr ungehalten waren. Endlich nahm doch die Gemeinde 1000 fl. auf und fing einen Straßenbau an. Doch war auch jetzt noch des Klagens kein Ende, da das Mehl nicht ausreichen wollte. Auf unsere Bittschriften, kamen endlich 400 fl. Beitrag zur Errichtung einer Suppenanstalt. Von einer solchen wollte nun aber niemand etwas wissen, man wollte ihr ausweichen; allein, die Behörde bestand darauf, und so sah ich mich veranlaßt, da auch Schultheiß entgegen war, die ganze Sache mit meiner Frau zu übernehmen. Es wurden schnell alle Vorbereitungen getroffen und in der Waschküche des Pfarrhauses kam eine Speiseanstalt zu Stande, welche täglich bis zur Erndte mehrere hundert Portionen, je zu einem Kreuzer lieferte und den besten Fortgang und Erfolg hatte. Zwar war dieß nun eine große tägliche Mühe und Sorge, welche meine, das viele Auf- und Ablaufen der Treppen nicht gewohnte Frau fast krank machte, bis die Sache einmal im Geleise war. Täglich um elf Uhr stand eine hungernde Schaar mit großen und kleinen Häfen und Schüsseln im Pfarrhause; ich selber saß an der Kasse, meine Frau stand am Heerd, und ein Lehrer führte das Verzeichniß. Durch die Arbeit bei der Gemeinde mußten die Kreuzer verdient werden, und da ich mich anheischig gemacht hatte, mit dem mir übergebenen vierhundert Gulden bis zur Erndte auszureichen, so mußte man die Kreuzer für die Portionen ziemlich streng einfordern. War nun dieß Alles auch nichts Geringes, so waren wir doch herzlich froh über den Erfolg; denn seitdem hatte das Klagen der häufigen Armen ein Ende, mancher behielt noch etwas bis auf den Abend und die Meisten waren zufrieden, da immer gut und nahrhaft gekocht wurde. Am 7. August 1852 wurde die Anstalt geschlossen und da ich meine Rechnung machte, stellte sich noch ein Ueberschuß von sechsundvierzig Gulden heraus.

Auf die Erndte freute man sich herzlich, da die Felder den herrlichsten Anblick gewährten, und da auch die Kartoffeln bis dahin nicht schwarz geworden waren, so machte man sich die besten Hoffnungen auf eine glückliche Erndte. Als ich den Erndtegottesdienst hielt, bemerkte man in Vieler Augen Thränen des Dankes und der Rührung. Allein mit der Erndtezeit kam eine lange Regenzeit; man wußte den Segen des Feldes nicht einzubringen; Vieles verdarb, und als ich deswegen wieder eine Betstunde hielt, gab es Thränen des Schmerzens genug, die Freude ward in Traurigkeit verwandelt. So ging es fort, und als der Herbst kam, zeigte sich die Weinerndte nicht nur sehr gering, sondern es fehlte auch gänzlich an Käufern. Da war des Jammerns und Klagens kein Ende.

Im Schulhause lag den ganzen Sommer über Vater und Sohn, der schon Provisor war, bei bitterer Armuth, an der Schwindsucht danieder, bis Schulmeister Hohl am 14. September endlich starb. Ich selber litt beinahe das ganze Jahr hindurch an einem Katarrh, der auch auf den Gebrauch eines Bades nicht weichen wollte. Meine liebe Frau und Kinder jedoch waren größtentheils wohl. Die schwere Zeit drückte uns aber auch nicht wenig, und wir waren öfters in großem Geldmangel.

Als ich am 1. November 1852 Abends spät von einem Diöcesanverein in Steinheim zurückkam, hörte ich beim Eintritt ins Haus ein solches heftiges

Jammern und Klagen, daß ich sehr erschrak, und nicht anders dachte, als daß im eigenen Hause das größte Unglück geschehen sei. Bald jedoch erfuhr ich, daß der arme Bergmann, der am Wunnenstein*) in einer Tiefe von vierunddreißig Fuß Gyps grub, in dem Stollen, der aus dem senkrechten Schacht in den Berg ging, verschüttet worden sei, aber noch lebe. Als ich auf den Berg kam, fand ich bei Fackelschein eine große Menge Menschen, während eine Anzahl beschäftigt war, Schutt, Steine und Erde aus der Tiefe heraufzuwinden. Ich ermahnte alle zum Gebet für den Unglücklichen, stieg hinunter, sah die Leute, worunter auch zwei Brüder des Verschütteten Vogt, auf dem Bauch liegend, unter den stehenden schwachen Stützen arbeiten, während von oben immer neues Erdreich herankam, überzeugte mich aber so sehr von der Gefahr dieser Arbeit, als ich auf der andern Seite einsah, daß dieß wirklich der kürzeste und schnellste Rettungsweg sei, und munterte die Leute auf, in Gottes Namen fortzufahren. In dieser Tiefe gab der Verschüttete noch Lebenszeichen von sich, man hörte ihn seufzen, beten und zur Arbeit ermuntern. Herabrollender Schutt und Kies erschwerten das Weiterkommen sehr, und machten die Gefahr immer grö-

---

*) Auf diesem wonnigen Bergkegel lag einst die Burg Wunnensteiners, von dem Uhland in seinem Graf Eberhard, der Rauschebart, singt.

ßer. Dennoch drang man weiter vor, und von Abends fünf bis Morgens zwei Uhr war man so nahe, daß man den Unglücklichen in ein bis zwei Stunden gerettet herauszubringen hoffte. Alles war voll freudiger Erwartung. In fortwährender Lebensgefahr wurde fortgearbeitet. Endlich hatte man den Unglücklichen entdeckt. Als er Licht gewahrte, erwiderte er den Bergmannsruf „Glück auf." Es fand sich aber, daß er sehr verschüttet und in gebückter Stellung so eingeklemmt war, daß sich der auf dem Bauch liegende Bruder mit dem Vorderleib hinabneigen mußte, um den Unglücklichen zu befreien, der Alles selber angab. „Nimm den Stein von meinem Kopf unter meinem Kinn zuerst weg;" dann: „jetzt nimm mir den Stein unter meinem Arm." Dieser war schwer und sobald er etwas weggeschafft war, gab es wieder eine donnerähnliche Bewegung im Schacht: „O weh! jetzt kommt die zarte Erde, jetzt muß ich sterben!" rief der arme Mann, der jetzt ebenfalls verschüttete Bruder schrie auch, ließ den Vergrabenen fahren und wurde noch mit Mühe an den Füßen herausgezogen. Etwa nach einer Stunde vernahm man Lebenszeichen, von da an war es still. Die Arbeit aber wurde, nachdem auch ein Sachverständiger von Marbach gekommen, noch am Dienstag fortgesetzt, wo man Abends dem Verschütteten wieder ganz nahe war. Da plötzlich erfolgte wieder ein Einsturz, man arbeitete wieder und entdeckte den Helm seiner Haue; abermal kam ein Einsturz und so noc zweimal, und zuletzt war die Gefahr vorhanden, e breche Alles zusammen und würden alle begraber Daher stellte man am 3. November die lebensgefähr liche Arbeit ein. Am 4. November hielt ich ein Leichenfeier oben auf dem Wunnenstein, mit zahlreiche Theilnahme aus den benachbarten Orten.

Der Winter 1852/53 war wieder ziemlich sor genvoll in Haus und Amt. In den Christfeiertage erkrankte mein lieber Schwiegervater in Weilhein und starb im Januar. Kaum konnte meine Frau das einzige noch übrige Glied des Hauses, zur Leich kommen, da sie einer Entbindung nahe war. Wi mußten die ganze Haushaltung fremden Leuten über lassen, bis eine Versteigerung der Hinterlassenschaf gehalten ward. Am 26. Februar 1853 wurde un ein Töchterlein, Manette Mathilde geboren, welche ein Vierteljahr nachher an der Brechruhr mehrer Tage am Sterben war, und nachdem auch keine Medicin mehr bei ihr blieb, zuletzt durch eine gute Dosi 46er Wein gerettet wurde.

Wir wurden im Frühjahr wieder durch die Armuth sehr in Anspruch genommen, und es stellte sic immer deutlicher heraus, daß wir, um nicht all da Unsrige aufzuzehren, an eine Verbesserung des Einkommens denken mußten. Ich mußte jährlich einige hundert Gulden von dem geringen Vermögen zusetzen, da nicht nur der eigene Haushalt viel kostete, sondern auch viele Ansprüche freilich meist von schlechten Armen an mich gemacht wurden. Von einigen höchst verdorbenen Menschen wurde ich wahrhaft gequält. Eine wie von einem bösen Dämon besessene Person, welcher früher auch meine Frau viel Gehör geschenkt hatte, schien es darauf anzulegen, uns aufs Höchste zu martern. Voll Verstellung legte sie sich der Länge nach auf die Treppe, heulte, schrie, stöhnte, daß meine Frau im Bett liegen und ich ihr für die Zukunst das Haus verschließen mußte, da auch meine Magd bei ihrem Anblick zuletzt zitterte. Da ich aber dennoch gern in Winzerhausen war, so war ich fest entschlossen, mich um keine Stelle unter tausend Gulden zu melden, um nicht die große Beschwerde eines Umzugs umsonst haben zu müssen, ich wollte in Geduld warten, und da meine Frau nur wenige, ich aber keine Verwandte im Lande habe, so wäre es uns einerlei gewesen, wohin es auch gegangen wäre. Doch wollte meine Frau aus Gesundheitsrücksichten in keine ganz rauhe Gegend. Da wurde Malmsheim zu neunhundert Gulden ausgeschrieben, in einer mittleren Gegend, bei Leonberg, hinter der durch Schiller und seinem Vater bekannten Solitüde gelegen. Ich achtete nicht darauf, vergaß es auch wieder. Als nun aber der Regen eines Morgens in Strömen herabfiel, wurde ich ganz traurig gestimmt; eine düstere Vorahnung von dem kommenden noch größeren Armuthselend in der Gemeinde als das war, unter dem wir bereits seufzten, bemächtigte sich meiner und Malmsheim*) fiel mir wieder ein. Ich fragte meine Frau und — meldete mich.**) Ich meldete mich nur mit zwei Zeilen und dachte, das Consistorium werde diese nicht beachten, denn es werde gewiß noch ältere und dringendere Bewerber geben. So vergaß ich auch meine Meldung wieder, bis ich zu einem Missionsfest nach Marbach kam, wo ich zu meinem nicht geringen Schrekken erfuhr, die Gemeinde Malmsheim habe um mich angehalten und ich werde wahrscheinlich Pfarrer dort werden. Anfangs wollte ich es nicht glauben, da ich keine Silbe noch gehört hatte; aber bald kam schon eine Ernennung im Staatsanzeiger. Obgleich ich alle meine Schritte und Tritte in die Hand des Herrn befohlen hatte, so kamen mir doch die Zweifel, ob ich nicht an jenem düstern Morgen zu kleingläubig gewesen sei und ob ich mich nicht unbesonnen um eine Gemeinde gemeldet habe, von der ich auch schlechterdings nicht das Geringste wußte, weder von diesem noch von jenem. Ich machte mich auf den Weg,

*) Malmsheim, von dem der Selige in der letzten Zeit öfter sinnbildlich sagte: „In Malmsheim muß ich noch zermalmt werden."

**) Es machte ihm nachher noch manchmal Gewissensskrupel, daß er in einer kleingläubigen, verdrießlichen Stimmung seiner Last entlaufen wollte, und sogleich, als der Bote fort war, hätte er es gern wieder zurückgenommen, aber es sollte eben doch sein. Oefters nachher sagte er, es sei ihm gegangen, wie dem Habakuk, den der Engel am Schopf nahm und unversehens in eine andere Gegend versetzte.

machte die zwei Stunden von Leonberg aus vollends zu Fuß in großer Hitze, und wurde dadurch noch mehr niedergeschlagen. Zudem erschien mir alles in einem andern Lichte. Das Pfarrhaus war klein*), der Keller ein tiefer See, die Gegend öde und traurig, und — ich war im Begriff, wieder um Enthebung zu bitten. Mein lieber Amtsvorgänger Kretschmer, der anfangs über meine Ernennung eine große Freude hatte, war darüber ganz außer sich, machte mir dringende Vorstellungen und mahnte mich ab von einem so unbesonnenen und widergöttlichen Schritte. So bald ich aber etwas gegessen und getrunken und ausgeruht hatte, auch erfuhr, daß man in dieser Sache gebetet hatte und gewiß der Wille Gottes geschehen sei, wurde ich ruhig und kehrte getrost zurück, obgleich ich in meiner Beschreibung Alles schlechter machte, als es war. Wir ruhten nun aber ganz in dem Willen des Herrn, und zweifelten nicht mehr, daß er geschehen sei an uns. Meine lieben Winzerhäuser aber waren ganz betroffen, und die Vorbereitungen zum Abzug wurden uns sehr schwer. Die Lehrer, deren Conferenzdirektor ich seit Februar 1850 gewesen war, erzeigten mir noch viele Liebe, und von Malmsheim hörten wir viel Gutes.

*) Er sagte öfters nachher, der Eintritt nach Malmsheim und ins Pfarrhaus sei ihm wie ein Sterben gewesen, er habe nur Mühe gehabt, den Tag über die Thränen zurückzuhalten.

XI.

Leben und Sterben in Malmsheim.

Unter häufigem Klagen und Weinen Vieler war der Tag des Ab- und Aufzugs gekommen, der 2. August 1853. Meines Bruders Sohn, der nun in Amerika ist, half uns treulich und zog mit auf. Als das Abschiednehmen endlich vorüber war, wurde es uns viel leichter, und wir eilten dem neuen Bestimmungsort entgegen. In Leonberg holten wir unsere Wägen ein, und wurden abgeholt vom Gemeinderath, Kirchenältesten, Lehrern und Anderen von Malmsheim. Die Wägen gingen voraus und von Remmingen an wurde es ein langer Zug. Nahe am Ort kam uns die Schuljugend mit einem bekränzten Lamm entgegen und Alles strömte aus den Feldern herbei. Ich stieg aus, begrüßte alle mit wenigen Worten, und so gelangten wir endlich zur neuen Behausung. Durch die freundliche Fürsorge des Ortsvorstehers Heldmajer wurde Alles in größter Ordnung eingeräumt und in wenigen Stunden war es wohnlich. Da ich eine so geringe Schilderung gemacht hatte, so wurde sie von der Wirklichkeit übertroffen, und ich konnte am nächsten Sonntage bei meiner Invastitur durch Herrn Decan Haup freudig zu der Gemeinde reden, in welcher ich mich auch bald mehr und mehr zu Hause fühlte. Die empfänglichen und gläubigen Gemüther, denen das Wort von Jesu Christo dem Gekreuzigten keine Thorheit und kein Aergerniß war, wurden mir bald zugethan, und als im Winter und Frühjahr 1854 die Noth noch größer wurde, mußte ich oft die Güte Gottes preisen, die mich von einer Last, die mein Gemüth oft drückte, so unverhofft und wider meinen Willen befreit hatte. Malmsheim war nämlich ein verhältnißmäßig ziemlich gut gestellter Bauernort, wenigstens waren Mittel vorhanden, um die Armen mit Arbeit zu unterstützen, und der Ortsvorstand benahm sich aufs freundlichste bei jeder Gelegenheit, was ja einem Pfarrer seine Wirksamkeit sehr erleichtert.

Bald erhielt ich auch wieder einen Besuch von Herrn Le Grand aus dem Steinthal. Im Winter hielt ich wieder sehr zahlreich besuchte Versammlungen in der Schule, wo ich die sieben Sendschreiben der Offenbarung Johannis erklärte. Da es bei meiner zahlreichen Familie mit sieben Kindern und Magd und Kindsmagd an einem Zimmer fehlte, so wurde mir bald ein neues eingerichtet, und wegen des Wassers im Keller eine Dohle gebaut, so daß auch diesem Uebelstand abgeholfen ward. Durch all' das wurde die Grundstimmung meiner Seele, nämlich demüthiges Dankgefühl gegen die unverdiente Gnade Gottes gegen mich, nur noch erhöht und die Unzufriedenheit mit meinem Wirken vermehrt, so daß das tiefe Gefühl: ich bin nicht werth aller Barmherzigkeit und Treue, die der Herr an mir gethan hat, mir die ganze Seele durchdrang.

Doch erfuhren wir auch bald, daß wir immerhin noch auf der Erde unter gebrechlichen Menschen seien, und waren weniger idealistisch als in Lauterburg und noch in Winzerhausen. Wir kannten schon zu gut die nackte Wirklichkeit, die grobmassige Realität dieser armen Welt, und ich mußte einmal im Stillen lächeln, als ein wohlgenährter junger Herr sich in meiner Gegenwart äußerte, es gefalle ihm alle Tage besser in dieser Welt. Da zu gleicher Zeit auch ein neuer Schulmeister kam, und der frühere sonst wackere Mann eine allzu schlaffe Schuldisciplin geführt hatte, so war die ältere Schulklasse, trotz der beiden guten jüngern Lehrer in den untern Klassen, sehr ausgelassen und zerstreut, und es setzte einen längern Kampf ab, bis ich im Religions- und Confirmandenunterricht eigentlich gemüthlich sein konnte, wie ich es bisher immer gewohnt gewesen war, denn nicht durch Strenge, sondern nur durch die Liebe hatte ich bisher geherrscht, und die Jugend an mich gezogen, indem ich mich freundlich in ihre Mitte setzte. Nach und nach aber gelang es mit Hülfe des neuen Schulmeisters.

Zum Schulconferenzdirektor war ich schon ernannt, ehe ich aufgezogen war. Ich fing es so an, wie ich es in der Marbacher Diöcese gewohnt gewesen war: ich begann mit Gebet und legte einen biblischen Abschnitt zu Grunde. Es gehörten siebenundzwanzig Lehrer zu meinem Sprengel, die mir mit Zutrauen entgegen kamen. Ich sprach es gleich entschieden aus, daß es mir weniger um allerlei Wissen und Können, als ums Wesen zu thun sei, nämlich Menschen Gottes zu bilden, tüchtig und zu allem guten Werk geschickt. Da ich in meiner Jugend viel Eifer, Zeit und Fleiß auf die Musik verwendet hatte, was ich manchmal für verlorene Mühe achtete, so hatte ich einen ziemlichen Vorsprung in diesem Fache, und konnte es im Orgelspiel, meinem Lieblingsfache, wie auch in meinem früheren Conferenzsprengel so ziemlich mit den besseren Lehrern aufnehmen, was mir um so eher ihr Zutrauen erwarb, auch gestattete, in Beziehung auf Verbesserung des Kirchengesanges hinzuwirken, um dem trägen Schleppgang ein Ende zu machen.

Am 8. April 1854 wurde mir zu unserer aller Freude ein Söhnlein glücklich geboren, das die Kinder Theodor nannten. Es gedieh bis auf ein Vierteljahr, wo es an Magenerweichung und hinzugetretenen Gichtern starb. Meine liebe Frau wurde durch den Anblick des Leidens wieder sehr angegriffen, und bekam sogar den Herzkrampf, was seit Lauterburg nicht mehr geschehen war. Unterdessen war auch immer leidend unser liebes „Sophile." Alle angewandten Mittel hatten keinen bleibenden Erfolg, so oft wir uns auch gute Hoffnung machten. Im Winter noch bekam das Kind offene Wunden, daß man zuletzt die Knochen sehen konnte und am 17. September 1855 starb es, noch nicht ganz sechs Jahr alt. Dafür wurden uns aber den 21. Januar 1856 Zwillingssöhne geboren, welche gesund und kräftig schienen und einander sprechend ähnlich waren. Wir nannten sie Joseph und Benjamin, doch Benjamin starb schon am dritten Tage. Die Mutter aber blieb, durch Gottes Hülfe wohl. Wer hätte ihr, der kleinen, schwächlichen Frau, das jemals zugetraut, daß sie neun Söhne und sechs Töchter glücklich zur Welt bringen würde! Freilich ging es durch mancherlei Proben und Uebungen und nur die Hand des Herrn half überall hindurch.

In meiner Gemeinde hatte ich keinen besondern Kampf. Gottes Wort wurde gern und fleißig gehört und äußerlich herrschte gute Ordnung, auch mit der Armuth hatte ich wenig zu schaffen, da es immer Arbeit und Verdienst gab. So mußte denn Alles immer wieder zum Dank gegen den Herrn stimmen, der durch Alles zum rechten Ziele hindurch hilft.

Im August des Jahres 1856 machte mein Wilhelm das Landexamen in Stuttgart mit, ohne jedoch, wie es sich voraus sehen ließ, in das niedere evangelisch-theologische Seminar nach Schönthal aufgenommen zu werden. Nun wollte ihn sein Pathe, Herr

Le Grand, in Fouday zum Landwirth ausbilden lassen, allein, wir entschlossen uns, ihn noch ein Jahr in der Sindelfinger Schule zu lassen, und das Landexamen nochmals zu versuchen. Am 12. Oktober reiste ich mit ihm zu Fuß über Wildbad, Dobel, Eberstein, Baden-Baden und Straßburg ins Steinthal. Wir trafen den theuren väterlichen Freund, Herrn Le Grand, leider sehr leidend an, so daß er manchmal kaum reden konnte. Er hatte aber eine große Freude und dankte für unsern ganz unerwarteten Besuch mit Thränen, dem lieben Wilhelm aber that diese weitere erste Reise nach Körper, Geist und Gemüth sehr wohl und er ging dann getrost wieder an seine Schülerarbeit in der Hoffnung, die Reise ins Steinthal noch manchmal machen zu dürfen, wozu er auch herzlich eingeladen wurde.

Am 23. November starb auch unser lieber Joseph, ein schwaches Kind, dem auch die zärtliche Sorgfalt einer Amme das armselige Leben nicht länger fristen konnte. Kinderkrankheiten und allerlei Sorgen wechselten, aber durch dieß Alles führte glücklich eine unsichtbare Hand hindurch und am 29. November 1856 konnte ich mein funfzigstes Lebensjahr mit Segen, Dank und Lob des Herrn zurücklegen. Leider war der liebe Onkel Handel in Nauheim, der ehrwürdige Greis, nicht mehr hienieden. Er war bereits zur Ruhe der Kinder Gottes eingegangen, und am 16. April 1857 folgte auch nach einem heißen Läuterungsfeuer mein alter väterlicher Freund Le Grand. Ich hatte ihn also im Oktober 1856 zum letztenmal gesehen. Wie freudig werden sich die Seligen, von so vielen Banden befreiten Geister in der Ewigkeit begrüßen! Ja, ja, die Kinder Gottes dürfen sich in Wahrheit des Wiedersehens freuen, denn sie haben ihre Kleider helle gemacht im Blute des Lammes und alle Schwachheit um und an, ist von ihnen abgethan. Es wird eine unaussprechliche Freude sein, so vielen Geliebten einmal wieder zu begegnen. Wie werde ich mich freuen, einmal einen Falk, Bahnmaier, Le Grand, meinen seligen Schwiegervater u. s. w. auf einmal wieder zu treffen!

Aber freilich, „es geht durchs Sterben!" Das mußte ich in den Jahren 1857 und 1858 ganz besonders erfahren. Mein altes Magen- und Unterleibsleiden verschlimmerte sich immer mehr, und ich besuchte zweimal das Bad Dizenbach, weil die Quelle durch einen Wolkenbruch augenblicklich Noth gelitten hatte. Es war ziemlich besser geworden. Als wir nach Stuttgart kamen, war unser lieber Wilhelm zum zweiten Mal im Landexamen. Zu unserem Schrecken trafen wir ihn sehr elend an, denn er hatte die entzündliche Ruhr schon mitgebracht. Mühselig schleppte er sich zwei Tage lang fort, machte dabei noch zur Verwunderung sein Griechisch und Lateinisch gut. Doch endlich war nichts mehr möglich. Er schrieb mit zitternder Hand: „Weiter kann ich nicht mehr, Gott helfe mir! Amen." Ich holte eine Kutsche, man mußte ihn hineintragen, ich brachte ihn ins Elternhaus, wo er mehrere Wochen schwer darniederlag und sich nur nach und nach erholte. Da er das Examen am dritten Tage nicht mehr mitmachen konnte, so wurde er nicht als Seminarist, sondern durch die Gnade des Königs nur als Staatshospes aufgenommen; als Seminarist hätte er mich fast nichts gekostet, als Hospes (Gast) ist er mir immerhin noch kostspielig. Es war aber eben nun einmal sein höchster Wunsch, Theologie zu studieren und es ging ihm im Seminar zu Blaubeuern, Gott sei Dank, recht gut.

An mich selber aber kam das Leiden immer heftiger. Zwar versah ich mein Amt immer noch und brachte so Advent und die übrige Festzeit, wo ich noch mehrmals an einem Tage zweimal predigte, ohne alle Aushülfe durch. Aber es war zuviel für meine Kräfte, es war erzwungen und ich mußte es schwer büßen. Ach, die liebe Hausfrau hatte Recht, wenn sie mich oft dringend zur Schonung ermahnte. Ich wollte es lange nicht glauben. Aber es waren doch schon bedenkliche Umstände, wenn ich zuletzt regelmäßig schon in der Festzeit an einem fürchterlichen leeren Würgen im Magen, Morgens früh nach zwei Uhr aus dem Schlaf erwachte. Dennoch machte ich fort, bis ein fürchterlicher Ausbruch von Magenkrampf kam, der mir alle Kraft und Besinnung nahm, und keinen ärztlichen Mitteln weichen wollte. Ich betete zuletzt in freien

Augenblicken, in denen ich die lieben Meinigen de Treue und Barmherzigkeit meines Gottes und Hei landes befahl:

„Meine Wallfahrt geht zu Ende,
Und der Sabbath bricht heran,
Die durchgrab'nen Füß' und Hände
Haben All's für mich gethan!"

Unter solchen Umständen ist's aus mit einer lan gen Vorbereitung, man muß sich kurz resolviren, un einen herzhaften Sprung in die überschwängliche Gnad Gottes in Christo machen. Nach acht Tagen sandt der Herr ein Mittel, das wenigstens den ärgste Krampf stillete. Es wurde allmählig bis auf eine gewissen Grad besser; allein ich mußte doch um eine Vikar bitten. Wie ein Sterben war es mir nun als man mein Studierzimmer räumen mußte, un ich konnte es ohne Thränen kaum mit ansehen. Mein liebe Frau tröstete mich, und sagte, daß ein andere Auszug für sie viel schwerer und schmerzlicher gewese sein würde. Unterdessen wurde es im April 185 wieder so ordentlich, daß ich nicht umhin konnte, mein lieben Confirmanden um mich zu versammeln. I wagte hie und da eine Kinderlehre am Sonnta unternahm die Confirmation, hielt das heilige Abend mahl, dann sank ich wieder zurück, der Krampf i Magen zeigte sich wieder, kaum konnte ich allein na Bad Dizenbach, wo ich noch ganz allein war, im M sehr schlechte Witterung und anfängs schwere Nächt und Tage hatte. Es war ein wahres Gefängniß, ein Pönitentiarhaus für mich, so viel Liebe man mir auch erzeigte. Aber es wurde besser, und da mein ehemaliger Zögling Le Grand aus dem Steinthal auch kam, blieb ich sieben Wochen dort. Allein erst in Bad Teinach, wohin wir noch kurze Zeit gingen, wurde es noch besser. Ich verabschiedete meinen lieben Vikar Grözinger, der auch schon eingepackt hatte, gab mit Freuden Religionsunterricht in der Schule, konnte ordentlich zu Mittag essen, war vergnügt mit meinem lieben Albert Le Grand, schrieb einen Brief, u. s. w., da kam auf einmal, wie aus heitrem Himmel, ein Ungewitter, ich wurde ohnmächtig und sank zurück. Von da an war ich sehr matt. Zwar unternahm ich es, meinen Freund ins Steinthal zu begleiten, glaubte aber in Straßburg liegen bleiben zu müssen. Doch mit Gottes Hülfe, langte es bis ins Steinthal, wo ich mit der größten Liebe aufgenommen und verpflegt wurde. Nur erst nach mehreren Tagen wagte ich es, auf das Grab meines lieben väterlichen Freundes Le Grand zu gehen. Es war mir schwer, doch auch wieder wohl zu Muthe, da, neben dem Staube von Oberlin und seiner treuen Dienerin Luise Schöppler. Nach zehn Tagen fühlte ich mich ziemlich gestärkt und kehrte glücklich zu den Meinigen zurück. Dennoch war ich äußerst angegriffen; das Eisenbahnfahren hatte meinem schwachen Magen sehr zugesetzt. Bald kamen wieder heftige Schmerzen, halbe Ohnmachten und meine liebe Frau begleitete mich abermals in großer Noth ins Bad Teinach. Die ersten Tage und Nächte waren schrecklich. Ich fürchtete keinerlei Schrecken und Schmerzen mehr. Erschießen, Erstechen, Todtschlagen, Erwürgen u. s. w. erschien mir erträglicher. Doch der Herr half wieder aus dieser tiefsten Tiefe. Ach, wie oft war ich wie zerschmettert, o, mein Gott, vor Deinem Dräuen und Zorn, der Du mich zu Boden geworfen hattest, daß all' mein Gebein erzitterte.

Ach wie oft habe ich in diesen schweren Tagen, Wochen und Monaten des Jahres 1858 in meiner Einsamkeit bei Tage und Nacht geseufzt, gerungen, gefleht:

„Jesu mein Jesu, erbarme dich mein!"

Oder: „Jesu, mein Heiland, ich bitte dich,
Heile, heile, heile, hilf und errette mich.
Hilf nach Leib, Seele und Geist!
Allermeist, wo du weißt, daß es mich quält,
Und daß es mir fehlt!
O Jesu, erbarme dich.

Mein Gott, mein Vater, ich rufe zu dir:
O erbarme dich und hilf doch mir!
Erbarme dich über Weib und Kind,
Die ja doch auch die Deinigen sind." u. s. w.

Nur kurze Seufzer vermochte ich, bald still, bald laut auszustoßen. Lange Gebete vermochte ich nicht mehr. Meine Gebete waren kurze, abgebrochene Seufzer. Das nämliche wohl hundert, wenn nicht tausend

Mal wiederholt, ein fast ununterbrochenes stilles Flehen vor dem Herrn. Nun, der Herr hat sein Ohr nicht vor mir verschlossen, denn obgleich ich heute noch nicht im Stande bin, mein Amt allein zu versehen, hat mich mein Gott doch von den ärgsten Qualen erlöst und ich will ihm heute, (den 15. Oktober 1858) da ich so ganz einsam bin, und meine liebe Frau mit zwei Kindern nach Winzerhausen ist, danken mit einem Liede. „Gelobt sei mein Gott, der mein Gebet erhört und seine Güte nimmer von mir wendet!" — — — Hier endet seine Selbsterzählung. In dem letzten Briefe, den er an den Herausgeber dieser Lebensbeschreibung am 20. November 1858 schrieb, und worin er besonders seine ernsten ökonomischen Sorgen bei sechs Kindern und einem Vikar ausdrückte, faßte er die Trübsal der letzten schweren Zeit in Folgendem zusammen:

Herzlich geliebter Freund!

Bald wird es ein Jahr, daß ich invalid geworden bin und einen Vikar halten muß. Es kommt mich schrecklich sauer an, so unthätig herumzusitzen oder zu liegen. Ich probiere es immer wieder, predige, halte Kinderlehre, mache Krankenbesuche, aber — es will nicht mehr gehen nachher, und das Magenleiden wird wieder ärger. Alle meine Bäder den Sommer über, ein Vierteljahr über, haben mich nicht viel weiter gebracht. Vielleicht sind Geschwüre im Magen, wie ein Arzt meint, vielleicht ist's nur in den Nerven — man weiß es nicht. Unterdessen bin ich der geplagte Theil, muß Blattern ziehen lassen, Höllenstein schlucken und sollte fast dem Quicotismus mich hingeben, weil jede Anstrengung das Uebel ärger machte. In Gottes Namen! Einmal muß jeder Mensch gekreuzigt werden. Wenn wir nur mit dem Gekreuzigten wieder zum neuen Leben auferstehen." . . .

Wie nun der theure Dulder in seinen letzten Nöthen vollends dem Tode seines Heilandes ähnlich wurde, das erzählt seine — um ihrer Kinder willen nach Tübingen übergesiedelte Wittwe — schlichter Weise in Folgendem.

Der Winter war meinem geliebten Mann ein fortlaufender Seufzer, für sich, für uns und für die Gemeinde, die er so treu auf seinem Herzen trug. War es Tag, so sehnte man sich gegen Abend unbeschreiblich nach ein paar Stunden Ruhe. Doch nach Mitternacht kam schon wieder der Schmerz und wir sehnten uns nach dem Tage. Jedoch war er bei allen diesen Leiden immer noch heiter und glaubensfreudig und suchte uns auf alle Weise selbst aufzuheitern. Kam ein Freund, so vergaß er ein wenig seine Schmerzen, oder spielte und sang noch mit uns, und sagte auch oft: „Singet und spielet mir nur, dann vergeße ich meine Schmerzen."

In der letzten Zeit vor Ostern hatte er immer noch große Hoffnung, das Wildbad werde ihm wieder

Genesung bringen; oft sagte ich dann: „Aber, lieber Mann, wir werden eben nicht mehr hinkommen!" „Ja," sagte er jedesmal, „du wirst sehen, wir kommen noch hin." Einige Zeit vor unserer Abreise kam die für uns sehr erfreuliche Nachricht, daß unser ältester Sohn Wilhelm, durch die Gnade des Königs zum Seminaristen aufgenommen sei, die Freude griff ihn jedoch so sehr an, daß ich ihn am Abend dringend bat, einen kleinen Spaziergang mit mir zu machen, in der Hoffnung, es sollte ihm im Freien besser werden. Wir gingen die Straße nach Merklingen. Ich trug ihm sein Stühlchen nach, auf welches er nach zwanzig bis dreißig Schritt sich wieder hinsetzen mußte. Als wir an einer Anhöhe ankamen, bat ich ihn, umzukehren, doch er wollte durchaus auf die Höhe, um die Sonne untergehen zu sehen. Gerade langten wir oben an, als die Sonne ganz schön und lieblich sich allmählig hinter die Berge senkte. Bei diesem Anblick breitete er seine beiden Arme aus und rief: „Gott segne Euch alle meine Lieben überall hin, er behüte Euch, und führe Euch glücklich und selig! Dank Allen, die mir Liebe erwiesen haben, ja großen Dank allen meinen Freunden und Wohlthätern, die mir der Herr geschenkt hat!" So ergreifend diese Scene war, eben so erschütternd war der Heimgang. Er wurde gleich nachher so schwach, daß ich glaubte, er werde mir leblos auf der Straße niedersinken, immer rief er: „Halte mich, ich falle, es ist so dunkel vor meinen

Augen." Ich sah immer nach Hülfe, konnte aber keinen Menschen entdecken; nach unbeschreiblicher Noth und Angst brachte ich ihn doch noch die kurze Strecke vor Anbruch der Nacht nach Hause, und von da an machte er keinen Ausgang mehr, und war immer in einem höchst aufgeregten Zustande. Doch sprach er Alles im Zusammenhang, und sein Liebstes war: Gott zu loben und zu danken. Ebenso hörte er auch, wenn es die große Schwäche zuließ, am liebsten Lob- und Dankpsalmen, oder Psalmen von der Hülfe des Herrn, und so lange ich sie ihm vorlas, hörte sein immerwährendes Seufzen auf. Manchmal konnte er spaßhaft sagen: „Der liebe Gott hat mir ein sonderbares Prämium gegeben, ein Seufzerprämium und auch einen besondern Orden, den Kreuzesorden. Gegen das Frühjahr, als unsere Tochter Rosalie confirmirt werden sollte, war ihm dieß das Schwerste, sie nicht mehr selbst confirmiren zu dürfen, die Erinnerung daran machte ihn auf einmal todtkrank. Doch ging auch dieser schwere Tag, da weder Vater noch Mutter der heiligen Handlung beiwohnen konnten, mit Gottes Hülfe und unter dem Beistand treuer Verwandte und Freunde vorüber.

Unsere einzige äußerliche Hoffnung war noch immer das schon so vielen Genesung bringende Wasser im Wildbad. Wir wollten gleich den Dienstag nach Ostern abreisen, Doch, da unser treuer Arzt und Hausfreund Dr. Lechler von Leonberg kam, und die äußerste Gefahr sah, trieb er zur Eile, und bestimmte uns, noch am Ostermontag abzureisen, doch gab er mir zu verstehen, daß wir das Aeußerste wagen und daß es wohl kommen könnte, daß ich meinen lieben Mann nicht mehr lebend nach Hause bringe. Doch da mein lieber Mann in aller Schwäche noch den festen Willen hatte zu gehen, so wagte ich es mit Hülfe meines ältesten Sohnes. Morgens, als er erwachte, sagte er noch: „Nun, liebe Frau, jetzt kommt der neue Morgen!" Dieser neue Morgen bezog sich auf ein Verschen, das er in letzter Zeit der Aufregung gemacht und worauf er auch eine passende Melodie componirt hatte. Dieser Vers heißt:

„Herz, mein Herz, was willst du sorgen?
Warte bis zum andern Morgen,
Wird ein neuer Morgen graun,
Wirst du Gottes Hülfe schaun."

Neben diesem diktirte er uns noch öfter Verse, von welchen hier einige mitfolgen.

„Wenn ich sterb', so ist's kein Schade,
Sondern vielmehr eine Gnade;
Denn meine lieben Kinderlein
Werden alsdann um so frömmer sein."

„Geht's so fort, muß euer Vater sterben,
Und wird das Himmelreich ererben,
Und wenn ich werd' gestorben sein,
So schicket euch im Glauben drein."

„Seid zufrieden,
Was Gott beschieden,
Das soll geschehn,
Zuletzt muß Alles herrlich gehn.“

„O, du lieber Vater, du
Bist nun in der ew'gen Ruh,
Darfst nicht mehr zagen und klagen,
Wie in den Erdentagen;
Schaust nun das ew'ge Licht,
Und deinen Herrn von Angesicht.“

Das letzte Verschen diktirte er mir im Wildbad, als wir am 30. April den Geburtstag meines vor sechs Jahren entschlafenen Vaters feierten, welchen er immer so herzlich geliebt hatte.

Als wir nun, um wieder zu unserer Reise ins Wildbad zurückzukehren, einen so schönen Morgen nach manchen unfreundlichen Tagen und Wochen als freundliches Reisegeschenk vom Herrn uns zueignen durften, traten wir die Reise mit frischem Muth und frohen Lebenshoffnungen an. Es ging auch Alles über Erwarten gut, mein lieber Mann erholte sich in der frischen Luft, und die vielen blühenden Bäume machten ihm große Freude. Wir langten Nachmittags glücklich in Wildbad an und eilten gleich der heilbringenden Quelle zu, auch fühlte der liebe Mann sofort eine Beruhigung in seinem ganzen Wesen. Den andern und noch einige Tage mußten wir ihn zu beiden Seiten führen, jedoch bälder, als wir erwartet, konnte er schon des Morgens allein, kräftig und rüstig zur Quelle gehen, und erquickte sich an dem schönen Choral und der guten Musik daselbst. Sein Zustand schien so schnell geändert, daß sich auch fremde Personen, welche uns in den ersten Tagen gesehen hatten, sehr darüber wundern mußten. Einmal sagte er auch: „Nun, liebe Frau, du hast einen kranken Mann ins Wildbad gebracht, und so Gott will, kannst du einen gesunden mit nach Hause bringen."

Doch dieß war im Rathschluß Gottes anders beschlossen; obwohl er täglich, besonders auf die Bäder sich kräftiger fühlte, sagte er doch mehrmals: „Die Leute täuschen sich, sie meinen, es fehle mir in den Gliedern, und mein Leiden ist und bleibt eben im Magen, mit den Gliedern wollte ich bald über alle Berge. Auch stiegen wir öfters ziemlich hoch auf die nahen schönen Berge und genossen mit großer Begierde die belebende und erfrischende Luft. Immer eben, wenn auch unter Leiden, hätte er doch noch gerne gelebt für das Wohl der Seinigen, wie er es auch öfters in der letzten Zeit aussprach, da er sah, wie schwer die Trennung für uns wurde. So sehr wir aber, und mit uns viele Freunde auch darum baten und meinten, es sei nicht möglich, ohne den geliebten Gatten und Vater zu leben, so war eben doch das Ziel seiner Leiden und der Eingang zu seligen Freuden näher, als wir ahnten. Nachdem wir fünf Wochen im Wildbad zugebracht hatten, und es in der letzten Zeit schon wieder schlimmer geworden war, fing erst das heftigste Leiden gleich nach unsrer Ankunft hier an. Es blieben weder Speisen noch Getränke mehr bei ihm, und nach einem kleinen Genusse hatte er unsägliche Schmerzen, bis der Magen auf eine erschütternde Weise, wo wir oft glaubten, er werde darüber zusammenbrechen, wieder Alles von sich gab.*) Doch auch da noch wollte er einen letzten Versuch wagen und bestimmte uns fünf Tage vor seinem Heimgang, mit ihm nach Stuttgart zu fahren. Ich entschloß mich dazu mit großer Angst. Wir brachten ihn glücklich nach Stuttgart, erkundigten uns auch nach der uns so sehr empfohlenen Kur. Was mir jedoch das Angelegentlichste bei dieser Reise war, konnte ich zu meiner großen Beruhigung noch ausführen, daß ich nämlich sein Bildniß durch einen guten Photographen sehr getreu, freilich schon als das Bild eines sterbenden Mannes, fünf Tage vor seinem Heimgang bekommen konnte.**) Acht Tage darauf ruhte seine Hülle schon im Schooß der Erde.

---

*) Die Section nach seinem Tode erwies sein Leiden als eine unheilbare Magenverhärtung, die sich (vielleicht in Folge seiner früheren Entbehrungen und der Nichtberücksichtigung einer bei Geistesanstrengung doppelt nothwendigen wichtigen Diät) seit Jahren gebildet hatte.

D. H.

**) Nach dem Lichtbilde wurde eine Lithographie gefertigt, welche zwar volle Aehnlichkeit zeigt, aber keine Spur von der Freundlichkeit und Heiterkeit des Antlitzes wiedergiebt.

Nach dieser Reise war er sehr schwach, doch da die Schmerzen später nachließen, schöpften wir schon wieder neue Lebenshoffnungen. Einmal sagte er Nachts im Schlaf: „Die Wiederversammlung und das Wiedersehen wird sein auf dem Berge Zion.“ Und Sonntags, als der Nachbar, welcher uns nach Stuttgart geführt hatte, uns besuchte, sagte er: „Dieß war meine letzte Reise, die nächste geht in die Ewigkeit, nehme Er sich meiner Frau als Freund und Nachbar an, es wird Ihm in der Ewigkeit belohnt werden.“ Fragte ich ihn: „Hast du einen Kampf?“ „Ach nein! Weißt ja wohl, mit meinem Magen habe ich immer einen.“ „Macht dir aber nichts schwer?“ „Ach nein! Glaubet mir, es geht besser, als ihr denket.“ Ein paar Tage vor seinem Ende drückte ich ihm schon die Augen zu als einem Sterbenden, sein Leben war nur noch ein immerwährendes Sterben. Doch war er innerlich stets voll Ruhe. Nur die Seinigen waren noch seine einzige Sorge. Ueber seinen Seelenzustand sagte er: „Gott kann mich ja nicht in die Hölle thun, da würde ich gewiß nicht hintaugen, und wenn ich in den Himmel komme, so will ich sagen: „Da kommt ein armer Sünder her, der gern durchs Lösgeld selig wär'.“ Einer Frau, welche ihn noch sehen wollte, und die ihn damit tröstete, man könne jetzt gern sterben, da man einer so bösen Zeit entgegen sehe; antwortete er: „Wohl, aber meine liebe Frau und meine Kinder!“ Einmal, als ich sagte: „Aber wo wird sich mein niedergebeugter Geist noch aufrichten können, wenn ich dich nicht mehr habe?“ sagte er: „Bete die Lieder: „Schwing dich auf zu deinem Gott“ ꝛc., und „So lang ich hier noch walle, soll dieß“ ꝛc. Immer stiller wurde er in den letzten Tagen, wo er meist in halber Ohnmacht lag. Den vorletzten Morgen sagte er: „Da vornen steckt mir noch etwas!“ Als ich ihn fragte, was denn? erwiderte er: „Das steckt mir noch: Schwing dich auf zu deinem Gott, wer hat mir denn so ein Päckchen da vornen hingelegt? schnüret es doch auf und macht mir leichter!“ Ich konnte mir leicht erklären, was ihm noch so schwer auf dem Herzen lag, es war die Sorge für seine stets schwache und angegriffene Frau und seine sechs meist unerzogenen Kinder, welche er immer so zärtlich geliebt hatte. Den letzten Tag fühlten wir wohl, daß eine Todesschwäche eingetreten war, doch verlangte er noch aus dem Bette; nach einer längeren Ohnmacht während des Ankleidens machte er selbst noch einen Schritt in den Lehnsessel, kam aber gleich in eine Todesschwäche, wir dachten, seine theure Seele werde nicht wiederkehren, doch nach Kurzem sah er uns wieder fest an und so war sein letzter Blick auf uns und den hellen heitern Himmel gerichtet. Sprechen konnte er nicht mehr, doch gab er auf einige Fragen zu verstehen, daß er noch ein Bewußtsein habe. Nach einer Stunde Kampfes war die treue Seele Mittwoch Nachmittags nach zwei Uhr den 22. Juni 1859 — ihres irdischen Daseins entbunden, und was er noch wenige Tage vor seinem Ende zuletzt gespielt und gesungen hatte, war wahr geworden: „Es ist noch eine Ruh vorhanden rc.“ Die letzten Strophen: „Bald ist der schwere Kampf geendet, bald, bald der saure Lauf vollendet, dann gehst du ein zu deiner Ruh,“ wiederholte er. Wir mußten ihm seine Erlösung von Herzen gönnen, und mit Lob und Dank ihm die Augen zudrücken, so schmerzlich, ach! so unheilbar auch die Wunde ist, die mir dadurch geschlagen wurde.

Der Tag seiner Beerdigung schien recht finster und regnerisch werden zu wollen, doch immer ließ ich es mir nicht nehmen, daß seine Ueberreste noch im hellen Sonnenschein der Gnade Gottes zu ihrer Ruhe kommen werden, und so finster es den ganzen Morgen ausgesehen hatte, so freundlich schien noch die Sonne in sein Grab. Ein tiefer Friede hatte sich in seinem Angesichte ausgedrückt, und die Vielen, welche ihn noch sehen wollten, meinten, er dürfte nur wieder die Augen aufmachen, um wieder Kinderlehre halten zu können, was ihm zu seinem und der ganzen Gemeinde großen Freude im letzten Winter noch öfter möglich gewesen war. Große Theilnahme und ein höherer Segen war an seinem Grabe fühlbar.

Mit innerer Ruhe und Freudigkeit konnten wir, die wir ihm in seinem an Liebe so reichen Leben die Nächsten gewesen waren, dem Schooße der Erde übergeben sehen. Die tröstliche Rede und das Gebet von unserm verehrten lieben Freund, Pfarrer Pfleidern in Warmbronn, sowie auch das treu entworfene Bild, das der theure Freund, Stadtpfarrer Gros von Zawelstein, noch ganz, wie es ihm aus dem Herzen floß, der trauernden Gemeinde gab, hatte die vollste Zustimmung aller Herzen. Auch unser bisheriger Vikar Elsäßer, der sich meiner immer in der so schweren Zeit als Freund und Christ angenommen hatte, erquickte unsere Herzen durch Gebet und durch den kräftigen Trost des Wortes Gottes, gleich nach dem Hinscheiden des Geliebten, so wie auch durch die Predigt in der Kirche. Ein Leben voll Liebe, voll Treue und voll Hingabe an den Herrn und die Lieben, welche ihm nahe standen, eine glückliche Ehe von beinahe einundzwanzig Jahren, in welcher er der Engel meines Lebens war, hat nun für diese Zeit geendet, um sich in der rechten Heimath erst herrlicher zu entfalten. Wir blicken ihm voll Sehnsucht nach und sprechen: „Der Herr hat's gegeben, der Herr hat's genommen, der Name des Herrn sei gelobet!“

Zum Schluße stehe noch der Nachruf hier, welchen der eben genannte Freund, Stadtpfarrer Gros von Zawelstein, einst Pfarrer in der Nähe von Lauterburg, am Grabe des Entschlafenen gesprochen hat. „Geliebte Brüder in Christo! Nur in der Absicht war ich heute hieher gekommen, diesem Leichenbegängniß still anzuwohnen, und so meinem lieben entschlafenen Freund durch Begleitung an seine Ruhestätte den letzten Liebesdienst zu erweisen. Nun wurde ich aber aufgefordert, einige Worte an seinem Grabe zu reden und gerne entspreche ich dieser Aufforderung, indem mein eigenes Herz das Bedürfniß fühlt, ein Zeugniß davon abzulegen, was der nun vollendete Seelsorger dieser Gemeinde auch mir und wohl Vielen gewesen ist. Es sei mir daher erlaubt, nur in wenigen kurzen Zügen eine Schilderung seines Lebens und Wesens zu geben, wie es sich mir während unseres früheren mehrjährigen freundschaftlichen Zusammenseins unmittelbar dargestellt hat. Eine Reihe von Jahren ist freilich seither verflossen, in welchen uns nur je und je wieder zusammen zu kommen vergönnt worden, und deren letzte Hälfte schwere Leiden ihm gebracht hat, während er zur Zeit unseres Zusammenseins noch in der besten ungebrochenen Kraft des Mannesalters stand. Aber nur desto mehr Interesse dürfte es darbieten, eine Schilderung aus dieser Zeit seines fröhlichsten Wirkens zu vernehmen, in welcher übrigens auch diejenigen, die ihn später kennen gelernt haben, ihn ebenso erkennen werden, wie ich ihn auch in den letzten Jahren und auch bei gebrochener Kraft als den alten Freund wieder gefunden habe.

Der Grundzug seines Wesens war im vollsten und besten Sinne kindlicher Glaube, der ihn unbedingtes Vertrauen auf die Führungen seines himmlischen Vaters setzen lehrte, und der um so lebendiger und stärker wurde, je häufiger er auf seinem wechselvollen Lebensgang im Großen wie im Kleinsten die handgreiflichsten, oft wunderbaren Proben der göttlichen Vatertreue mit den Seinigen machen durfte. Das eigentliche Lebenselement dieses seines Glaubens und Gottvertrauens war die fröhliche Gewißheit seiner Rechtfertigung und Erlösung durch Jesum Christum unsern Heiland. Mit herzlicher Demuth bekannte er sich vor ihm als einen armen, erlösungsbedürftigen Sünder, der nur durch seine überschwengliche Gnade gerecht und selig werden wollte, und daher diese Gnade auch zum Grundthema seiner Predigten machte, der aber ebenso auch beflissen war, von ihr sich züchtigen zu lassen, und aus ihr Kraft zur Erfüllung seiner Lebensaufgabe und seines besondern amtlichen Berufs zu schöpfen. Eine besonders liebliche Frucht dieses gläubigen Heiligungstriebes war ein lauterer, redlicher Wahrheitssinn, der von Grund des Herzens alles Unwahre, alles Gemachte und Erkünstelte haßte, allenthalben so, wie er's im Innersten meinte, sich äußerte und darstellte, und besonders auch seinen Freunden rückhaltslos sich hingab. Wie er selber arglos war und ohne Falsch, eine eigentliche Nathanaelsseele, so war er auch geneigt, von seinen Mitmenschen das Beste zu denken und Alles zum Besten zu kehren, und diese Liebe, die Alles hofft und

Alles glaubt, gab ihm die Kraft, selbst bei bittern Erfahrungen die Pflichten und Obliegenheiten seines Berufes immer wieder mit neuem, frischem Muth in Angriff zu nehmen. Dabei war er frei von aller schroffen Einseitigkeit, vielmehr bei aller fröhlichen Glaubensentschiedenheit war ein wesentlicher Grundzug seines Charakters eine liebevolle Weitherzigkeit, womit er an alle Diejenigen von den verschiedensten Glaubenspartheicen sich anschloß, welche den Herrn Jesum lieb hatten. Wesentlich mögen dazu freilich seine besonderen Lebensführungen beigetragen haben, welche ihn in die vielseitigste Berührung mit ernsten Christen der verschiedensten Gegenden, Stände und Richtungen gebracht haben. Deswegen behielt er auch einen offenen, empfänglichen Sinn für Alles, was irgendwo Wichtiges fürs Reich Gottes sich zutrug, so wie auch für wissenschaftliche Interessen und Fragen, und es war ihm ein Bedürfniß, über die Angelegenheiten des Reiches Gottes im Kreis der Seinigen und vertrauteren Freunde sich zu besprechen, und die gegenseitigen Ansichten auszutauschen. Sein reger, lebhafter Geist konnte ihn zu kräftigen und energischen Aeußerungen und Handlungen, ja selbst zu einzelnen Uebereilungen fortreißen, wie im Lieben, so konnte er auch im Eifern den Donnerskindern ähnlich werden, aber auch solchem Eifer ward der wehthuende Stachel dadurch genommen, daß man ihm abfühlen mußte, wie redlich er es meinte, und daß der Drang der Liebe und der Zucht ihn bewog, gar bald wieder mildere Saiten anzuschlagen.

So hat er im Kreis der Seinigen, denen er mit der innigsten und herzlichsten Liebe zugethan war, so auch in der Mitte der Gemeinden gewirkt, zu welchen der himmlische Vater ihn als Hirten und Seelsorger berufen hat. Und wie glücklich fühlte er sich in seinem geistlichen Beruf; wie lebte er in demselben; mit welch lebhafter und dankbarer Freude erzählte er im Kreise seiner Freunde die erfreulichen Erfahrungen, welche er in seiner amtlichen Wirksamkeit machen durfte! wie gern war er aber auch bereit, dafür seinem Heiland allein die Ehre zu geben und bei gegentheiligen Erfahrungen sich selbst zu demüthigen, und im Gefühl seiner eigenen Unvollkommenheit und Sündhaftigkeit bis zum Ende seines Lebens zu sprechen:

„Hier kommt ein armer Sünder her,
Der gern ums Lösgeld selig wär."

Darum wird auch sein Andenken im Segen unter uns bleiben.

Seine Gemeinde und seine liebe, mit ihm so innig verbundene Familie hat wohl ein harter Schlag getroffen, aber es wird ihnen auch ein reicher Segen zurückbleiben aus den Tagen ihres Zusammenlebens mit ihm, ihrem Seelsorger, Gatten und Vater. Möge den schwergeprüften Hinterbliebenen als unentreißbares Erbtheil besonders derselbe kindliche Glaube und dasselbe lebendige Gottvertrauen bewahrt bleiben, dessen Kraft so oft an dem entschlafenen Gatten und Vater und an ihnen mit ihm schon bisher sich erprobt hat, und auch fortan an ihnen sich erproben wird. Der Gott des Friedens aber, der von den Todten ausgeführt hat den großen Hirten der Schaafe durch das Blut des ewigen Testaments, unsern Herrn Jesum Christum, der mache sie und uns alle fertig in allem guten Werk zu thun seinen Willen, und schaffe in uns, was vor ihm gefällig ist, durch Jesum Christum, welchem sei Ehre von Ewigkeit zu Ewigkeit! Amen.

Gedruckt im Rauhen Hause.

In demselben Verlage sind ferner erschienen:

Lebensbilder der inneren Mission.

I. **Bähring, B.,** Gerhard Groot und Florentius, die Stifter der Brüderschaft vom gemeinsamen Leben. 15 Sgr.

II. Leben und Denkwürdigkeiten der Frau Elisabeth Fry. 2. Aufl. 2 Bände. Mit Portrait. 1 Thlr 6 Sgr.

III. **Eckart,** Sara Martin, die Schneiderin. 7½ Sgr.

IV. **Orme, S.,** Roger Miller oder Leben und Wirken eines Stadtmissionars in London. 12 Sgr.

V. **Kayser,** David Nasmith, der Arbeiter für Stadtmission, Jünglingsvereine und jegliche Thätigkeit zum Aufbau der Kirche Christi. 12 Sgr.

VI. **Bähring, B.,** Johannes Tauler und die Gottesfreunde. 12 Sgr.

VII. Das Leben des Johannes Falk. 7½ Sgr.

VIII. **Brandis, Dr. B.,** das Leben des Sir Thomas Fowell Burton. 18 Sgr.

IX. **Kayser,** Leben des englischen Staatsmannes und Sclavenfreundes William Wilberforce. 12 Sgr.

X. Capitain Hedley Vicars' Leben und Heldentod. 12 Sgr.

XI. Das Pfarrhaus zu Beckenham unter den Arbeitern mit Schaufeln und Hacke, nebst Erinnerungen an Hedley Vicars. 20 Sgr.

XII. Denkwürdigkeiten **Amalie Sieveking's.** Mit Vorwort von Dr. Wichern. 2. Aufl. br. 1 Thlr. Eleg. geb. 1 Thlr 12 Sgr.